ビジュアル版

生前と死後の手続きが
きちんとわかる

今さら聞けない 贈与
相続の
超基本

監修 ベンチャーサポート
相続税理士法人 古尾谷 裕昭

朝日新聞出版

はじめに

「相続」という言葉を身近に感じる方は少ないと思います。亡くなった方から財産を引き継ぐ「相続」を経験するのは、人生で一度か二度でしょう。そのため、自身が実際に財産を引き継ぐことになるまで、どこか他人事のような響きを感じるのではないでしょうか？

しかし、いざ相続が発生すると

・両親が亡くなった時に相続する権利を持つのは誰になるのか
・相続税はかかるのか。また、相続税申告は必要なのか
・実家を相続するためには、どのような手続きが必要なのか
・トラブルにならないためには、どのように遺産を分ければいいのか

など、わからないことが次から次に出てくることになります。

本書はそのような方の助けになる本です。

残念ながら、相続ではトラブルが起こりやすいのも事実です。特に相続人同士で遺産を分割する時に、遺産の額が少額であっても、それまで仲の良かった家族が争うことは珍しくありません。

これらのトラブルの原因のほとんどは、相続・贈与に対する理解と準備が不足していることだと言っても過言ではありません。故人の意思や想いをできるだけ反映し、

トラブルなく相続を終えるためには、相続に関する基本的な知識や準備が必須となります。

本書では、専門用語をわかりやすく解説し、複雑な制度や法律も、図解を織り交ぜて説明することによって、相続に関する理解が深まるように工夫を凝らしました。

誰が相続人になるのか？　どのような場合に相続税がかかるのか？　といった基本的なことから、相続にまつわるトラブル対策、生前贈与などの節税対策について解説していきます。さらに、生前に行う家族信託や、相続した不動産の相続登記などについても解説し、相続に関するあらゆる内容を網羅しています。相続で不利益を被らないためにぜひ、正しい知識を身につけてください。

近年、相続法は大きく改正されました。改正内容も反映しておりますので、本書の内容をもとに、ご家族で相続・贈与についてぜひ、話し合ってみてください。相続は、財産を遺す人が家族に贈る最後のプレゼントです。何を、どのように、誰に残すのか。本書がご家族で相続・贈与について話し合うきっかけ、ひいては皆さまの良き道しるべとなることを願っております。

２０２３年9月

ベンチャーサポート相続税理士法人　代表税理士　古尾谷裕昭

Index

Chapter 3 生前から始める相続対策

Chapter 4 亡くなった直後の手続き

Chapter 5　相続税の申告と税務調査

Chapter 6　相続の専門家を探す

【そもそも相続とは？】

大切な財産を次の世代へ引き継ぐこと

人が亡くなると、その人が保有していた財産は次の世代へ引き継がれます。共同相続や単独相続、長子相続など、相続の形態は時代や社会的背景によって変遷してきましたが、前の世代から引き継いだ財産は、形を変えて現代の私たちへと引き継がれています。大切な財産を次の世代に適切に渡すために、相続についての正しい知識を身につけましょう。

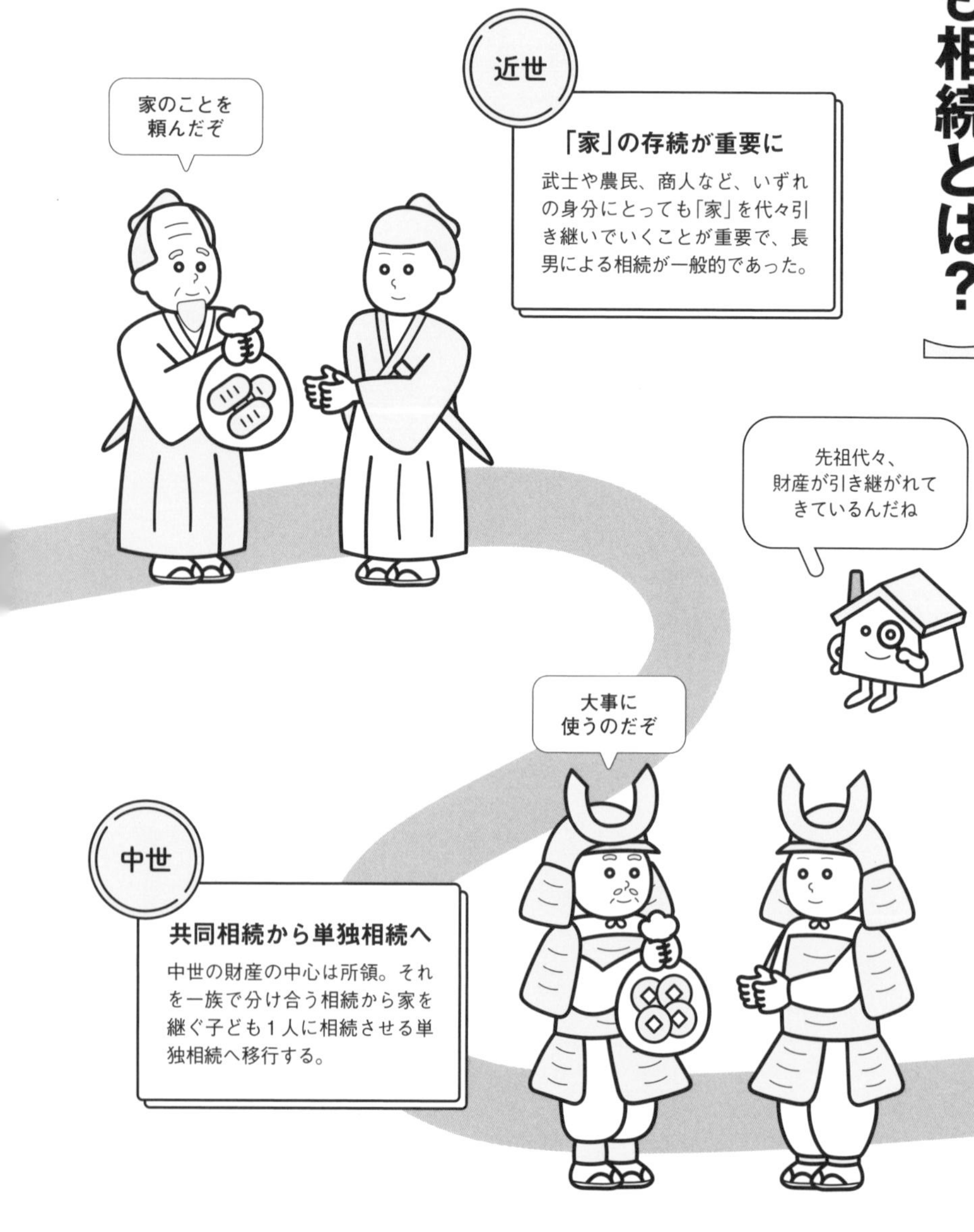
家のことを
頼んだぞ
先祖代々、
財産が引き継がれて
きているんだね
大事に
使うのだぞ

近世

「家」の存続が重要に

武士や農民、商人など、いずれの身分にとっても「家」を代々引き継いでいくことが重要で、長男による相続が一般的であった。

中世

共同相続から単独相続へ

中世の財産の中心は所領。それを一族で分け合う相続から家を継ぐ子ども1人に相続させる単独相続へ移行する。

将来のために
役立ててね

現代

配偶者やきょうだいへも分配

戦後、長男が全財産を相続する家督相続は廃止され、配偶者の相続権が強まり、きょうだいへも均等に分配されるようになった。

近代

家を継ぐ長男が全財産を相続

明治時代に入ると「家督相続」が法定化され、家を継ぐ人物（主に長男）が単独で一切の権利義務を引き継いだ。

勉強のために
使ってね

相続トラブルは誰にでも起こり得る

相続は一部のお金持ちだけの問題ではありません。2021（令和３）年の司法統計によると、相続トラブルがもっとも多いのは相続財産が5,000万円以下のケースです。また、相続財産には現金・預貯金だけではなく、分割が難しい土地や建物、できることなら引き継ぎたくない借金まで含まれます。こうした財産の分割方法を事前にしっかりと話し合って決めておくことで、無用なトラブルを回避することができます。

知って
おきたい

【ここが変わった！ 相続&生前贈与】

新ルール

1

亡くなる前７年以内の贈与は
相続財産に加算される

詳しくは ⇨ 87ページ

改正前		改正後
３年以内	⇨	７年以内

毎年400万円を贈与した場合

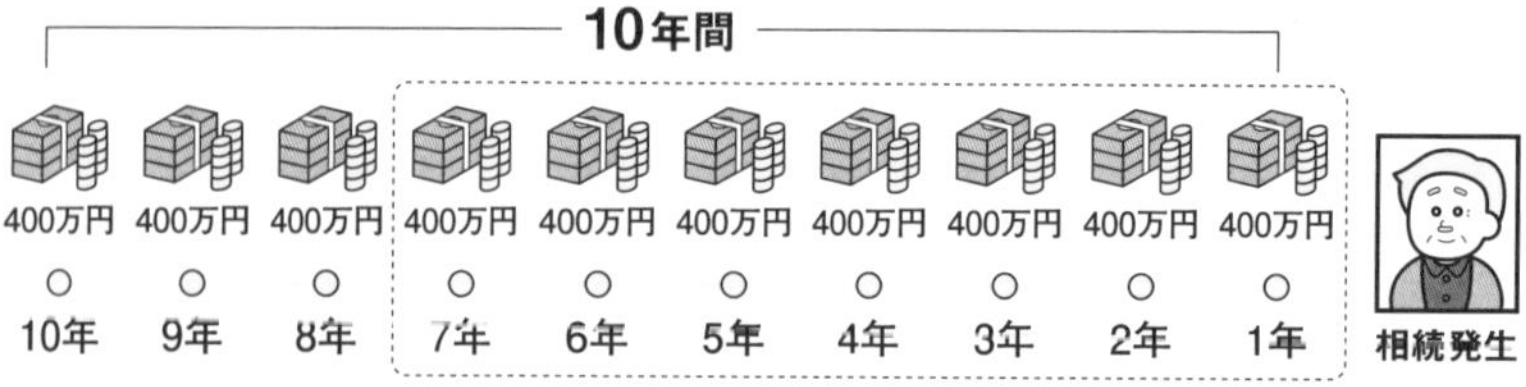

７年間の贈与分（400万円×７年分）
2,700万円が相続財産に加算される
※延長４年間の贈与は100万円まで非課税

２０２４年から生前贈与の加算期間が死亡前７年に

２０２３年の税制改正により、相続税・贈与税には大きな変更がありました。

大きな変更の1つめは、亡くなる前の贈与について**相続税の対象となる期間が「３年以内」から「７年以内」に延長された**ことです。生前に贈与を行って相続財産を減らしておけば相続税を節税することができます（70ページ）。贈与税は通常の暦年課税の場合、年間１１０万円までの基礎控除があり、この額を超えなければ贈与税はかかりません（84ページ）。２０２３年12月までは贈与した人が亡くなる前3年以内の贈与については相続財産として加算され相続税の対象となるというルール

新ルール

2

相続時精算課税制度に年110万円までの基礎控除の新設

詳しくは ⇨ 88ページ

改正前		改正後
基礎控除なし	⇨	基礎控除110万円

毎年400万円を贈与した場合

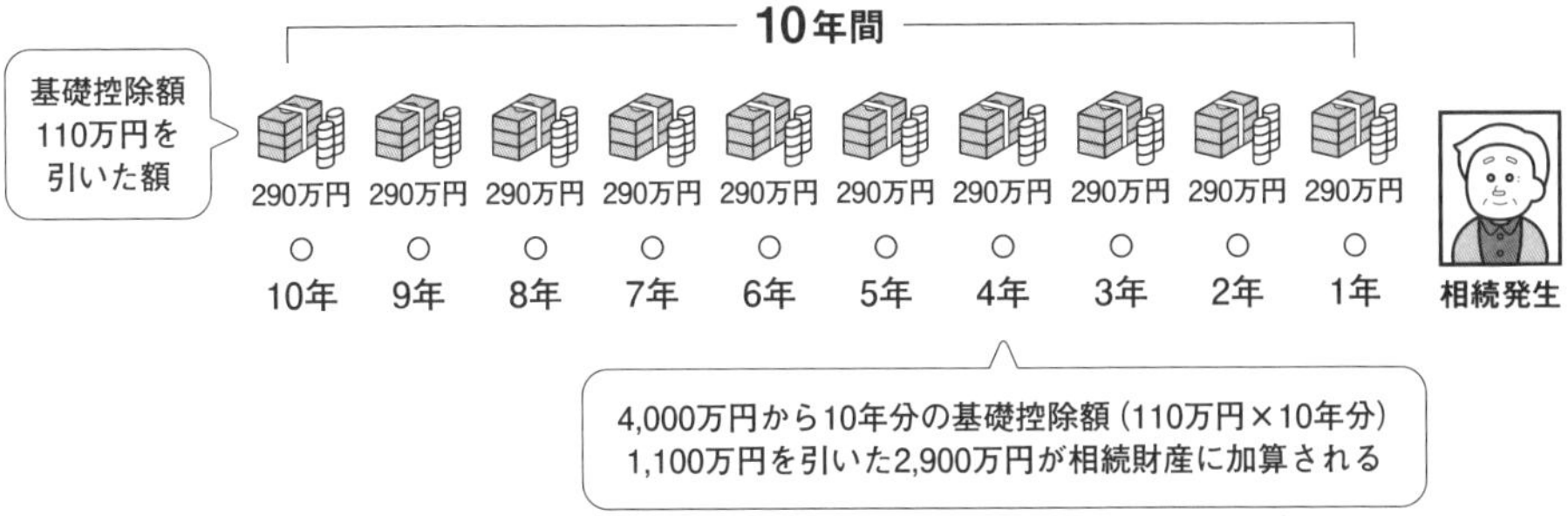

でしたが、２０２４年１月１日以後の贈与については、加算期間が順次延長され２０３１年からは「死亡前７年以内」に延長されます。延長された４年間に受けた贈与のうち、総額１００万円までは相続財産に加算されません。

年１１０万円以下の贈与は申告が不要に

２つめは「相続時精算課税制度」の見直しです。相続時精算課税制度は父母、祖父母から子、孫に対する贈与が合計２５００万円までは一旦は贈与税を非課税とし、相続の際に合算して課税額を計算する制度です。この制度を利用して行った生前贈与は税金が免除されるわけではなく、被相続人が亡くなり相続が発生するまで税金の納付を先送りするというものでした。今回の改正により、この制度に**新たに年１１０万円の基礎控除が創設**され、**１１０万円以下の贈与については、これまでは必要だった申告の必要もなくなりました。**

新ルール

3

贈与税が非課税になる特例の期間延長

結婚・子育て資金の一括贈与

改正前		改正後
2023年3月末まで	⇨	2025年3月末まで

詳しくは ⇨ 94ページ

教育資金の一括贈与

改正前		改正後
2023年3月末まで	⇨	2026年3月末まで

詳しくは ⇨ 90ページ

結婚・子育て、教育資金の贈与への非課税措置が延長

2023年3月末に廃止を予定していた、贈与税が非課税になる特例**「結婚・子育て資金の一括贈与」と「教育資金の一括贈与」が、それぞれ延長されました。**

結婚や育児または教育のための資金は実際にかかった金額を随時贈与するのであれば、原則、贈与税は非課税となりますが、一定期間分を一括で贈与された場合は、贈与税の対象となります。その一括贈与において、一定額までは贈与税が非課税となる制度です。どちらも贈与する人とされる人の間で贈与契約を結び、専用の口座で管理されます。また、「教育資金の一括贈与」については、契約の終了日までに贈与者が死亡したときに贈与者の相続税の課税価格の合計額が5億円を超える場合は、受贈者が23歳未満であっても管理残額を相続財産に加算することになります。

Q **相続発生の7年前から生前贈与した場合、新ルールでは暦年課税と相続時精算課税ではどちらがお得？**

A **贈与額が毎年基礎控除110万円以下の場合は、相続時精算課税のほうがお得**

基礎控除額と同額の110万円を7年間贈与した後に相続が発生した場合、暦年課税では670万円が相続財産に加算されますが、相続時精算課税制度では加算されません。基礎控除額以下の場合は、相続時精算課税制度のほうが節税効果があるといえます。

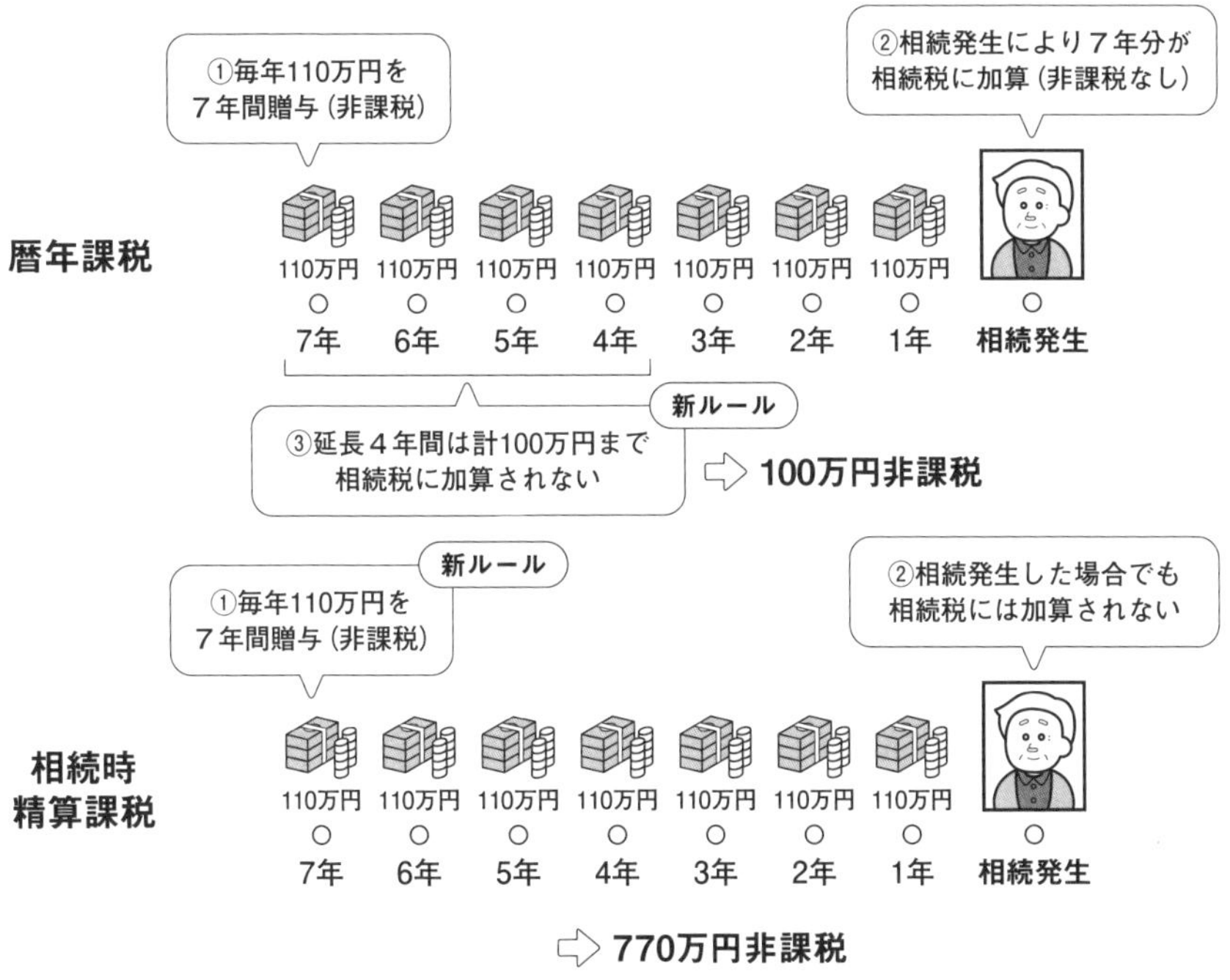

贈与する金額や期間によって最適な方式を選択する

生前贈与には、「暦年課税」と「相続時精算課税」の2種類の課税方式があります（82ページ）。新ルールでは暦年課税と相続時精算課税のどちらを選択すべきでしょうか。

　上に示した相続発生の7年前から基礎控除以下の金額を贈与する場合は、相続が発生した時点で贈与した金額が相続財産に加わって相続税が課される「持ち戻し」のルールがない相続時精算課税のほうがお得という結果となりました。ただし、基礎控除を越えた額を長期間贈与する場合は、暦年課税による贈与のほうがお得といえます。また、贈与者が若いうちは暦年課税で贈与をし、高齢になったら相続時精算課税に切り替えて贈与することで7年分の持ち戻しを回避する方法も考えられます。**贈与する金額や期間によって、どちらを選択するべきなのかは変わってくるため、慎重に検討しましょう。**

早見表の見方

下の表は相続税額の早見表です。右側は配偶者と子どもが相続人の場合、左側は相続人が子どものみの場合の相続税額を示しています。各表一番左の列が相続額、一番上に相続人の構成と数を記載しています。相続人の数に応じた概算の相続税額を確認することができます。

○配偶者と子どもの場合

相続人／遺産総額（基礎控除前）	 配偶者＋子ども1人	 配偶者＋子ども2人	 配偶者＋子ども3人	 配偶者＋子ども4人
4,000万円	—	—	—	—
5,000万円	40万円	10万円	—	—
6,000万円	90万円	60万円	30万円	—
7,000万円	160万円	113万円	80万円	50万円
8,000万円	235万円	175万円	138万円	100万円
9,000万円	310万円	240万円	200万円	163万円
1億円	385万円	315万円	263万円	225万円
1億5,000万円	920万円	748万円	665万円	588万円
2億円	1,670万円	1,350万円	1,218万円	1,125万円
2億5,000万円	2,460万円	1,985万円	1,800万円	1,688万円
3億円	3,460万円	2,860万円	2,540万円	2,350万円
3億5,000万円	4,460万円	3,735万円	3,290万円	3,100万円
4億円	5,460万円	4,610万円	4,155万円	3,850万円
4億5,000万円	6,480万円	5,493万円	5,030万円	4,600万円
5億円	7,605万円	6,555万円	5,963万円	5,500万円

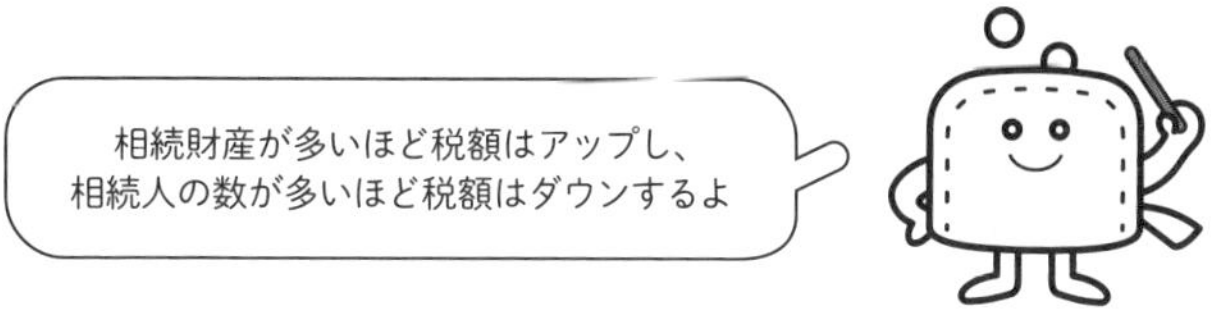

○ 子どもだけの場合

相続人 ＼ 遺産総額（基礎控除前）	 子ども１人	 子ども2人	 子ども3人	 子ども4人
4,000万円	40万円	—	—	—
5,000万円	160万円	80万円	20万円	—
6,000万円	310万円	180万円	120万円	60万円
7,000万円	480万円	320万円	220万円	160万円
8,000万円	680万円	470万円	330万円	260万円
9,000万円	920万円	620万円	480万円	360万円
1億円	1,220万円	770万円	630万円	490万円
1億5,000万円	2,860万円	1,840万円	1,440万円	1,240万円
2億円	4,860万円	3,340万円	2,460万円	2,120万円
2億5,000万円	6,930万円	4,920万円	3,960万円	3,120万円
3億円	9,180万円	6,920万円	5,460万円	4,580万円
3億5,000万円	1億1,500万円	8,920万円	6,980万円	6,080万円
4億円	1億4,000万円	1億920万円	8,980万円	7,580万円
4億5,000万円	1億6,500万円	1億2,960万円	1億980万円	9,080万円
5億円	1億9,000万円	1億5,210万円	1億2,980万円	1億1,040万円

※遺産総額は「プラスの財産ーマイナスの財産」。基礎控除は「3,000万円＋（600万円×法定相続人の数）」。
※2022年7月現在の税制・関連法令などに基づき記載。法定相続人が法定相続割合で相続し、配偶者控除のみを適用したものとして計算している。

【相続"手続き"開始後の流れとスケジュール】

葬儀・法要

届出・手続き

家族など身近な人の死亡（相続の開始）

被相続人の死亡

遺言書の確認

⇨122ページ

なるべく早く～7日以内

- 通夜・葬儀・告別式
- 初七日

○「死亡届」の提出 ⇩110ページ

○銀行、証券などの口座や公共料金など、各種解約・名義変更

相続人の確定

⇨32ページ

10日以内

○「受給権者死亡届（報告書）」の提出 ⇩114ページ
（厚生年金は10日以内、国民年金は14日以内）

相続財産の調査・確定

⇨128ページ～

14日以内

○「国民健康保険証」の返却
○「介護保険被保険者証」の返却
○「世帯主の変更届」の提出

⇩116ページ

四十九日法要

3カ月以内

○相続の単純承認・相続放棄・限定承認の選択

⇩44ページ、142〜145ページ

○相続放棄または限定承認の期間の伸長（※必要な場合）

⇩146ページ

4カ月以内

○故人の所得税の準確定申告

⇩156ページ

遺産分割協議

⇨154ページ

10カ月以内

○相続税の申告・納税

○相続税延納申請（※必要な場合）

⇩184ページ

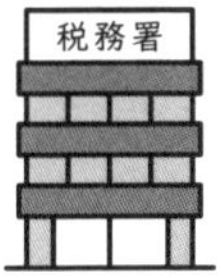

相続税の申告・納税

⇨第５章

一周忌

1年以内

○遺留分請求（※必要な場合）

⇩40ページ

書籍連動サイト
『相続の超基本』をチェック！

「相続の超基本（https://sozoku-kihon.jp/）」は、相続に役立つ情報がまとまったポータルサイトです。相続に関する税金の基礎知識から税制改正の最新情報まで、幅広い情報をわかりやすく解説しています。さまざまなお役立ち機能もあり、相続に関する情報を効率的に収集し、知識を深めるためのパートナーになるサイトです。さらに、「相続に役立つ書類テンプレートのダウンロード」「専門家への相談窓口」などライフサポート倶楽部の会員限定のプレミアムな機能もあります。この機会に、ぜひご入会ください（入会金・年会費は無料）。

これができる

① 相続税対策シミュレーション

贈与税（暦年課税）の計算が簡単にでき、おおよその税額と節税額を知ることができます。プレミアム会員限定機能として、暦年贈与・相続税の計算が同時にできるプレミアムシミュレーターもご用意しています。

② 自筆証書遺言書下書き作成システム

相続や遺言書に関する知識がなくても、標準的な自筆証書遺言の下書きを作成することができます。相続トラブルの防止や相続税対策として、ぜひご活用ください。

③ ニュースよりわかりやすい！高山税理士の相続解説

「高山先生の若手スタッフシリーズ」など多数の著書で知られる高山弥生税理士による相続解説記事を掲載しています。

④ 相続書類テンプレートDL

ダウンロード後、すぐに使えるさまざまな相続書類のテンプレートをご用意しています。

・遺産分割協議書
・相続財産明細書
・相続関係説明図　など

その他、「専門家無料相談」「ニュースレターバックナンバー」など。

※内容は予告なく変更になる場合があります。

Chapter

1

相続の基礎知識

相続とは亡くなった人の財産を引き継ぐこと。
相続税は必ずかかるのか、相続の対象となる財産は何か、
遺言書のつくり方など、まずは基礎知識を見ていきましょう。

01

相続のキホン

財産を引き継ぐってどういうこと?

財産の引き継ぎ方には大きく分けて3つある

人が亡くなると、故人が持っていた財産の権利は必ず他者に引き継がれます。財産の引き継ぎ方には、大きく3つの種類があります。

まず、**民法によって定められた相続人**が財産を引き継ぐケースが**「相続」**。2つめは**遺言書**によって、特定の人に財産を譲る**「遺贈」**です。**被相続人が配分を取り決めることができる**ほか、法的に相続権を持たない人や法人などに譲ることも可能です。3つめが**「贈与」**。生前に財産を譲る「生前贈与」と、亡くなった時に譲る「死因贈与」があります。**贈る人と贈られる人が結ぶ贈与契約によって成り立つ**もので、遺贈とは法律上の扱いが異なります。

財産を引き継ぐのは何のため?

先祖から引き継いだ財産や、自分が蓄積した財産を他者に引き継ぐことができるのが相続。何のためにこのようなシステムが存在するのでしょうか。

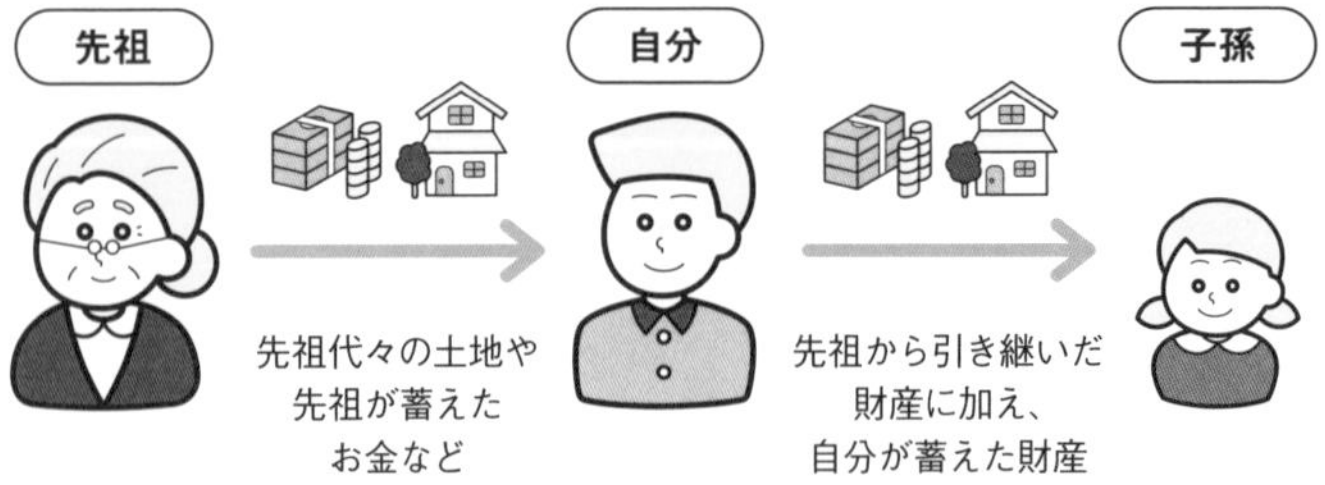

- □ 人が財産を保有する権利を守るため
- □ 財産を巡る争いを避け、社会の安定を守るため
- □ 故人によって養われていた人の生活を守るため
- □ 故人の配偶者など、蓄財に貢献した人の権利を保障するため

● 被相続人と相続人とは何だろう?

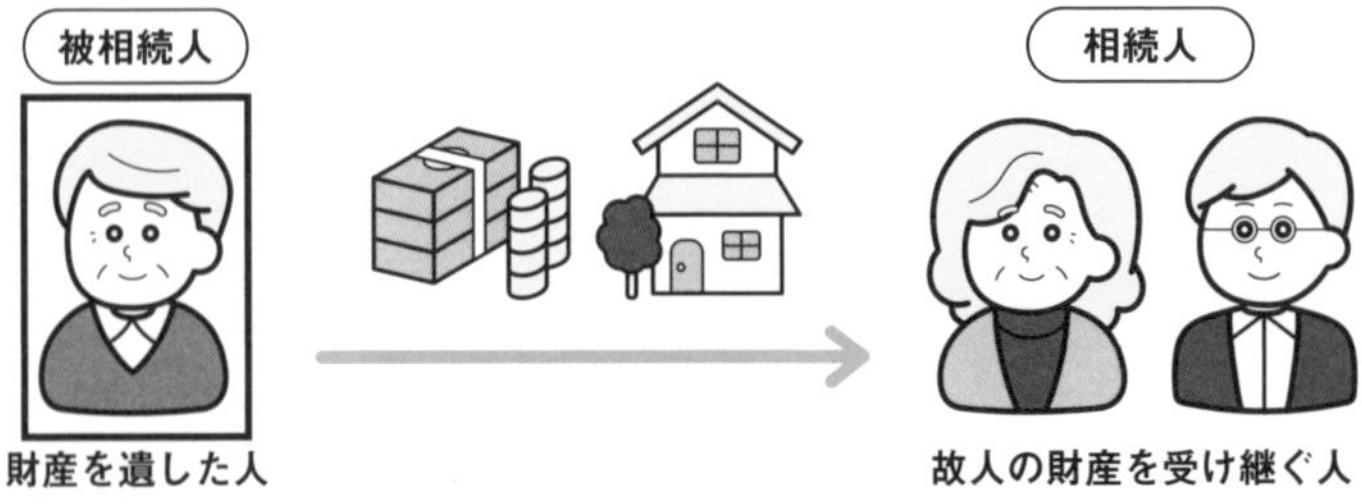

相続、遺贈、贈与のちがい

財産の譲り方には「相続」「遺贈」「贈与」と大きく分けて3つのケースがあります。それぞれどのような場合を指すのか見てみましょう。

相続

法律で決められた相続人に譲られるケース。この法律で定められた相続人を「法定相続人」という。法定相続人となれるのは故人の配偶者と一部の故人と血縁関係がある人。

遺贈

故人が財産を譲る対象やその配分を決めた遺言書が存在し、その内容に従って財産を遺贈するケース。法的に効力のある遺言書であることが必要。

贈与

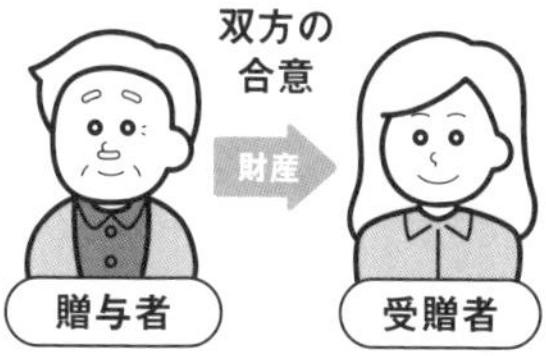

財産を無償で譲ること。本人と贈る相手とが互いに承諾することで成り立つ、贈与契約を根拠とする。生前に譲る生前贈与と亡くなった時に譲る死因贈与がある。

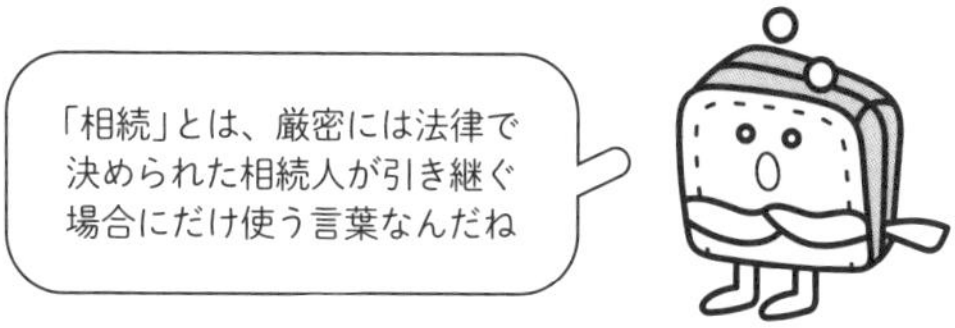

日本の相続はどう変わった？

相続のしくみは長い歴史の中で作られてきました。中世（鎌倉時代〜戦国時代）から近世・近代（江戸時代〜戦前）、そして戦後から現代にかけて、相続はどう変化してきたのでしょうか。

中世

主に武家の一族の中でもっとも能力のある「惣領」が大部分を１人で相続し、残った財産を惣領以外で分け合ったが、後には１人の相続人がすべてを相続する単独相続に。財産を巡る争いなどで世は乱れ弱肉強食の戦国時代へ。

↓

近世・近代

きょうだいで争うことのないよう、嫡子（家督を継ぐ人。多くは長男）による家督相続の制度が制定され、江戸幕府による諸大名のコントロールにも利用された。明治には法定化され、家長が財産や家族を統率する家父長的家制度の価値観が強固になる。

↓

現代

戦後、男女平等を基礎とする日本国憲法が制定。家督相続が廃止、隠居制度がなくなり、死亡による遺産相続が基本となる。配偶者の相続権が強くなり、長男の単独相続から兄弟姉妹に均等に分配される制度へ。

02 相続税のしくみ①

相続すると税金がかかるの？

富の蓄積による不公平をなくすため相続税はある

相続や遺贈によって得られる財産は、いわば「棚からぼた餅」のようなもの。ただし、おいしい思いばかりというわけではありません。その額によっては、**「相続税」という税金がかかる場合がある**のです。

相続税が課される理由は①不労所得への課税、②富の再分配、③所得税の補完機能の3つです。相続税の意義としてわかりやすいのが②富の再分配でしょう。国の税収の一部として、社会保障費など、広く公共のために役立てられるのです。このように、主に**富の蓄積による不公平をなるべくなくしていこう**、という考えのもと相続税の制度が設けられているのです。

財産を引き継ぐと税金がかかる？

財産を引き継いでも、そのすべてを自分のものにできるとは限りません。取得した財産の額に応じて、相続税や贈与税がかかることがあるからです。

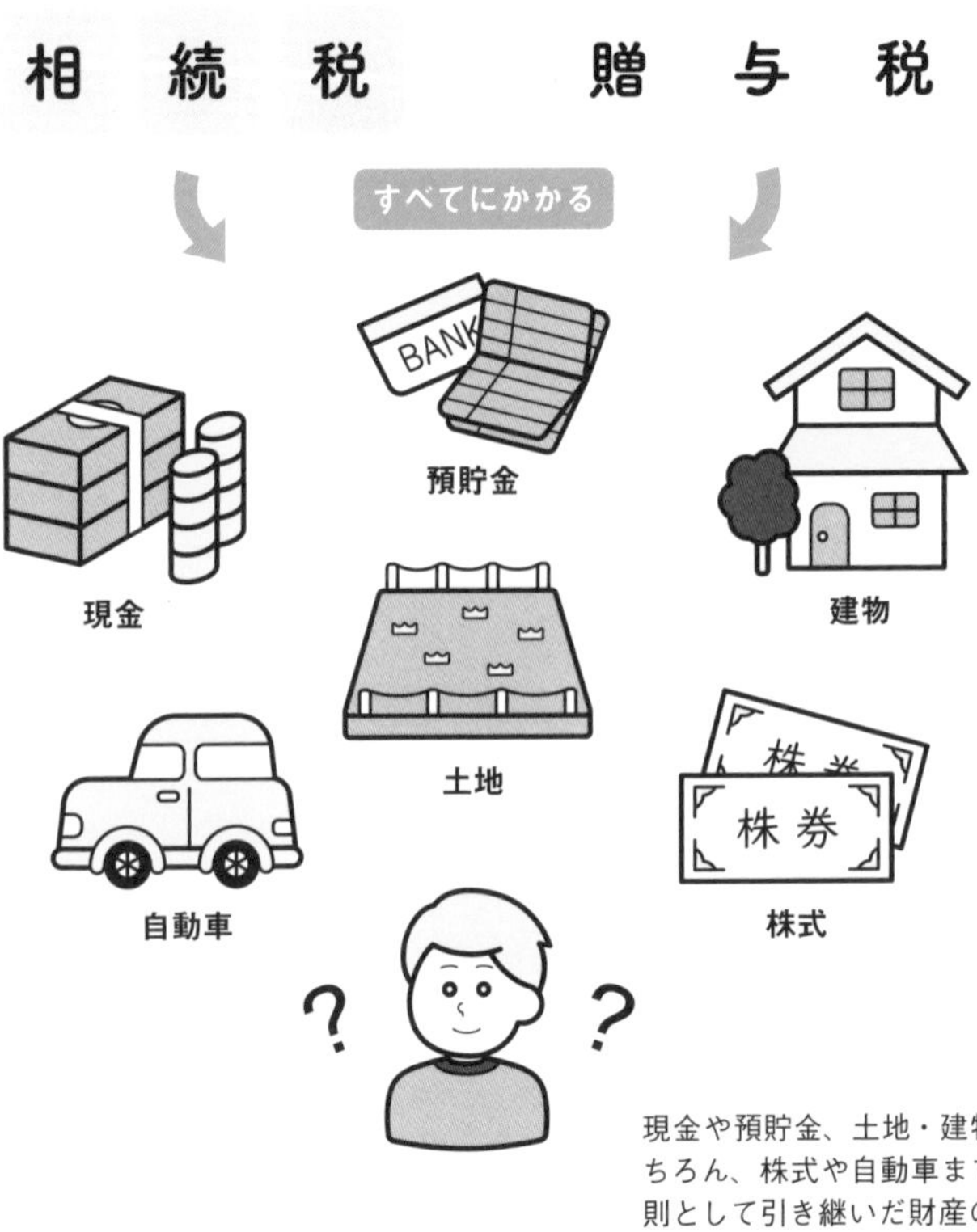

現金や預貯金、土地・建物はもちろん、株式や自動車まで、原則として引き継いだ財産のすべてが相続税や贈与税の課税対象。

相続税はなぜかかる？

相続税が設けられている理由は3つあります。日本の前近代は、貴族や武士、あるいは大商人といった一部の層にだけ富が偏り、大多数の人たちはなかなか貧困から抜け出せない社会でした。相続税はそうした構造を再び生み出さないために富を国庫へ集約し、社会へ再分配するしくみといえます。

①不労所得への課税

納税はすべての国民の義務であり、働いて得たお金にも所得税がかかる。労せずに譲られた財産に課税されないのは不公平という考えがもとになっている。

②富の再分配

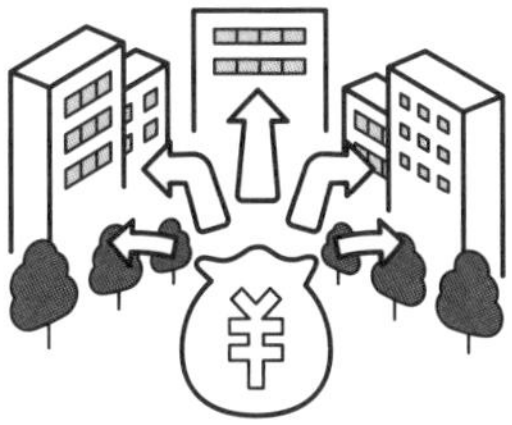

もし相続税がなければ、お金持ちだけがどんどん富を蓄積していく社会構造が生まれる。その財産額に応じた税金を徴収して公共のために役立てることで、貧しい人にも還元するという考えがもとになっている。

③所得税の補完機能

簡単にいえば、本来所得税として支払っていたはずのお金を相続税という形で支払ってもらうというもの。大きな財産を蓄積できたのは払った所得税が少なかったから、という考えがもとになっている。

相続税の申告と納付期限は10カ月

相続税は、相続開始の日（被相続人が亡くなったことを知った日）の翌日から10カ月以内に申告し、納付するよう定められています。相続を巡っては、相続財産の調査、相続人同士での話し合いなど、多くの作業が発生するため計画を立てて進める必要があります。

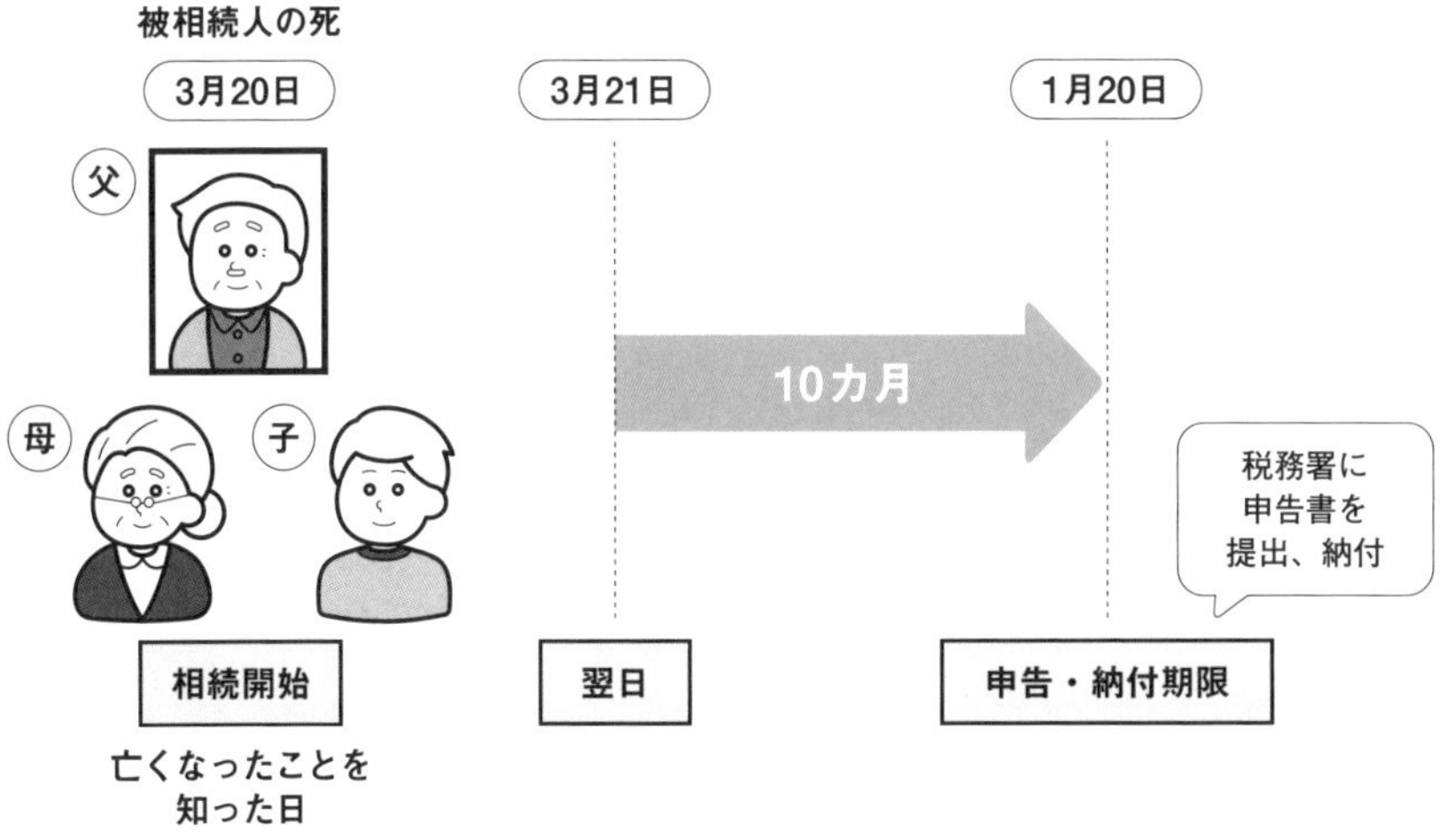

相続税はどんな時に支払わなければならない？

相続税は、富の蓄積による不公平をできるだけなくすための制度です。そのため、**引き継ぐ財産が大きいほど納税額が高くなる「累進課税」となっています**。逆に、財産が一定の額以下の場合は支払う必要はありません。

　ではどんな場合に相続税がかかるのでしょうか。相続税の計算では、まず現金や預貯金、土地建物、貴金属、美術品や骨とう品、著作権などの知的財産権まですべてを合わせ、相続財産の金額を見積もります。**相続税の対象となるのは、ここから「基礎控除」（３０００万円＋法定相続人１人につき６００万円）を差し引いた額**です※。つまり相続財産の額が基礎控除分を上回っている場合にのみ、相続税がかかるということになります。

※被相続人の葬式費用、国や地方公共団体への寄付金、債務などは相続財産から差し引くことができる。

一定の金額までは相続税がかからない

相続税には「基礎控除」が設けられています。基礎控除の額を、具体的な例を挙げながらシミュレーションしてみましょう。

基礎控除＝3,000万円＋（600万円×法定相続人の数）

(例) 法定相続人が妻と子2人の場合

3,000万円＋（600万円×3人）

基礎控除額

＝4,800万円

遺産が総額4,800万円以下の場合、
相続税は発生しない。

相続税がかかる場合、かからない場合

相続税がかかるのは、財産の総額から基礎控除額を差し引いたもの。基礎控除額が財産の総額と等しいか上回った場合、相続税の課税対象がゼロとなり、相続税は支払わなくて済みます。

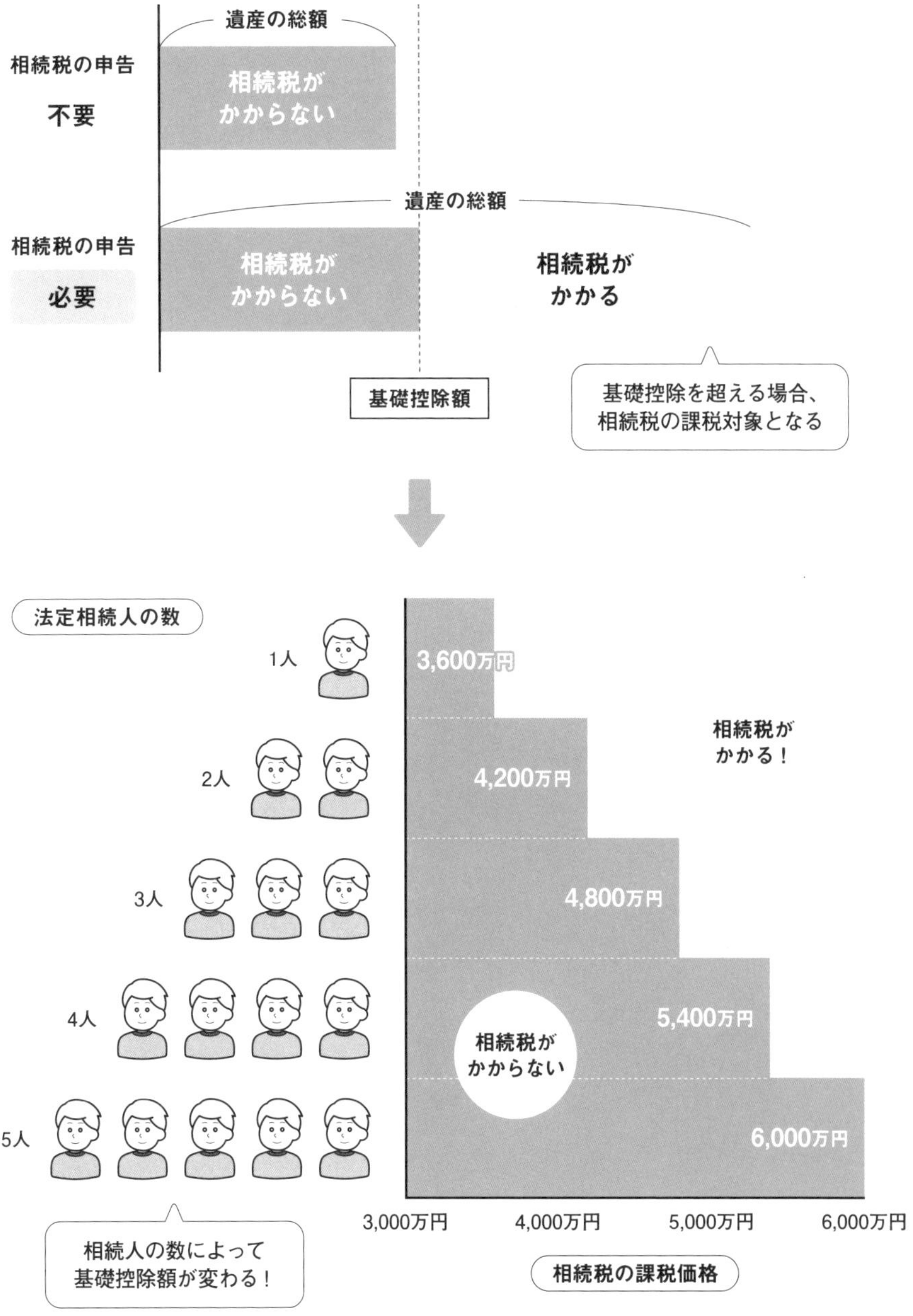

相続税のしくみ②
日本は相続税が高いの？

税率の高さでは日本は世界1位

相続税では基礎控除のほか、さまざまな優遇措置も設けられており、**実際には払う必要がないことがほとんど**です。2021（令和3）年のデータでは、相続税がかかるケースは死亡した人の9・3％程度です。

一方、相続財産が大きい場合は高い税金が課せられます。例えば最高税率の**相続財産が6億円を超える場合、税率は世界1位の55％**です。

もっとも、単純に財産の半分を税金でとられてしまうわけではありません。基礎控除やほかの優遇措置を考慮した実効税率（実際の負担率）はもっと低くなります。しかしそれでもなお、ほかの国に比べ高い傾向にあることは間違いないようです。

相続税収は増加傾向

相続税の税収は近年、増えてきています。大きな理由は平成25年度税制改正（適用は平成27年から）。相続税がかかる範囲が広げられたことから相続税を支払う人の割合は改正以前の倍になっています。

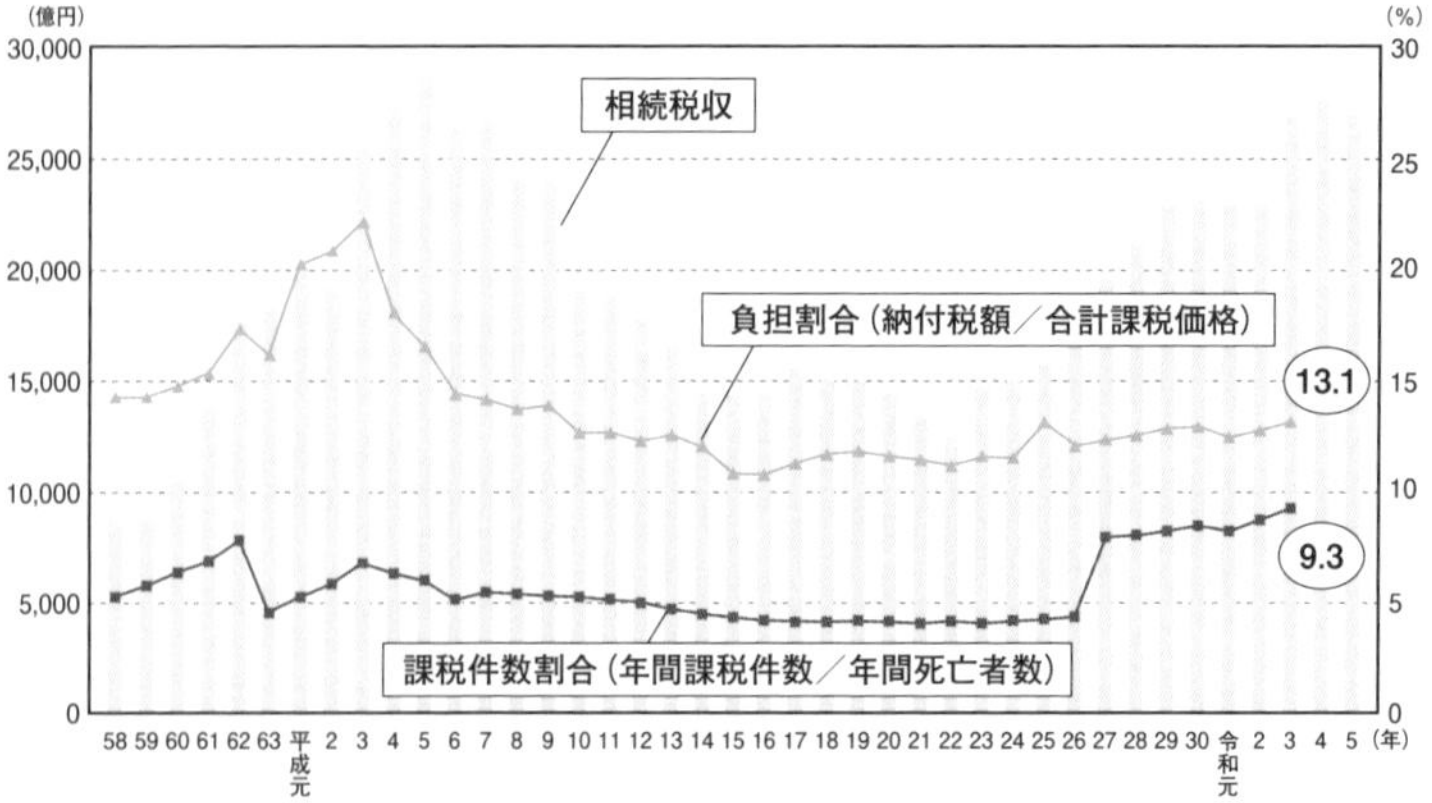

出典：財務省「相続税の改正に関する資料」

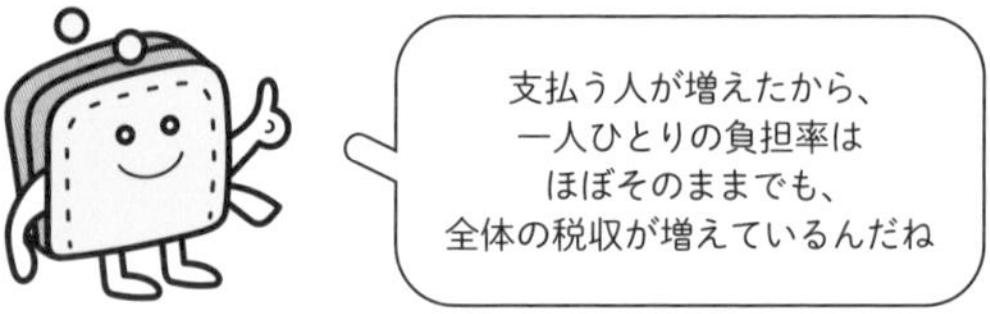

日本の相続税率は世界第1位

OECD加盟国各国の最高税率だけを単純比較すると、日本が第1位。次いで韓国、フランスと続きます。

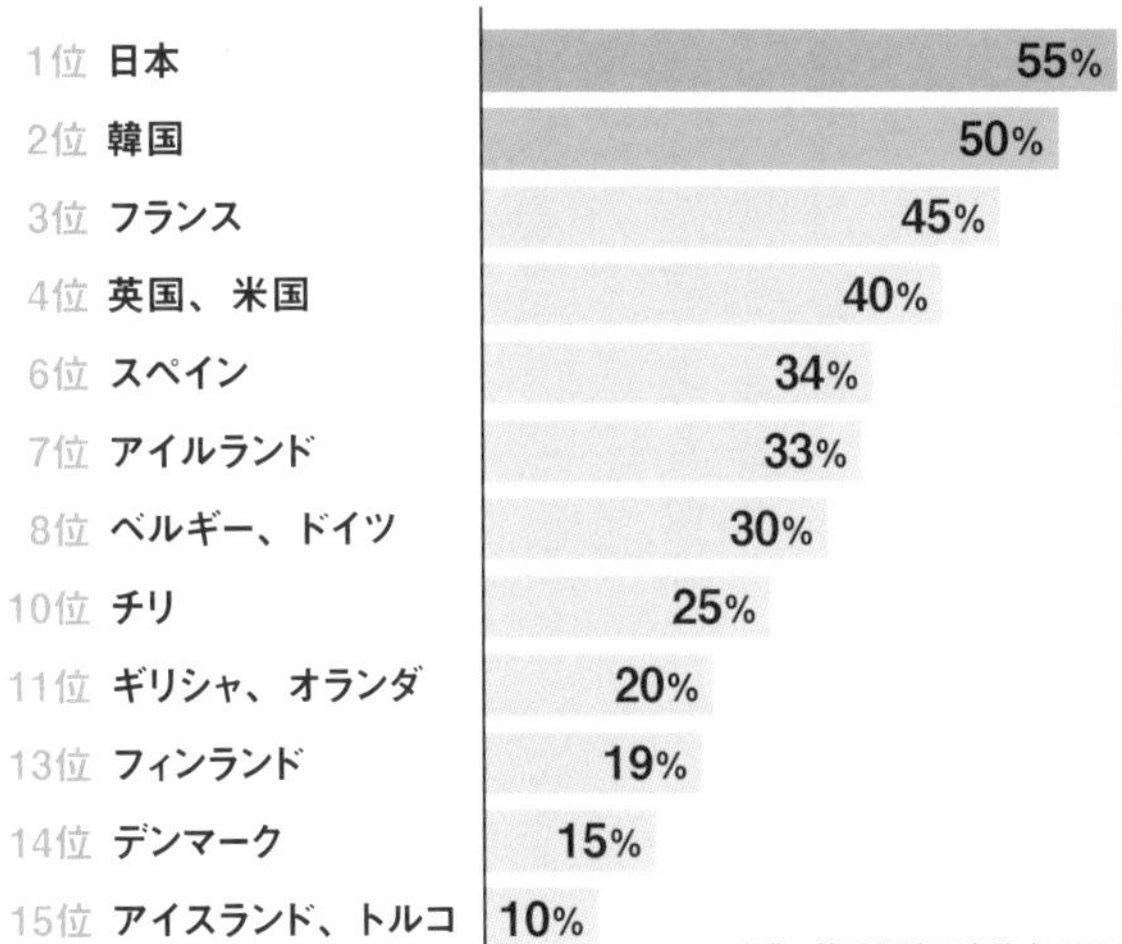

出典：韓国経済研究院（2020年11月）

相続税は何に使われる？

以下は2023（令和5）年度の国の予算。一般会計歳出額（左）の約7割が、医療や年金などの社会保障関係費、国債の支払い、税収の少ない地方への交付金などに使われています。その財源が一般会計歳入（右）。相続税は全体の2.4%と少ないですが、広く社会に役立てられていることがわかります。

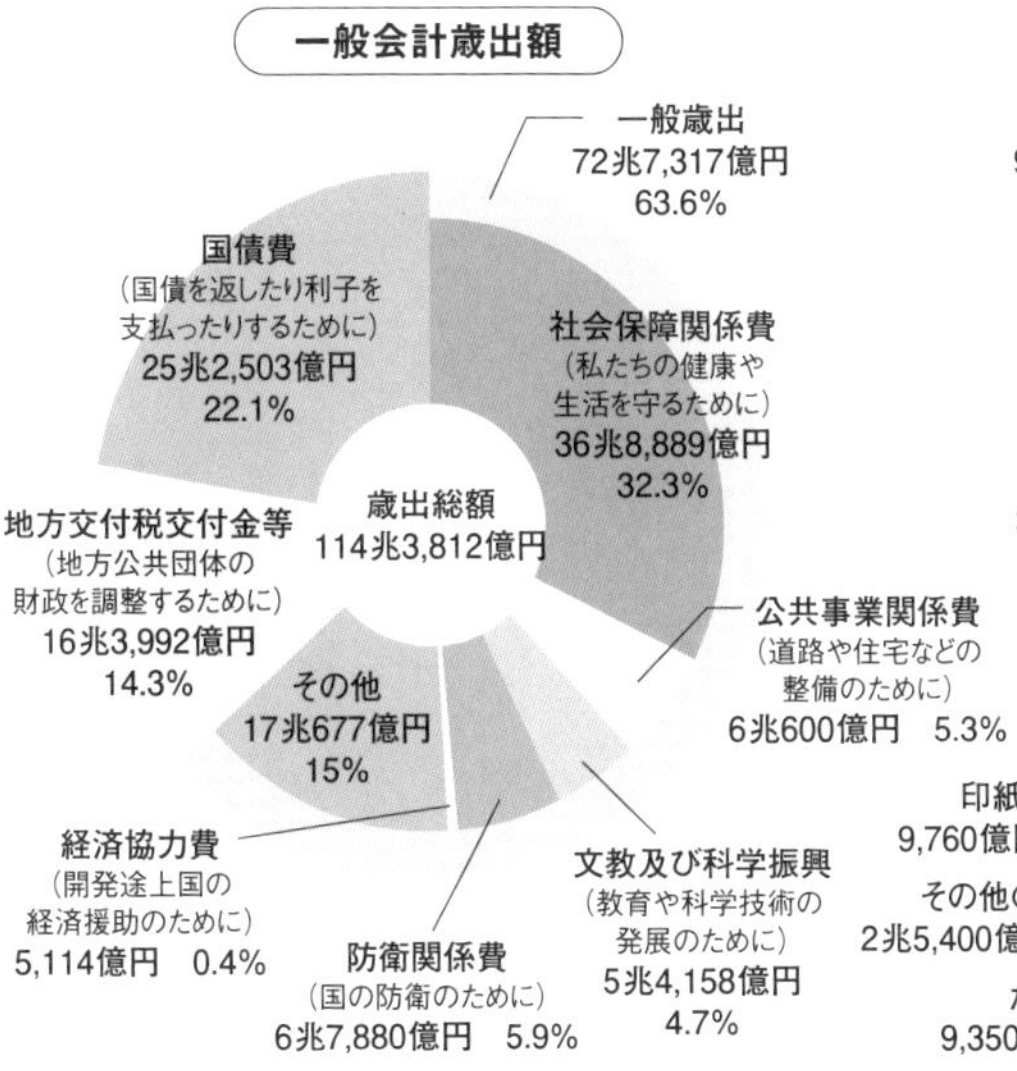

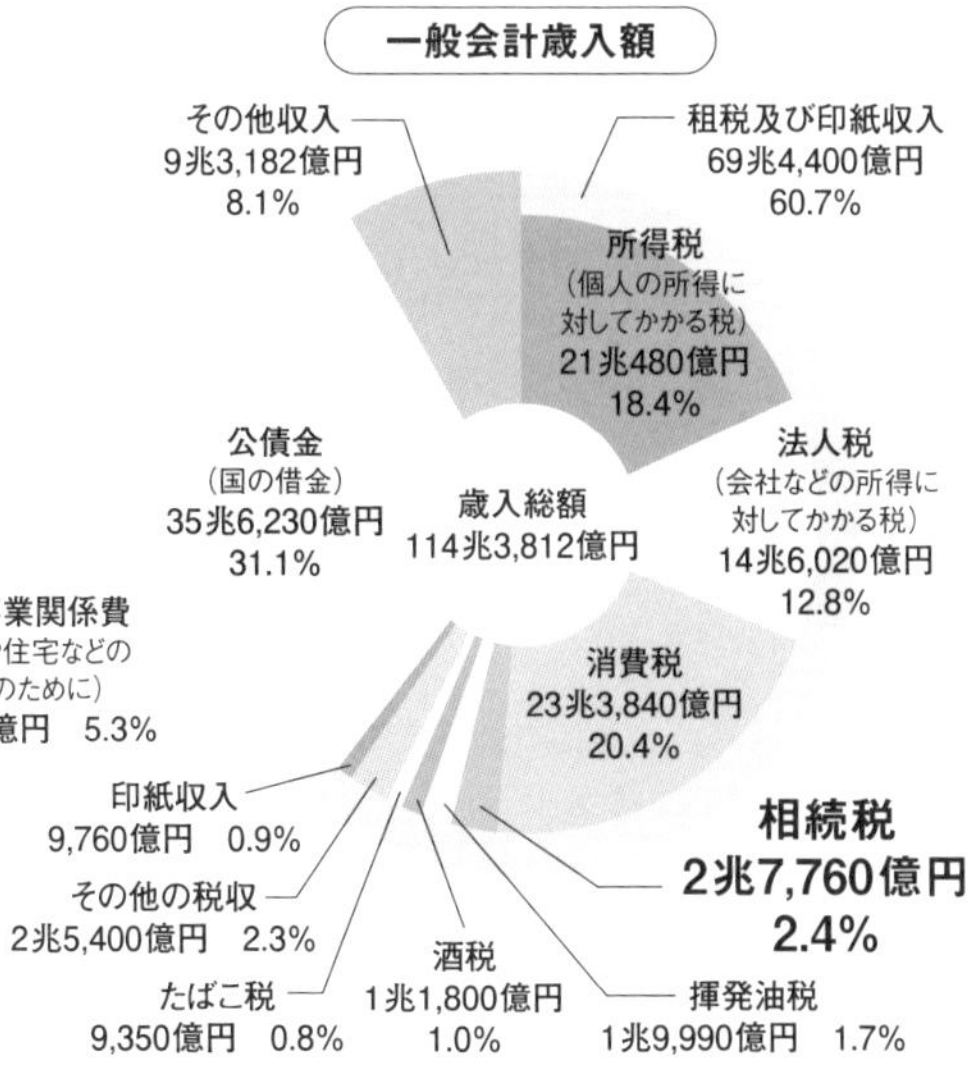

出典：国税庁webサイト

04

相続の方法

遺言書の有無がポイント

故人の意思である遺言書がまず尊重される

誰にどのような割合で財産を譲るかは、まず被相続人の意思が尊重されます。そのため、**「遺言書」が遺されていた場合には、まず遺言書に従って遺産分割を進めます。**

遺言書がない場合には**法定相続人同士で財産の分け方を決める「遺産分割協議」**を行います。遺言書があっても、相続人と受遺者全員の合意があれば遺産分割協議が可能です。なお、**法定相続人となれるのは原則として親族です。**その中でも故人との関係の近さによって優先順位があります。配偶者は必ず法定相続人となりますが、子（孫）が第1順位、親（祖父母）などが第2順位と定められています。

遺言書があるかないかで相続の方法が異なる

遺言書の有無は、相続人の決定や相続の割合を決めるポイントとなります。そのため、相続が発生したらまずは遺言書の有無をチェックするのが重要です。

法的に有効な遺言書がある

Yes → **遺言による相続**

財産を引き継ぐ人やその分け方について、故人の意思に従って相続する。

➡ 38ページ

No → **分割協議による相続**

法定相続人同士で話し合い、財産の分割方法を決める。故人との関係に従った相続分の目安のことを「法定相続分」という。

法定相続人とは

被相続人の財産を相続する権利を持つとして民法に定められている人のこと。

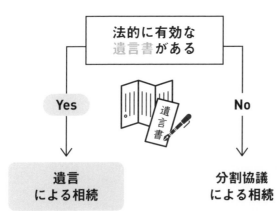

法定相続人の範囲

故人の財産を誰が相続するかは民法で定められており、被相続人の配偶者のほか、子、父母、兄弟姉妹など。ただし故人との関係の近さによって優先順位が決まっており、上位の相続人がいる場合は下位は財産を相続することはできません。

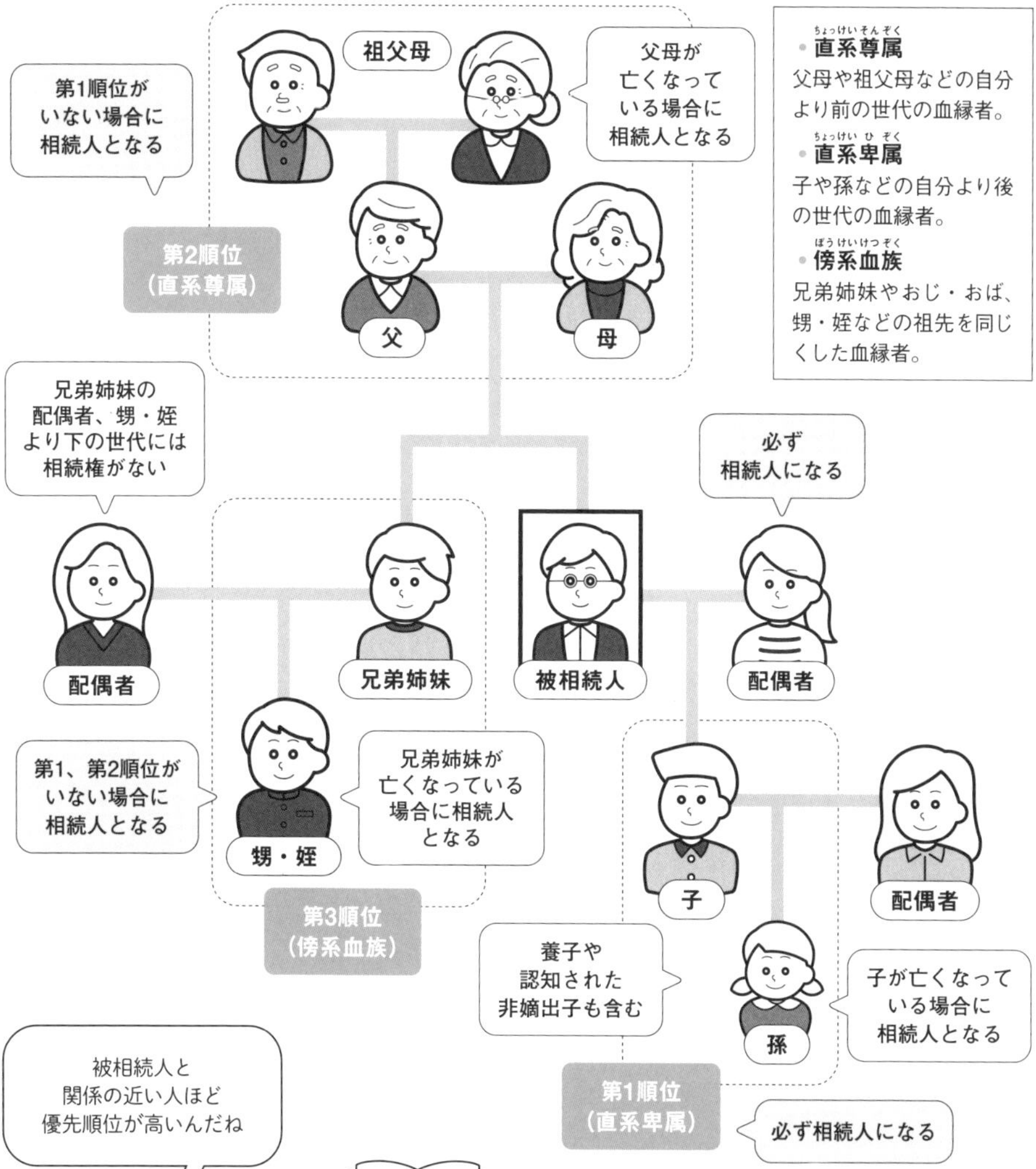

- **直系尊属《ちょっけいそんぞく》**
父母や祖父母などの自分より前の世代の血縁者。
- **直系卑属《ちょっけいひぞく》**
子や孫などの自分より後の世代の血縁者。
- **傍系血族《ぼうけいけつぞく》**
兄弟姉妹やおじ・おば、甥・姪などの祖先を同じくした血縁者。

プラスアルファ

代襲相続とは

被相続人の子が亡くなっている場合などは、その人に代わって第1順位である孫が相続人となります。このことを代襲相続と言います。なお、「相続廃除」や「相続欠格」（→P.46）によって相続人が相続権を失った場合も孫が代襲相続します。

配偶者がもっとも大きな割合を受け取れる

遺言書がない場合、遺産分割協議によって相続分を決めますが、その際、**分け方の基準となるのが民法で定められた「法定相続分」**です。

法定相続分では**配偶者の権利がもっとも大きく、財産の2分の1を相続**します。一方、子どもにも2分の1を引き継ぐ権利がありますが、複数人いる場合は2分の1をその人数で分けます。**子どもがいない場合は、配偶者の取り分がさらに増えます**。例えば相続人が配偶者と直系尊属（父母・祖父母など）のみの場合は、配偶者が3分の2、残りを直系尊属が相続し、複数人いる場合はその人数で分けます。配偶者がおらず、相続人が子どものみ、直系尊属のみ、兄弟姉妹のみの場合、相続人がすべてを相続し、複数人いる場合はその人数で分けます。なお、相続人全員の合意があれば、法定相続分以外の分け方もできます。

相続する割合は民法で決められている

相続の割合は民法で定められており、相続人の順位や組み合わせによって異なります。配偶者や子の有無など、さまざまなパターンをフローチャートで見てみましょう。

● 配偶者がいない場合

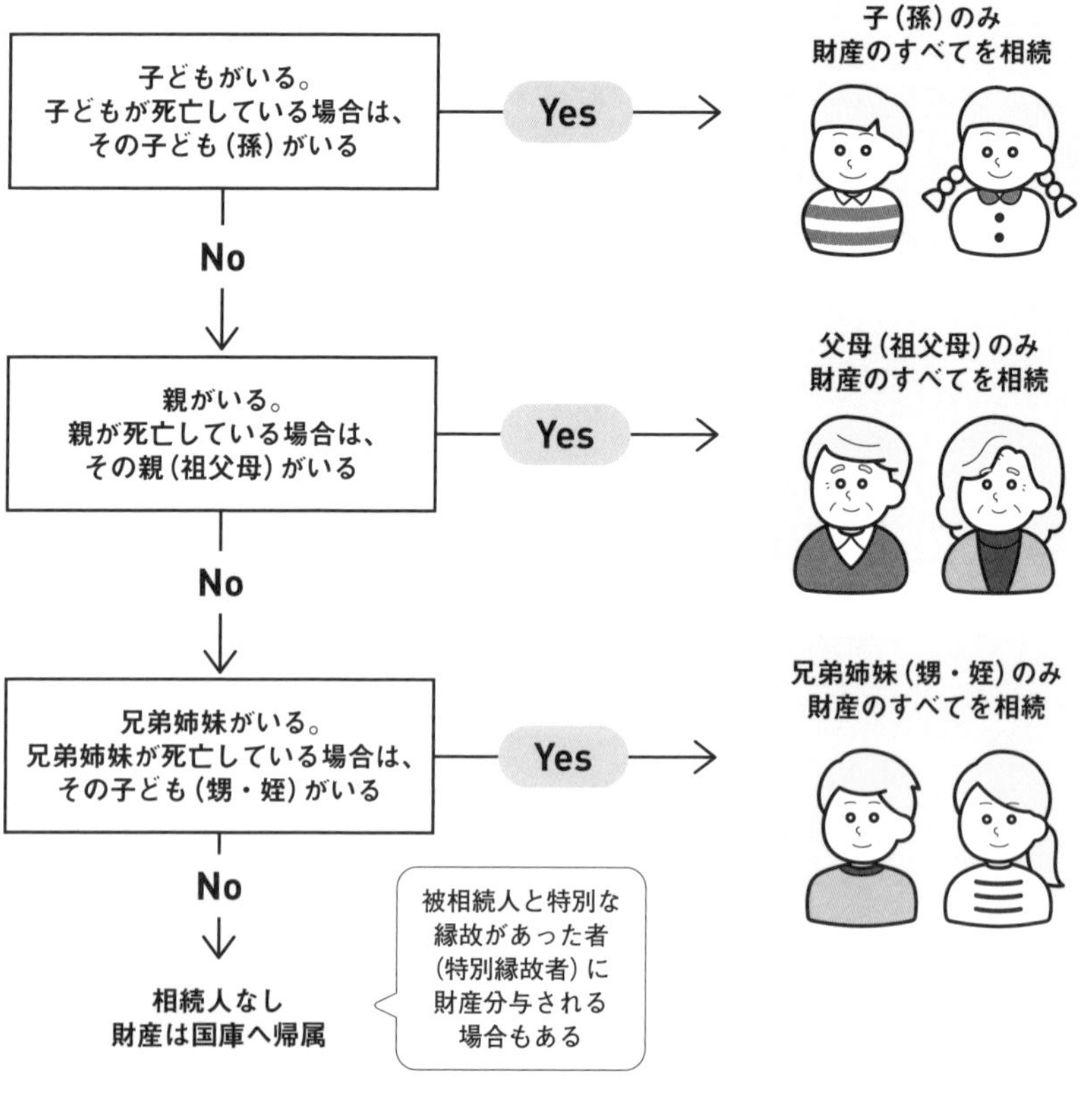
子どもがいる。
子どもが死亡している場合は、
その子ども（孫）がいる
Yes
子（孫）のみ
財産のすべてを相続
No
親がいる。
親が死亡している場合は、
その親（祖父母）がいる
Yes
父母（祖父母）のみ
財産のすべてを相続
No
兄弟姉妹がいる。
兄弟姉妹が死亡している場合は、
その子ども（甥・姪）がいる
Yes
兄弟姉妹（甥・姪）のみ
財産のすべてを相続
No
相続人なし
財産は国庫へ帰属
被相続人と特別な
縁故があった者
（特別縁故者）に
財産分与される
場合もある

● 配偶者がいる場合

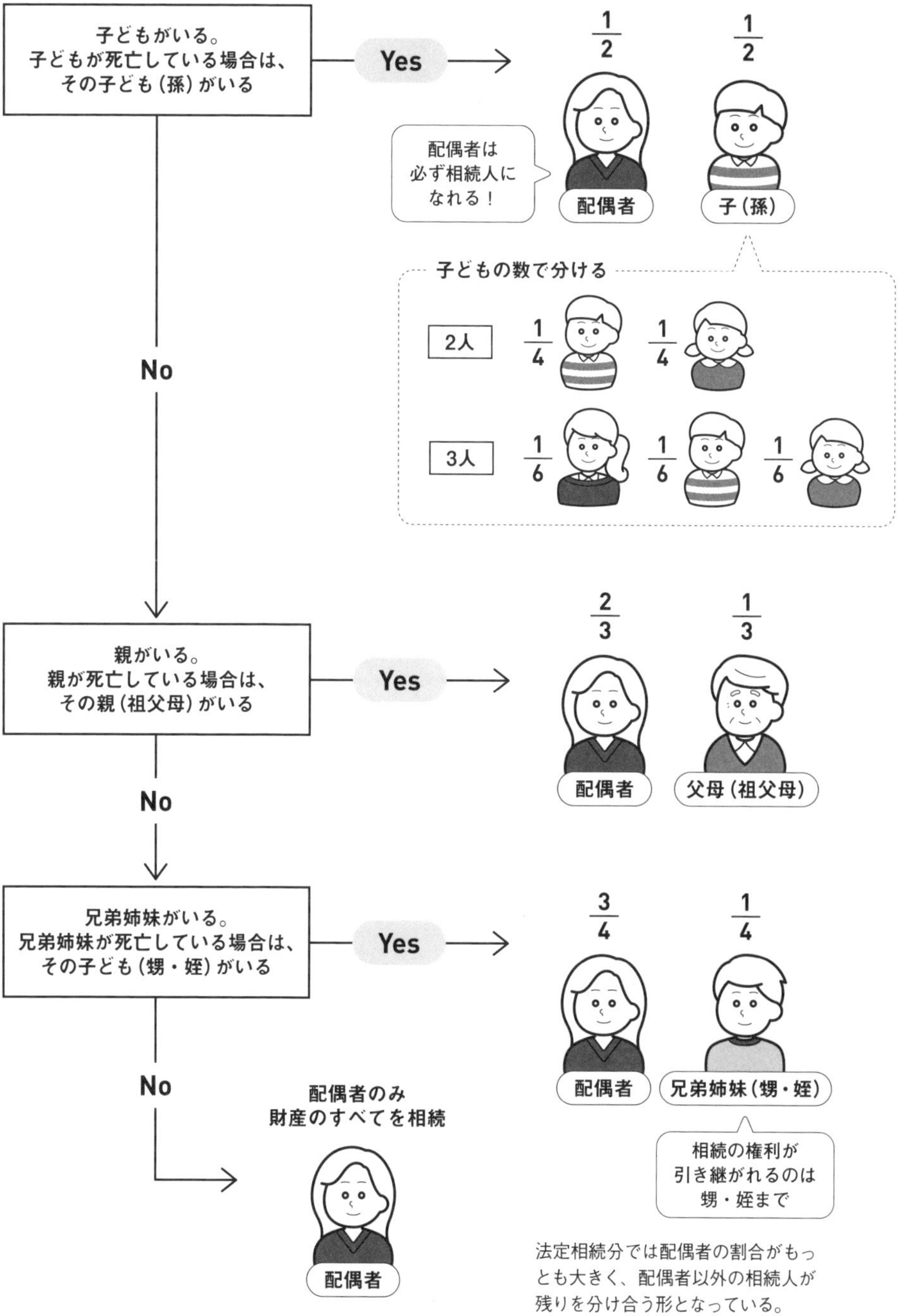

法定相続分では配偶者の割合がもっとも大きく、配偶者以外の相続人が残りを分け合う形となっている。

05

相続人の範囲

戸籍を調べて相続人を特定する

戸籍を取り寄せて子の有無を確認する

相続の手続きで必要なのが「**法定相続人の特定**」です。

被相続人の子は、**実子や養子、嫡出子、非嫡出子などにかかわりなく第1順位となり、相続人となることができます**。ただし非嫡出子については、被相続人が男親の場合、認知が必要となります。また被相続人である夫の死亡時に妻が妊娠していた場合、お腹の中にいる赤ちゃんも相続人となります。例えば家族に知られていない故人の離婚歴や、認知した子がいる場合もあります。そのため相続が発生したら、まず**故人の出生から死亡までの戸籍で子の有無を調べます**。そのうえで**法定相続人の範囲や順位を特定します**。

故人の出生から死亡までの戸籍を確認

戸籍謄本は本籍地から取り寄せることができますが、途中で本籍地を変えたり、婚姻で転籍するなどで、情報が分散している場合もあります。出生から現在まで故人の経歴を遡り、それぞれの地から取り寄せる必要があります。

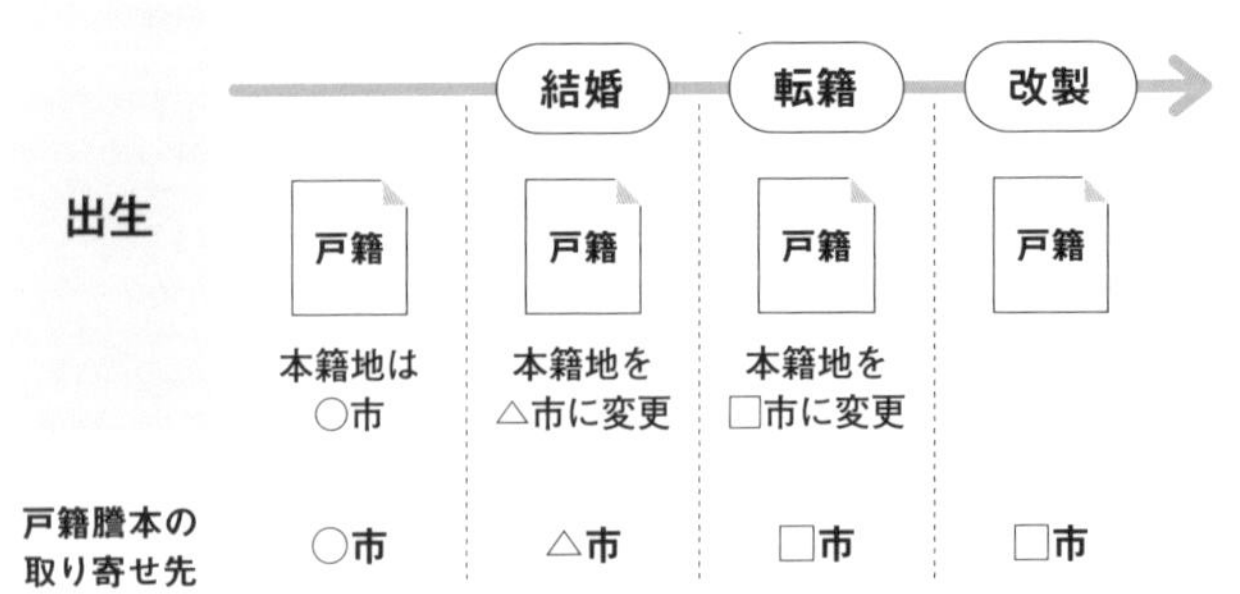

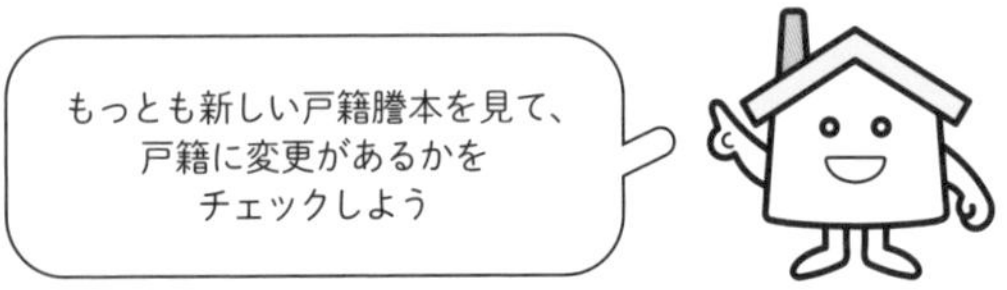

プラスアルファ

「原戸籍」も
忘れずに調査！

戸籍には、1994（平成6）年の制度改正以前に作られていた「改製原戸籍」（原戸籍）と現在の戸籍の2種類があります。改正前に除籍や認知した子、離婚、養子縁組などの記録は現在の戸籍に改めた時に削除されてしまっているので、戸籍調査では必ず原戸籍まで遡って調べる必要があります。原戸籍謄本は現在の戸籍謄本と同様、被相続人の本籍地の市区町村役場で取得できます。

戸籍謄本のチェックポイント

まず故人の本籍地の市区町村役場で戸籍謄本を申請します。申請書類に「出生から死亡まで」と記載することで、以前の戸籍に遡って取得できる場合も。取得できたら、以下のポイントをチェックしましょう。

□戸籍の筆頭者
本籍の所在地、戸籍の筆頭者を確認。

□戸籍事項欄
改製の事実が記されており、原戸籍があることがわかる。

□身分事項欄
出生・婚姻などを記載する欄。配偶者がおり、結婚により転籍していることがわかる。

全部事項証明

本籍 氏名	東京都○○区○○町一丁目○番○号 杉本　太郎
戸籍事項	【改製日】平成14年12月18日 【改製事由】平成6年法務省令第51号附則第2条第1項による改製
戸籍に記載されている者 除　籍	【名】　太郎 【生年月日】昭和13年5月5日 【父】杉本　一郎 【母】杉本　花子 【続柄】次男
身分事項 出生	【出生日】昭和13年5月5日 【出生地】神奈川県○○市 【届出日】昭和13年5月10日 【届出人】父
婚姻	【婚姻日】昭和38年10月17日 【配偶者氏名】吉田　寛子 【従前戸籍】神奈川県○○市○○番○○号　杉本　一郎
死亡	【死亡日】令和4年2月3日 【死亡時分】午後1時42分 【死亡地】東京都○○区○○町 【届出日】令和4年2月5日 【届出人】親族　杉本　寛子
籍に記載されている者	【名】寛子 【生年月日】昭和15年9月20日 【父】吉田　源次郎 【母】吉田　照子 【続柄】長女
身分事項 出生	【出生日】昭和15年9月20日 【出生地】福島県福島市 【届出日】昭和15年9月25日 【届出人】父
婚姻	【婚姻日】昭和38年10月17日 【配偶者氏名】杉本　太郎 【従前戸籍】福島県福島市○○番○○号　吉田　源次郎

発行番号　0000-0000000000-000000（東京都○○区）

これは、戸籍に記載されている事項の全部を証明した書面である。

令和○年○月○　　東京都○○区長　山田　二郎　　印

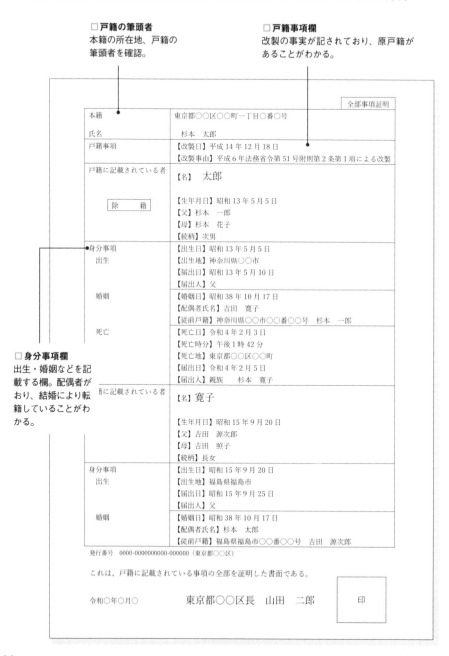

06

相続財産

何が相続税の対象となるの？

相続税の対象となるものをすべて明らかにする

相続が発生したら故人の財産をすべて洗い出し、**何が相続税の対象となるのかを明らかにします。**なお負債なども相続財産に含まれ、こうしたマイナスの財産はプラスの財産から差し引いて考えます。これを「**債務控除**」といいます。

そのほか注意が必要なのが保険金です。故人の死によって支払われる死亡保険金が相続財産に含まれるかどうかは、契約内容によって異なります。**故人が契約者（保険料負担者）で、故人の死亡によって保険金を受け取った場合、「みなし相続財産」**として相続税の対象となります。また**お墓や仏壇などは「非課税財産」**。相続税の対象外となります。

相続財産にはどんなものがある？

故人が遺した財産を洗い出し、相続財産の範囲を確定します。プラスの財産を相続する場合は債務などのマイナスの財産も引き継ぐことになるので注意しましょう。

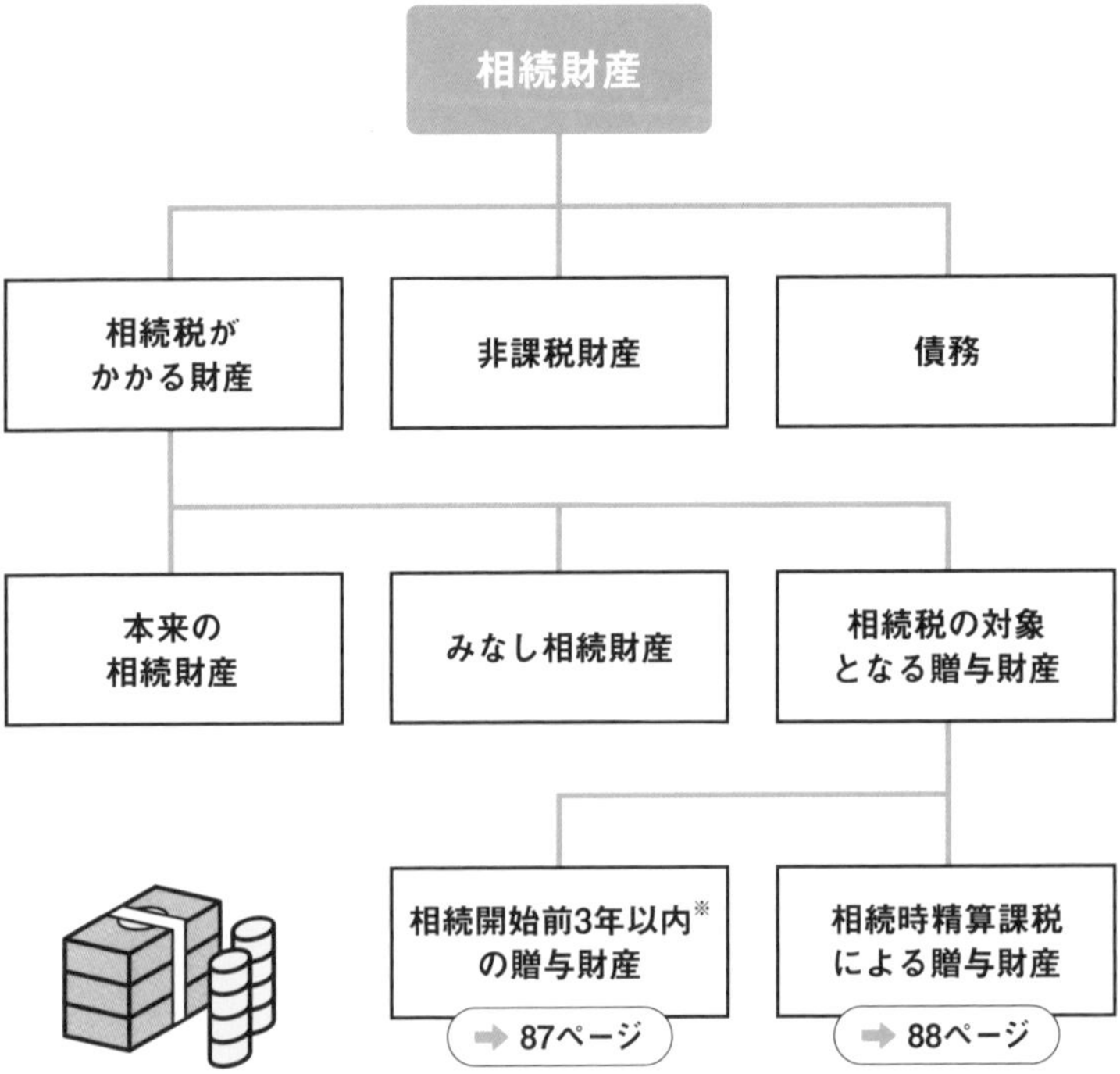

※令和5年度税制改正により7年以内に改正

マイナス分は差し引くことができる

借金、賠償金などのマイナスの財産がある場合、その総額をプラスの財産から差し引きます。差し引いたもの（純資産）が相続税の対象となります。

※相続税の対象

プラスの財産 － マイナスの財産 ＝ 純資産

マイナスの財産：債務控除

純資産：相続財産全体からマイナスの財産が差し引かれた分

相続税がかかる財産とかからない財産

故人から引き継いだ財産は相続税の対象に「なるもの」と「そうでないもの」に分けられます。保険金など遺族に支払われたものでも、税法上は相続財産に含まれます。また故人の死によって相続人が負担する葬式費用は、マイナスの財産としてプラスの財産から差し引くことができます。

本来の相続財産	現金、預貯金、有価証券、不動産（土地・家屋）、車、貴金属、美術骨とう、著作権等の知的財産など
みなし相続財産	生命保険金、死亡退職金など
贈与財産	生前贈与など
非課税財産	お墓、仏壇、位牌 公益用途の土地など
マイナスの財産	借金、保証債務※、 税金や医療費等の未払い金、買掛金、損害賠償債務、 葬式費用（香典返しや法要の費用は含まれない）

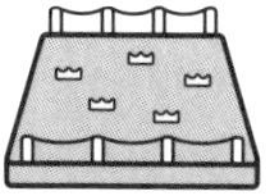

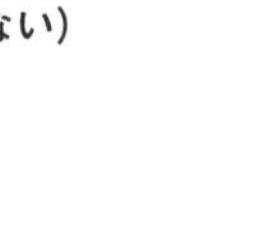

※原則として、債務控除の対象とならない。主たる債務者が弁済不能で求償権（返還請求権）を行使しても弁済を受ける見込みのない場合のみ控除可能

初七日法要の費用は、基本的にはマイナスの財産には含まれないけど、通夜や告別式と同じ日に行って、葬儀会社からの請求で内訳が区分されていない場合は葬式費用に含めていいんだよ

07

遺産分割の方法

遺産を複数人で分けるにはどうする？

分けにくいものを公平に分割するために

相続財産の中には、現金のほかにも不動産やモノなど、分けにくいものがあります。

そのため、**どう分けるかが、分割協議のポイント**となります。遺産分割の方法は、主に3つあります。ま**ず財産をそのままの形で相続するのが「現物分割」**。思い入れのある財産をそのまま引き継ぐことができます。次に、**売却してお金に換えて分け合うのが「換価分割」**です。お金は価値がわかりやすく、公平に分配することができます。最後に、**「代償分割」は一定の相続人が財産を引き継ぎ、ほかの相続人に金銭を支払う**方法です。財産をそのままの形で残しながら分配することができます。

● 次のケースの場合

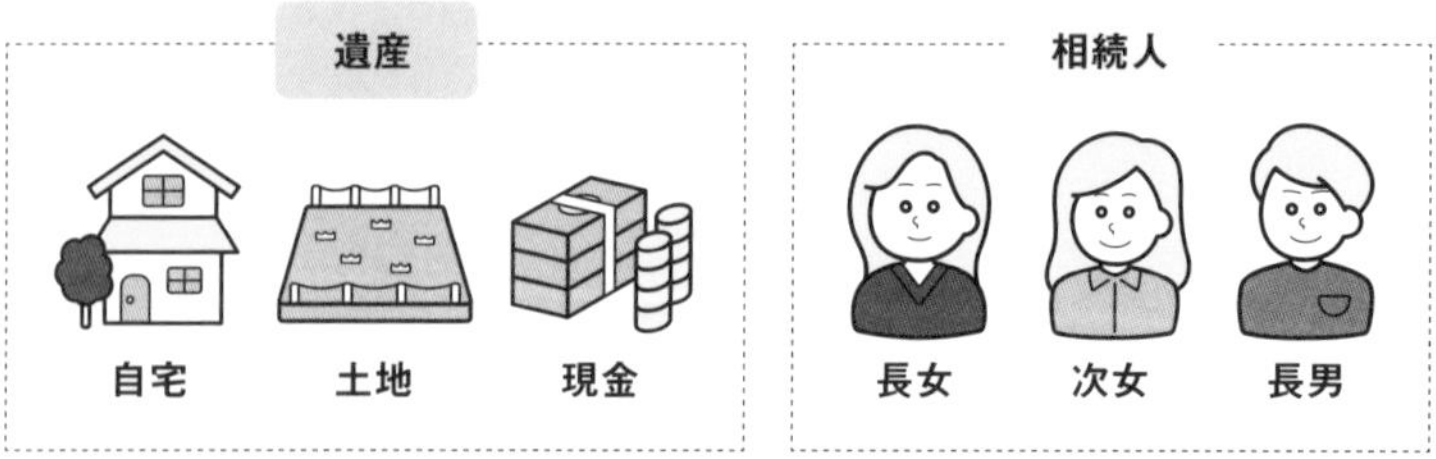

現物のまま分ける現物分割

土地や住居などの分けられない財産がある場合でも、お金に換えず、そのまま引き継ぐのが現物分割。思い出の残る財産を損なわないで引き継げるメリットがあります。

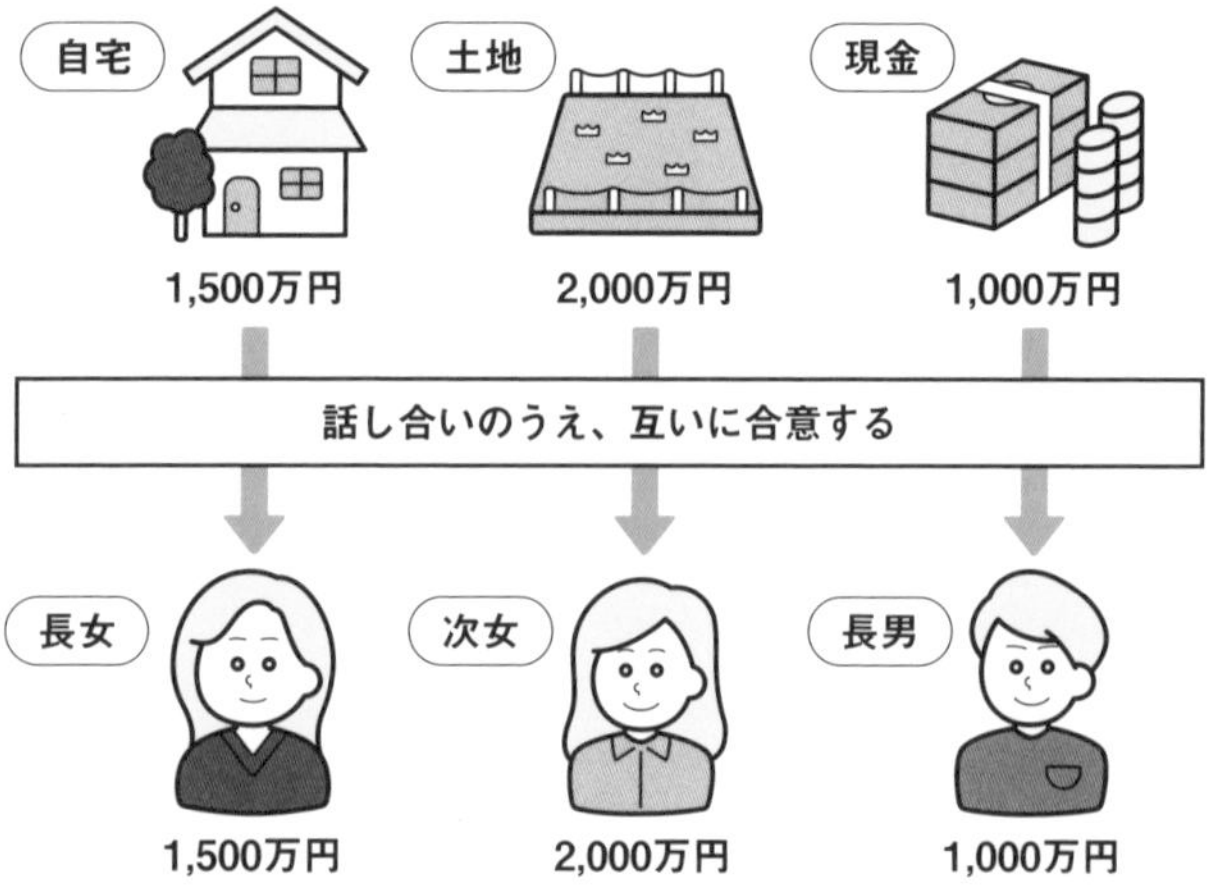

お金に換えて分ける換価分割

価値のわかりやすいお金に換えて公平に分割するのが換価分割。ただし不動産などの売却に時間を要す場合があるほか、仲介手数料などの費用もかかることは念頭に置いておく必要があります。

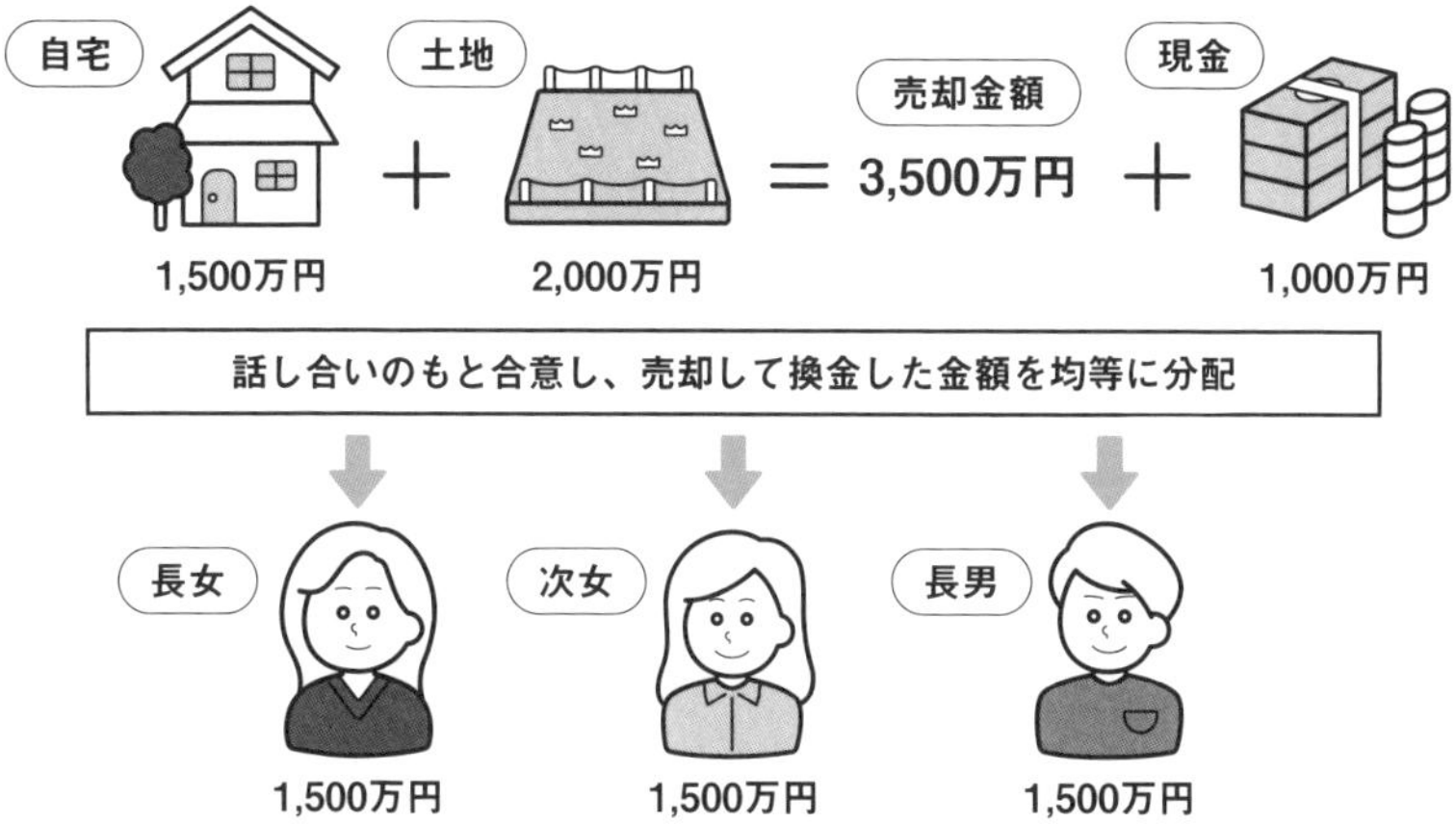

特定の相続人がほかの相続人にお金を支払う代償分割

相続人の1人、あるいは数人が現物を相続し、その代わりにほかの相続人に対してお金を払うのが代償分割。相続財産の大部分が不動産など、分けられないもので構成されるときに使われる方法です。

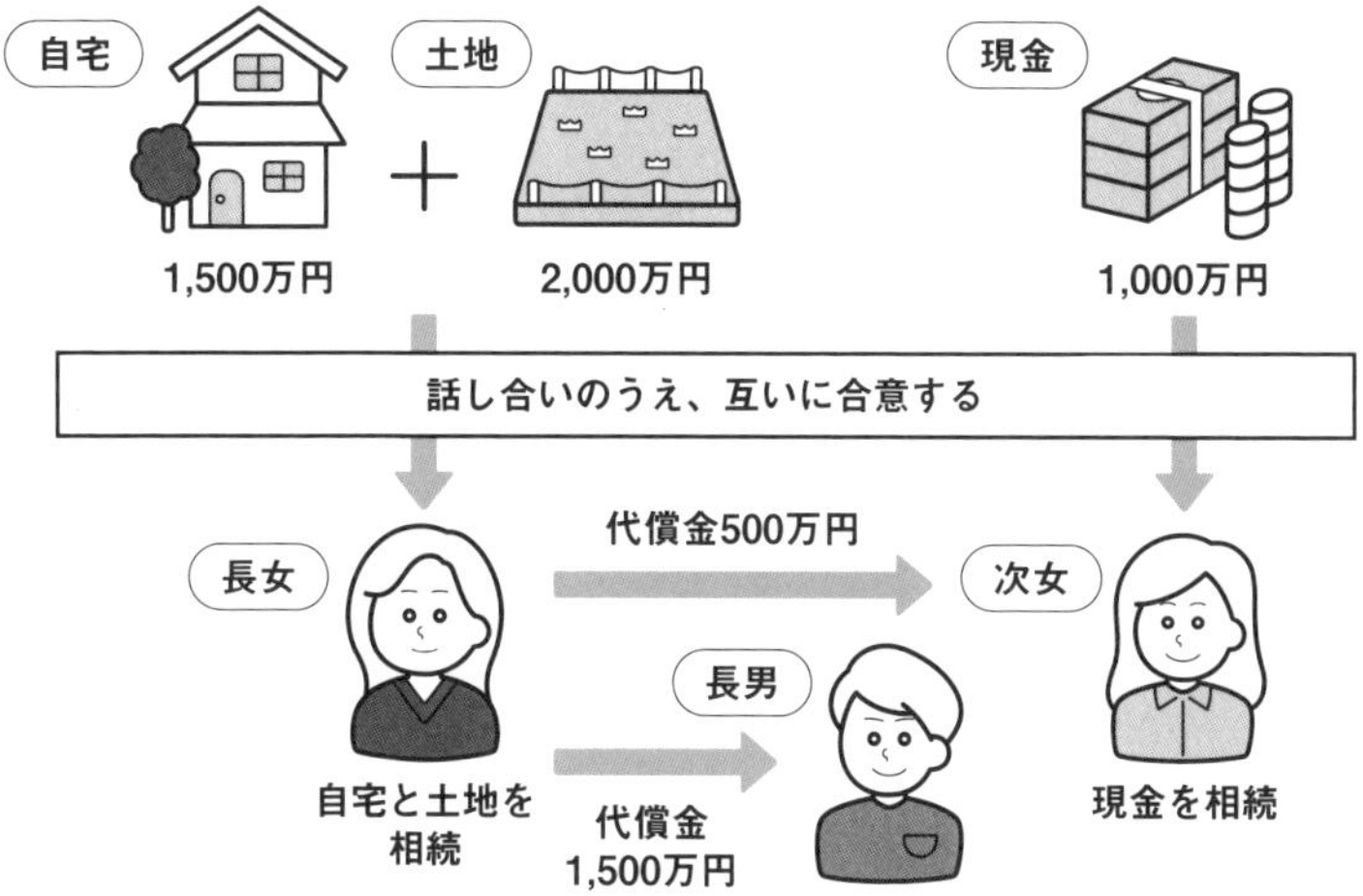

プラスアルファ

複数の相続人で相続する共有分割

現物分割の一つとして、複数の相続人で1つの財産を共有する「共有分割」という方法もあります。不動産（特に家賃収入を目的とした収益物件）などの遺産をすぐに処分したくない時などに向くやり方です。ただし、将来的に権利関係が複雑になりトラブルを生む可能性があるため、慎重な検討が必要です。

08

遺言と遺言書

遺言を残す意味と遺言書の種類

遺言書には多くのメリットがある

財産を誰にどのように遺すかという意思を示す書類が遺言書です。**法定相続人以外にも財産を譲ることができる**ほか、相続人同士が遺産を巡るトラブルを回避できるメリットもあります。また、遺産分割にまつわる話し合いや手続きなど、**遺族の負担を軽減する**こともできます。

遺言書には一般的に**「自筆証書遺言」と「公正証書遺言」の2種類があります**。自筆証書遺言には「本人の自筆」「作成年月日の記載」など、必ず満たしていなければならない要件があります。遺言書は不備があると法的に無効となってしまうため、心配な場合は、公正証書遺言がおすすめです。

遺言書のメリットとは

自分の財産をどのようにするか、生前に決めて書面にしておくのが遺言書。故人の意思が最優先されるのが最大のメリットですが、ほかに以下のようなメリットがあります。

① 相続人同士のトラブル回避

財産の分割を巡っての争いを防止する手段の一つとなる。

② 法定相続人以外にも遺すことが可能

世話になった人など、法定相続人以外にも財産を遺すことができる。

③ 相続手続きの負担が減る

相続割合や分割方法の話し合いをする必要がなくなり、相続手続きもより簡単になる。

遺言書の種類とそれぞれの特徴

遺言書は、その作成方法や保管方法のちがいによって主に2つに分けられます。それぞれの特徴や注意すべきポイントについて知っておきましょう。

	自筆証書遺言	公正証書遺言
執筆形式	本人による自筆 （財産目録のみパソコンでの作成や代筆も可）	公証人による口述筆記
証人	不要	2人以上 （未成年者や利害関係がある人は不可）
署名押印をする人	本人	本人、公証人、証人2人
裁判所での検認	必要 （法務局で保管されていた場合は不要）	不要
費用	検認・検認済み証明書発行の手数料	・公証役場の手数料（財産の価額により変動） ・証人への依頼料
保管	遺言者本人または法務局	原本：公証役場、 正本・謄本：遺言者本人
メリット	・費用負担が少ない ・内容を他人に知られずに済む	・公文書としての効力がある ・不備が起こりにくい ・紛失や第三者の偽造などの恐れがない
デメリット	・不備などが起こりやすい ・第三者による偽造・改ざんや隠匿の恐れがある ・相続人に発見されない可能性がある	・費用がかかる ・執筆に手続きが必要

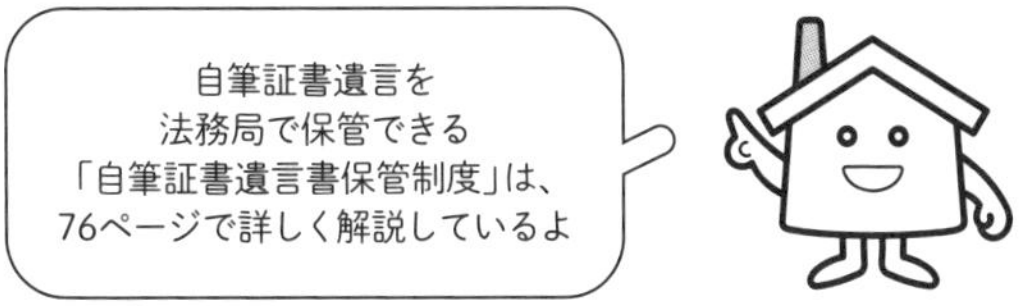
自筆証書遺言を
法務局で保管できる
「自筆証書遺言書保管制度」は、
76ページで詳しく解説しているよ

プラスアルファ

その他の遺言書

遺言書には上記のほか、内容は秘密にしながらも、遺言書があることを証明しておける「秘密証書遺言」もあります。また遺言を残す時間や手段が限られている場合は「特別方式遺言」によって意思を伝えることもできます。例えば死に瀕している場合に認められているのが「危急時遺言」。複数の証人の前で口頭で述べ、書面に書き残すことで成立します。「隔絶地遺言」は、疫病や服役、船上など一般社会と隔離されている状況下で残すもので、証人のほかに、警察官や船の乗務員などの立ち会いが必要です。

遺言書があっても最低限の遺産はもらえる

法定相続人の権利を最低限保償する「遺留分」

遺言では法定相続人以外にも遺産を譲ること（遺贈）ができます。しかし一方で、**法定相続人には亡くなった人の財産を引き継ぐ権利もあります**。民法では**「遺留分」**といって、**相続人の最低限度の取り分**を定めています。

遺留分の割合は、**基本的に法定相続分の半分**です。ただし、相続人が直系尊属のみである場合は3分の1となります。例えば赤の他人に財産のほとんどが遺贈されたというような場合には、相続人は遺贈された人に対して**遺留分侵害額請求**を行うことができます。また遺贈だけでなく、生前の贈与や死因贈与も遺留分の対象となる場合があります。

遺留分は法定相続人によって変わる

法律で定められた遺留分は、相続人によって異なり、最大で法定相続分の半分。例えば故人の配偶者と子であれば、配偶者、子どもに遺産の2分の1のそのまた半分なので、4分の1ずつという計算になります。

法定相続分

遺言が残されていない場合、遺産分割協議などの際に目安となる分割割合。

➡ 30ページ

遺留分

遺言や生前贈与などにより、相続人でない人や一部の相続人に多くの財産が譲られた場合、最低限受け取れるはずの財産を取り戻すために法で認められている割合。

● 法定相続分と遺留分

法定相続人		法定相続分	遺留分
配偶者のみ	配偶者	1（全部）	1/2
子のみ*	子	1（全部）	1/2
父母のみ*	父母	1（全部）	1/3
兄弟姉妹のみ*	兄弟姉妹	1（全部）	なし
配偶者と子	配偶者	1/2	1/4
	子*	1/2	1/4
配偶者と父母	配偶者	2/3	1/3
	父母*	1/3	1/6
配偶者と兄弟姉妹	配偶者	3/4	1/2
	兄弟姉妹*	1/4	なし

＊複数人いる場合は、人数で均等に分ける

遺留分を請求できる人、できない人

遺留分は誰もが請求できるわけではありません。法定相続人の中でも、配偶者と、子・孫などの直系卑属、父母や祖父母などの直系尊属のみに認められています。

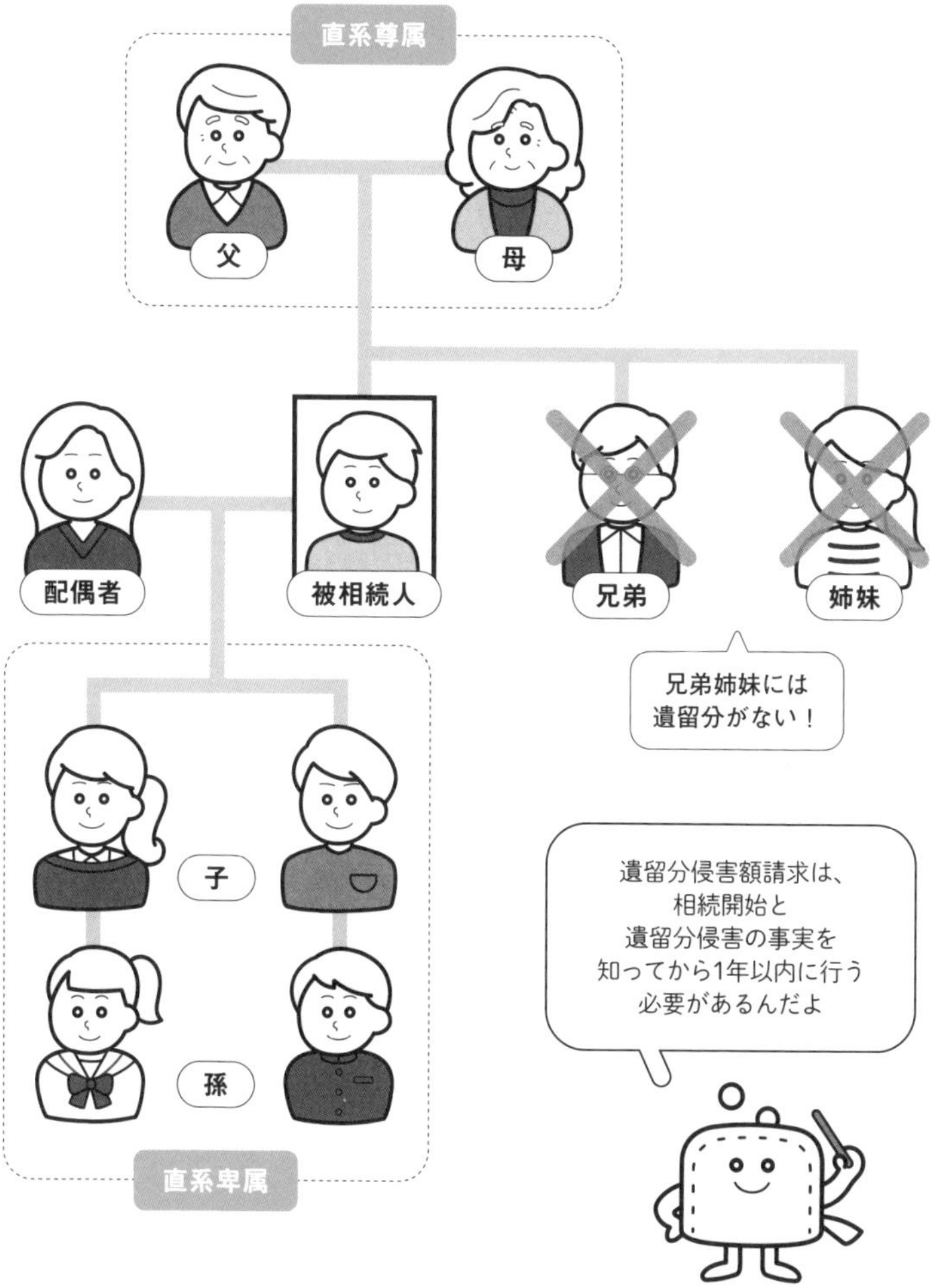
直系尊属
父
母
配偶者
被相続人
兄弟
姉妹
兄弟姉妹には
遺留分がない！
子
孫
直系卑属
遺留分侵害額請求は、
相続開始と
遺留分侵害の事実を
知ってから1年以内に行う
必要があるんだよ

プラス
アルファ

遺留分を
侵害された場合は
まずは話し合いから

遺留分を侵害されるような遺言や贈与がなされた場合、遺留分侵害額請求を行使して自分の遺留分を取り戻しましょう。話し合いで進められそうであれば、まずは相手方に意思表示をして合意を得ます。話し合いをしても合意できなかった場合は、家庭裁判所などに調停を申し立てます。調停でも合意できなかった場合は訴訟となり、裁判所に判断を委ねます。費用はかかりますが、もめた場合は弁護士などの専門家に相談するとよいでしょう。

10

遺産分割

遺言書がない場合は話し合いで分割

まずは話し合って分割方法を決める

遺言書がない場合は、財産の分割方法を**相続人同士で話し合って決めます**。これを**「遺産分割協議」**といいます。なお遺言書があっても、相続人全員の合意があれば、遺産分割協議をすることができます。

遺産分割の方法は4種類あり、まずは遺言書に沿って行う「指定分割」、話し合って決めるのが「協議分割」です。話し合いがまとまらない場合は、家庭裁判所に持ち込むこととなります。調停によって決めるのが「調停分割」、審判により決めるのが「審判分割」です。調停分割や審判分割は、**財産分割までに時間がかかる**ことや精神的負担なども覚悟しておく必要があります。

遺産分割に関する調停・審判は増加傾向

遺産分割に関する事件は増加傾向にあります。家庭裁判所が受け付けた遺産分割審判の件数は、2021（令和3）年には過去最多の1万3,447件となっています。

● 遺産分割事件件数の推移（全家庭裁判所）

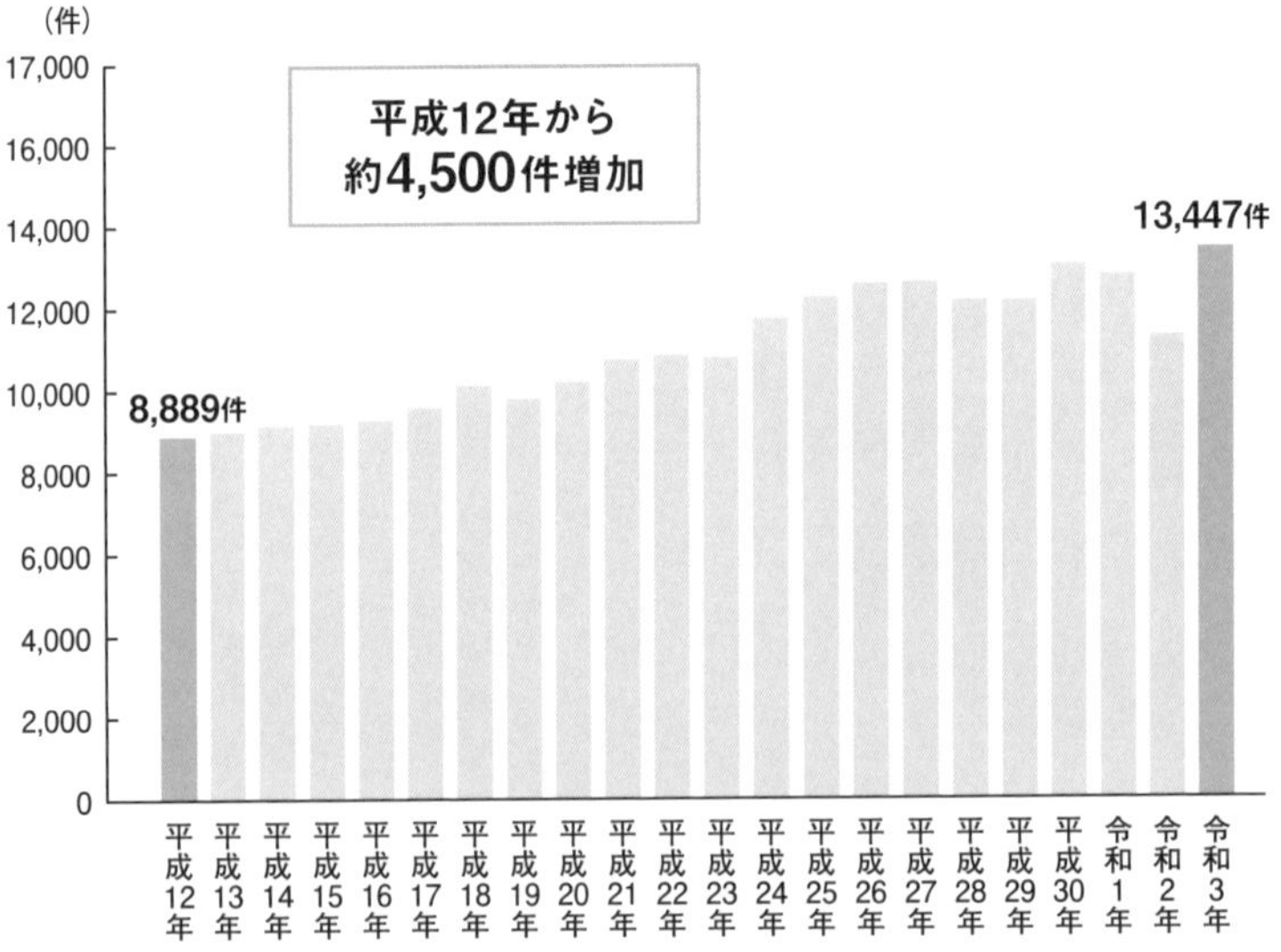

出典：司法統計

遺産分割手続きには4つの方法がある

遺産分割は進め方によって以下の4つに分けられます。遺言や話し合いによってスムーズに遺産分割が進めばいいのですが、決まらない場合は調停や審判に持ち込むこととなります。

①指定分割　遺言書に従って分割する方法。法定分割を考慮する必要はない。
また、指定があっても一部の法定相続人は遺留分を請求できる。

↓ 遺言による指定がない

②協議分割　相続人で話し合って相続分を決める方法。
遺言書がない時や、遺言に分割の指定がない時などに行う。

↓ 協議で決まらない

③調停分割　協議分割で決まらない時、
家庭裁判所の調停により相続分を決める方法。

↓ 調停でも合意できない

④審判分割　調停で合意が得られない場合、家庭裁判所の審判で相続分を決める。
不服がある場合はさらに高等裁判所への申し立てを行える。

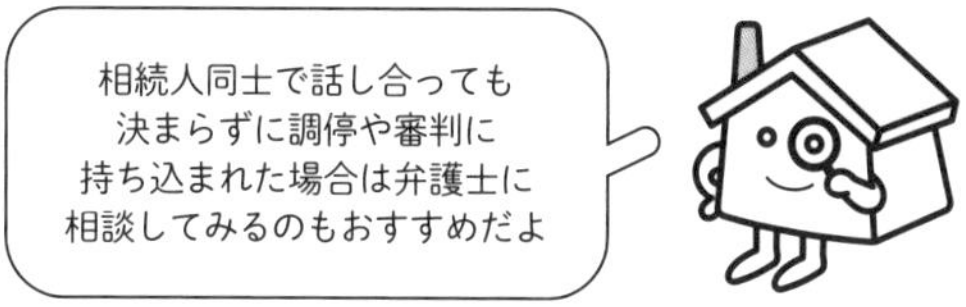
相続人同士で話し合っても
決まらずに調停や審判に
持ち込まれた場合は弁護士に
相談してみるのもおすすめだよ

プラス
アルファ

指定分割と協議分割のメリット・デメリット

遺言書による指定分割は、故人の希望に沿って財産を譲ることができます。ただし、不公平な遺産分割は相続人同士のトラブルの元となります。有効な遺言書がある場合は、指定分割は協議分割に優先されますが、相続人全員の合意があれば、遺言書があっても相続人同士の話し合いで遺産を分割することができます。協議分割の場合、話し合いによってどう分割するかを決めているため、相続人が納得しやすいというメリットがありますが、合意までに時間がかかるというデメリットもあります。

相続しないという選択もできる

負債の返済義務を免れる方法も

相続は必ずしなければならないと決まっているわけではありません。負債が多く、残されたプラスの財産を上回ってしまう場合、**「相続放棄」を行えば、負債の返済義務を免れる**ことができます。**資産と負債のどちらが多いかわからない場合は「限定承認」**という手段もあります。財産の範囲内で返済する義務を負うもので、これを行うには**相続人全員の合意が必要**です。

相続放棄や限定承認をする場合は、相続開始後3カ月以内に家庭裁判所に申し立てる必要があります。期限内に手続きしなかった場合は**自動的に相続する**ものとされます。これを**「単純承認」**といいます。

相続の方法は3つ

相続の権利を行使するかどうかは、相続人の意思に任せられています。ただし、相続発生後3カ月以内に相続放棄や限定承認を申し立てなかった場合、自動的に相続の権利を受け入れたことになり、相続するものとみなされます。

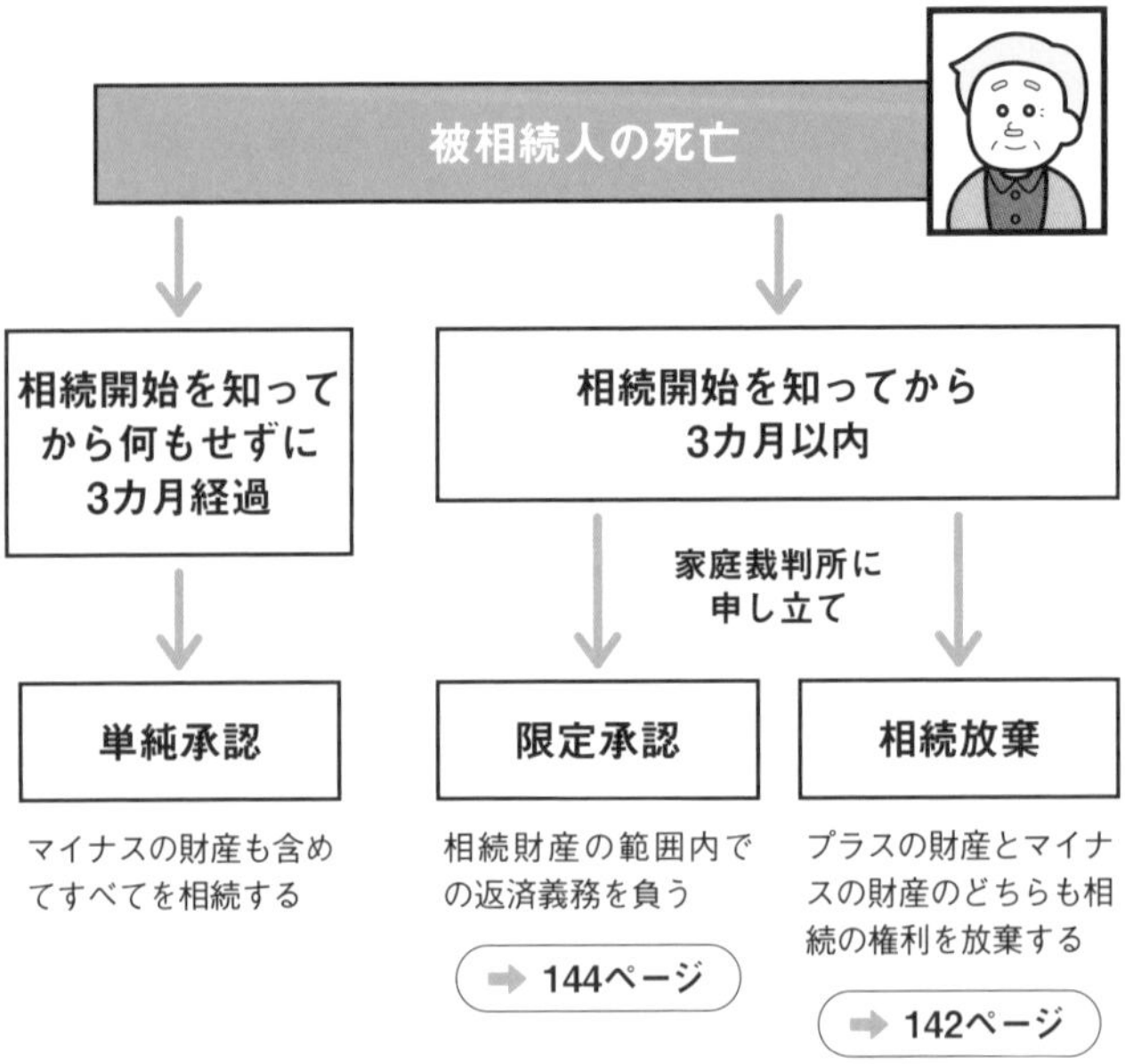
被相続人の死亡
相続開始を知ってから何もせずに3カ月経過
相続開始を知ってから3カ月以内
家庭裁判所に申し立て
単純承認
限定承認
相続放棄
マイナスの財産も含めてすべてを相続する
相続財産の範囲内での返済義務を負う
→144ページ
プラスの財産とマイナスの財産のどちらも相続の権利を放棄する
→142ページ

マイナスの財産が多い場合は放棄できる

身内が亡くなったら、まず債務などのマイナスの財産がどの程度あるかを調査します。マイナスの財産が多そうな場合、限定承認や相続放棄という選択肢を検討するといいでしょう。

単純承認

負債も含めて遺産を相続する。借金などが少なく、明らかにプラスの財産のほうが多いときに行う。

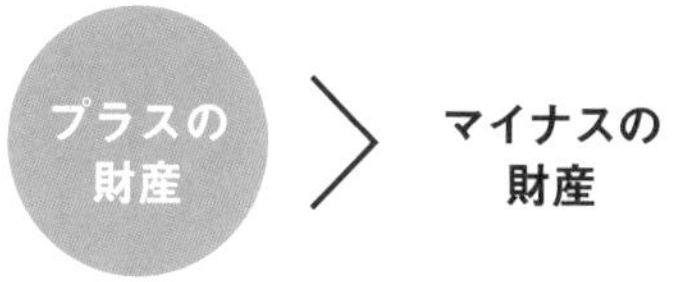

プラスの財産がマイナスの財産より多い。

限定承認

プラスの財産とマイナスの財産、どちらが多いかわからないときに行う。財産を上回る借金については返済の義務を負わなくて済み、負債を支払っても余った財産は相続できる。

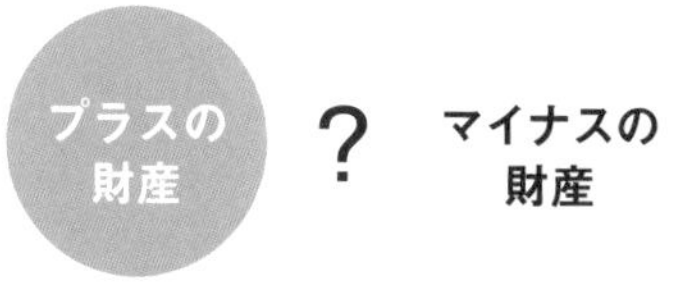

プラスとマイナスの財産のどちらが多いか不明。

相続放棄

負債も含め、相続の権利そのものを放棄する。明らかにマイナスの財産がプラスの財産を上回るときや相続に関わりたくないときに行う。

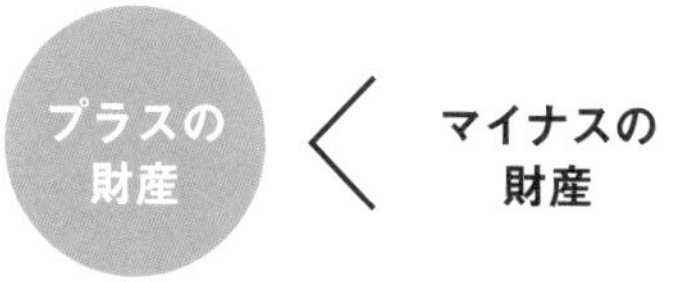

マイナスの財産がプラスの財産よりも多い。

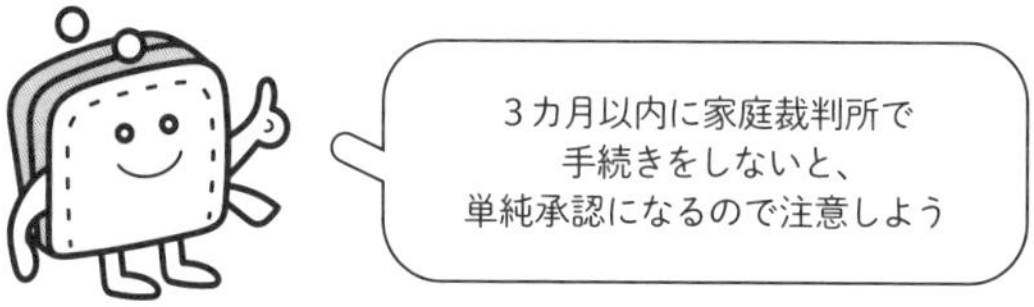

プラスアルファ

相続放棄の注意点

相続放棄を行う際にはいくつか気をつけるべき注意点がありますので、以下を確認しましょう。

- 一度相続放棄または限定承認をすると撤回できないため、あとでプラスの財産が見つかっても相続できない
- 相続放棄した人の子や孫も代襲相続できない
- 相続放棄を選択すると同時に自動的に次の順位の人に返済義務が移るため、トラブルの原因になることも

12

相続欠格、相続廃除

相続人の資格を失うことがある

不正に遺産入手を目論むと自動的に相続欠格となる

「相続欠格」あるいは「相続廃除」など、法定相続人であっても相続の資格がなくなる場合があります。

相続欠格は、法に基づき自動的に**相続人としての権利を失う**ものです。例えば**遺言書を偽造**したり、被相続人やほかの相続人を故意に死亡させるなど、**不正に遺産を入手しようとした場合**に当てはまります。相続廃除は、**被相続人がその意思によって相続人の権利を失わせる**ものです。といっても、気に入らないというような理由では廃除を行うことはできません。相続廃除の決定は廃除申し立てに応じて**家庭裁判所で審判されるもの**で、相当の理由がなければ認められません。

相続欠格となる5つの事由

民法では相続欠格となる5つの事由が定められています。これらのうちいずれかに当てはまる場合、自動的に相続欠格となります。

① 故意に被相続人や同順位以上の相続人を死亡させた、または死亡させようとした

② 被相続人が殺害されたのを知りながら告発や告訴を行わなかった

③ 詐欺・脅迫によって被相続人の遺言の取り消し・変更を妨げた

④ 詐欺・脅迫によって被相続人の遺言を取り消し・変更させた

⑤ 被相続人の遺言書偽造・変造・破棄・隠蔽

↓

手続きなく相続権を失う

被相続人の意思で権利を奪う

被相続人の意思に基づいて相続人の相続権を奪うことを「相続廃除」といいます。廃除の手続きには家庭裁判所に申し立てる方法と遺言に記す方法があります。

● 相続廃除となる事由

① 被相続人に対し虐待をした
② 被相続人に対し重大な侮辱を加えた
③ その他の著しい非行があった

手続きにより、相続権を奪うことができる

相続廃除の対象となるのは、
配偶者や子ども、
直系尊属に限られ、
遺留分のない兄弟姉妹は
該当しないんだよ

● 相続廃除の申立件数と審判の結果

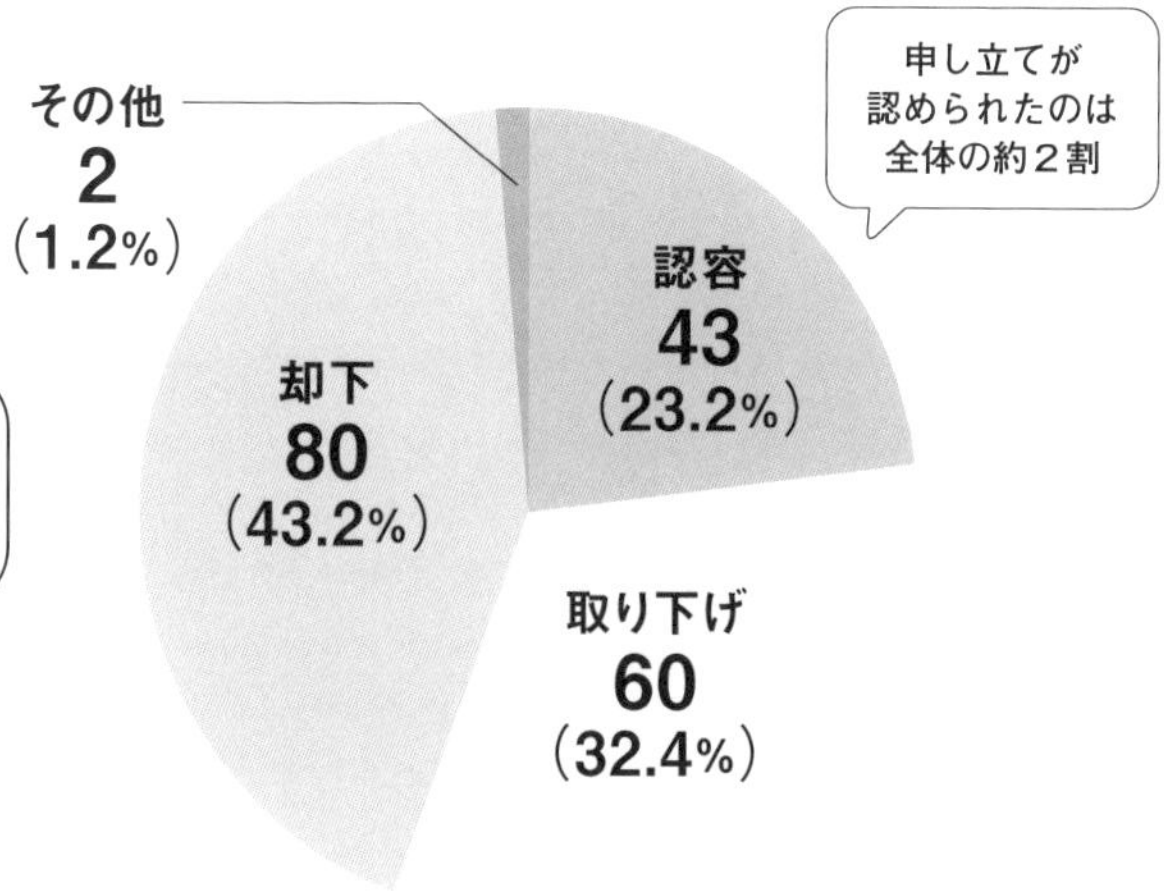
その他 2 (1.2%)
認容 43 (23.2%)
却下 80 (43.2%)
取り下げ 60 (32.4%)
申し立てが
認められたのは
全体の約２割

グラフからもわかるように、
相続人の廃除は簡単には
認められないんだよ

出典：令和2年度司法統計

事例で学ぶ 相続のお悩みQ&A

Q 相続のため姉の養子になりましたが疎遠だった姉の実子にはどうすればいい？

両親は早くに亡くなり、独り身だった姉は生前、遺産相続させるべく私を養子にしてくれました。ただ、姉には若いときに生んだ息子がいると生前聞いたことがあります。この場合、当然、姉の息子にも相続の権利がありますよね。ただ、会ったこともない相手にどう切り出すか、相手からどんな反応が返ってくるかなど、あれこれ悩んでしまいます……。

（57歳・女性・団体職員）

A

まずはあなたの甥御さんが現在どこに住んでいらっしゃるのか、所在を特定することから始めましょう。お姉様の戸籍調査を行うことによって甥御さんの本籍地が明らかになると思います。その本籍地の役場で「戸籍の附票」という書類を発行してもらいましょう。戸籍の附票には現在の住民票がある住所が記載されています。実際に会ったりお話ししたりすることに抵抗がなければ、その住所に手紙を送り、事情を説明して一度会いたいとの申し入れをするとよいでしょう。手紙が届かず返ってきてしまった場合は、現地に赴いて、住んでいるかどうかを確認する必要があります。その住所に不在で、現在の居所がわからない場合は、家庭裁判所に「不在者財産管理人」（→P.148）の選任を申し立てたうえで遺産分割協議を進めます。法定相続分に応じて財産分割を進めるのであれば、取得分はあなたと甥御さんで等分になります。もし、実際に会うことを戸惑っておられるようなら、まずは弁護士などを通じてコンタクトをとってみるのもよいかもしれません。あなたの親族でもあり、お姉様の思い出を分かち合える立場の方です。最終的には直接お会いしてお話しされたほうが、お姉様のお気持ちに沿うことにもつながるでしょう。ただ、相手からどんな反応があるか不安という気持ちが強いのであれば、いったん弁護士に様子をみてもらったほうが、心の準備もしやすいのではないでしょうか。

Chapter 2

相続のトラブル事例

遺産が不動産しかない、介護したのに財産がもらえない……、
相続トラブルは誰にとっても他人事ではありません。
具体的な事例と対策について見ていきましょう。

01

生前贈与と遺産相続

きょうだいで生前に受けた援助に差がある

生前に受けた贈与・援助を洗い出して合算する

遺産を分割する際にトラブルとなりがちな要因の一つが、**生前に被相続人から受けていた贈与や援助、すなわち「特別受益」**の差です。きょうだいのうち1人だけ資金援助を受けていた、あるいは全員受けていたとしても額がちがうといった場合、**すでに受けた贈与・援助を洗い出したうえで、遺された相続財産と合算して、各相続人の相続する財産額を決める**ことができます。これを**「特別受益の持ち戻し」**といいます。

受け取ったことを隠して、それが後で発覚すると関係が悪くなるだけでなく、裁判になったとき不利に働きます。「特別受益」があった際は正直に開示しましょう。

CASE 1

受けた援助がちがうのに相続する財産額が同じなのは不公平

相続人は兄と姉と次女の私です。兄は住宅購入資金を、姉は大学院までの教育費を出してもらいましたが、私は専門学校の学費のみです。兄や姉は私に比べて多額の援助を受けているのに、そのことを考えに入れず、相続財産の割合を同じにするのは不公平だと思います。

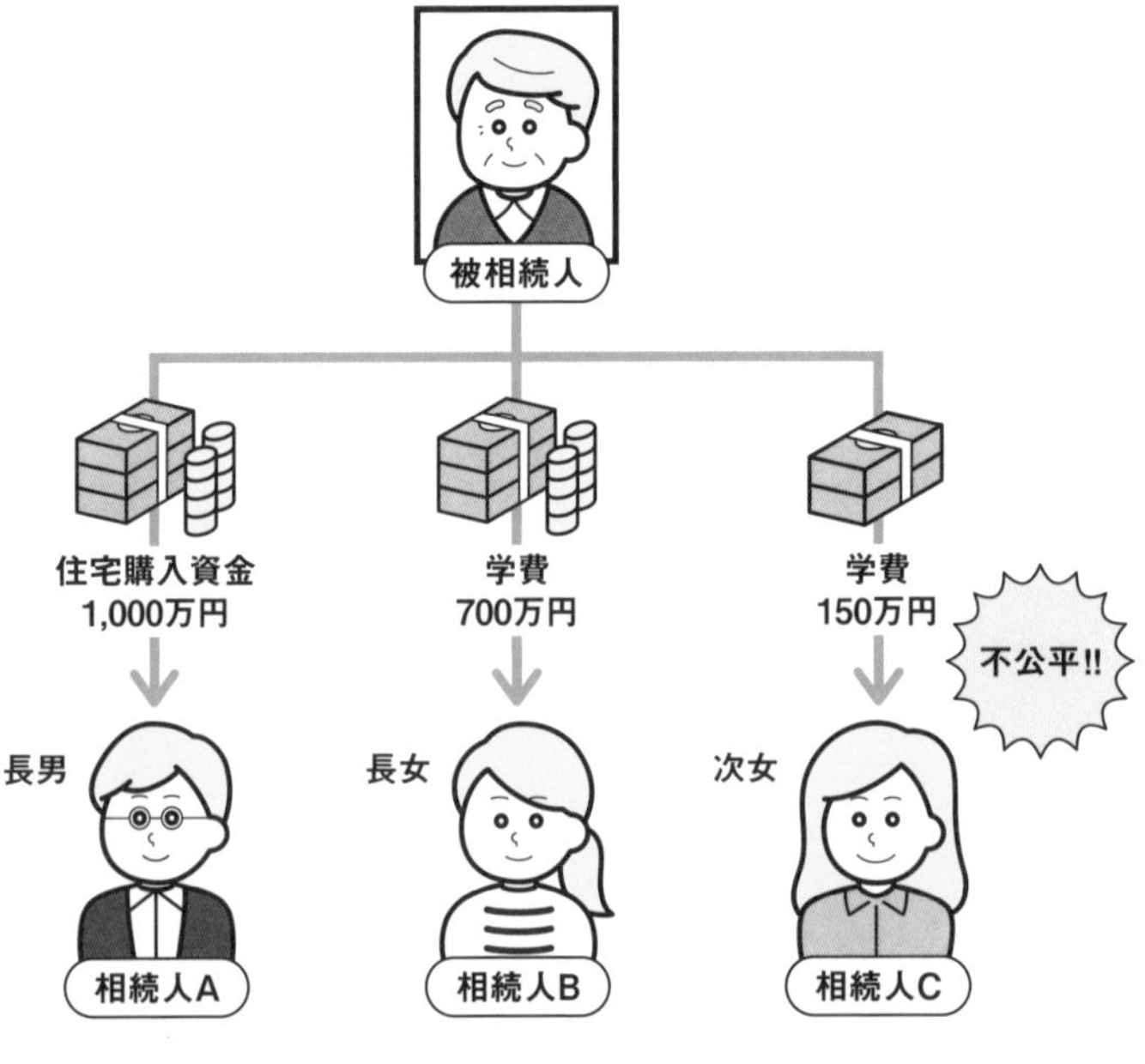

ANSWER

生前に受け取った援助は、相続時に特別受益となり、相続財産として計算される場合がある

● 法定相続分どおりに相続した場合

今回のケースでは実際に相続人はいくら受け取れるか見てみましょう。

被相続人	相続人A	相続人B	相続人C
相続財産 8,050万円	特別受益 住宅購入資金 1,000万円	特別受益 学費 700万円	特別受益 学費 150万円

合算　9,900万円

	相続人A	相続人B	相続人C
相続分	3,300万円	3,300万円	3,300万円
− 特別受益	1,000万円	700万円	150万円
＝ 実際取得額	2,300万円	2,600万円	3,150万円

● 特別受益の対象となる援助とは?

進学、結婚、住宅取得など、人生の節目で親から受けた援助は特別受益の対象となる場合があります。

結婚資金

マイホーム資金

教育資金（※高額な場合）

開業資金

プラスアルファ

特別受益は除外して相続できる場合がある

被相続人が生前に遺言書などで、「特別受益の持ち戻し免除の意思表示」をした場合、すなわち特定の相続人への特別受益は除外して遺産相続させるという意思を示していた際は、該当分を除いた遺産分割が可能。ただし、遺留分（→P.40）の計算時には、持ち戻し免除の意思表示があっても、遺贈または相続開始前10年以内に行われた贈与を含めます。

02

名義預金

祖父母が孫名義の口座を持っている

よかれと思って貯めたお金が負担になることも

故人が子どもや孫の名義で預金をしていたケースがあります。**お金の出どころと口座の名義人が一致していない預金**や通帳・印鑑・キャッシュカードを被相続人が管理して、**名義人本人が自由にお金を出し入れできない預金**について、税務署は**名義預金**と判断して相続税の対象とみなします。財産を少なく見せて相続税の額を減らそうとしたのではないかと疑われても仕方ないのです。また、定期的に子どもや孫にお金を振り込む行為は**生前贈与にあたり、贈与税（82ページ）の対象となる場合がある**ので注意が必要です。

税金逃れを疑われないために、基本知識を整理しておきましょう。

CASE2

祖父が孫である自分名義で預金口座を作成していた

亡くなった祖父が孫の自分の名義で預金口座を作成していたことが死後にわかり、そのことを誰も知りませんでした。私はこの自分名義の預金を自由に使えるようになるのでしょうか？

名義預金とは　亡くなった人が生前に妻や子どもなど、別名義の口座へ預金をしていること。

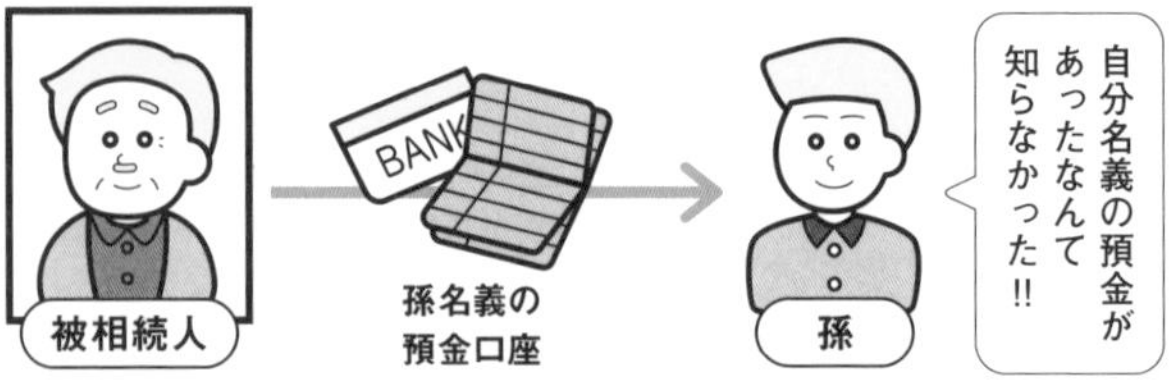
BANK
被相続人
孫名義の預金口座
孫
自分名義の預金があったなんて知らなかった!!

該当するケース

- 名義人が該当の預金口座の存在を知らない
- 該当の預金口座を名義人自らが管理していない
- 該当の口座のお金は名義人が得たものではない

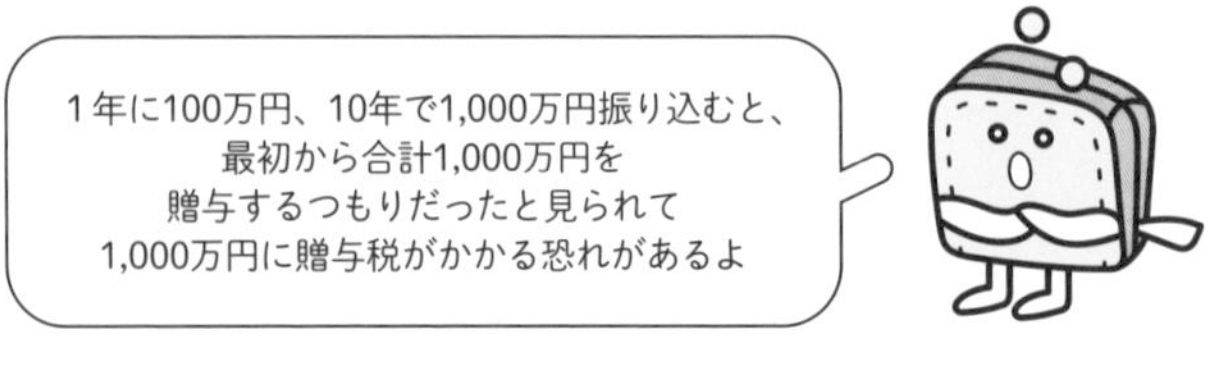
1年に100万円、10年で1,000万円振り込むと、
最初から合計1,000万円を
贈与するつもりだったと見られて
1,000万円に贈与税がかかる恐れがあるよ

ANSWER

孫は相続人ではないため、この預金を相続できない。相続財産に含められ、遺産分割協議の対象となる

名義預金とみなされないための対策

名義預金とみなされて相続税の対象となる可能性が高い相続財産を名義預金とみなされないために、次のポイントを押さえておくとよいでしょう。

①贈与契約書を作成する

お金の移動が被相続人と名義人双方の合意のもとに行われたことを証明する贈与契約書を作成することによってお金は名義人のものとみなされる。贈与契約書には決まった書式はない。

契約書

②贈与税を申告する

年間110万円を超える贈与は、贈与税の対象となる。その場合、名義人本人＝お金を受け取った側が贈与税を申告する。納税はお金を振り込まれた預金口座から行う。未成年者の場合は、親権者が代わりに申告できる。

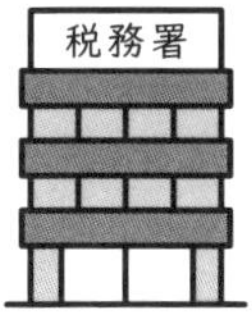
税務署

③使った記録を残す

口座にあるお金にまったく手を付けないと名義預金の疑いがかかる。別名義の口座があることがわかったら、名義人がお金を引き出す、クレジットカードの引き落とし口座にするなど使った形跡を残す。

CREDIT

④名義人が管理する

名義人自ら通帳、印鑑、キャッシュカードを管理する。名義人（お金を受け取る人）が普段使いしている口座に振り込むのが良い。

BANK

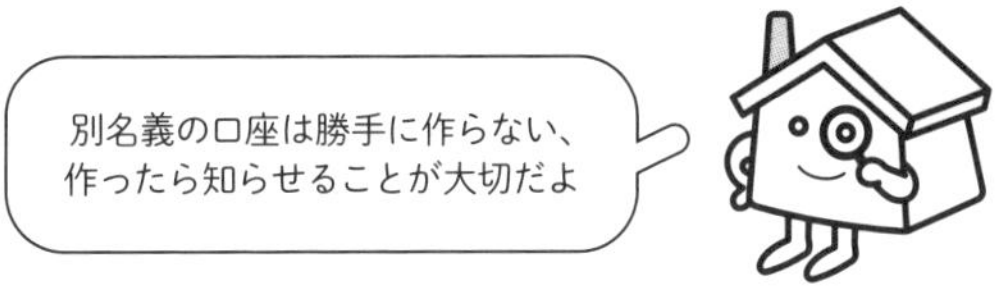
別名義の口座は勝手に作らない、
作ったら知らせることが大切だよ

プラス
アルファ

名義預金を解消する方法

問題になると知らずに名義預金を作成してしまった場合にその状態を解消するには、預金全額をいったん、生前のうちに預金口座の作成者（被相続人）に戻します。その後改めて、贈与の手続きを取れば問題ありません。

03

タンス預金

死後に自宅で現金が見つかった

タンス預金を隠しておくと脱税を疑われることも

まとまった現金を金融機関ではなく、自宅のタンスなどの場所に保管しておく行為を一般的に「タンス預金」と言います。タンス預金は持ち主の情報や金額の増減など一切記録が残りません。ならば、持ち主の死後、税務署に申告しないで遺族が引き継いでもわからない、つまり相続税の対象にならないのではないかと考えがちです。

しかしその考え方は危険です。故人の所得や生活状況に対して相続税の申告財産が不自然に少ない場合、**税務調査が入って発覚**することもあります。故意に隠していたと判断されると**悪質な脱税と見なされ、多額の罰金**という事態を招きかねません。

CASE 3

親の死後に自宅から多額の現金が！

亡くなった父の遺品整理をしていたら、本棚から多額の現金が見つかりました。これは相続時に申告しなくてよいのでしょうか。

● 日本のタンス預金は100兆円以上!!

家計における資産の分析

項目	金額
現金・預金	1,106兆6,596億円
現金	106兆8,530億円
流動性預金	621兆2,395億円
定期性預金	372兆1,498億円
譲渡性預金	54億円
外貨預金	6兆4,119億円

いわゆるタンス預金！

出典：日本銀行『資金循環統計』令和5年3月末（速報）

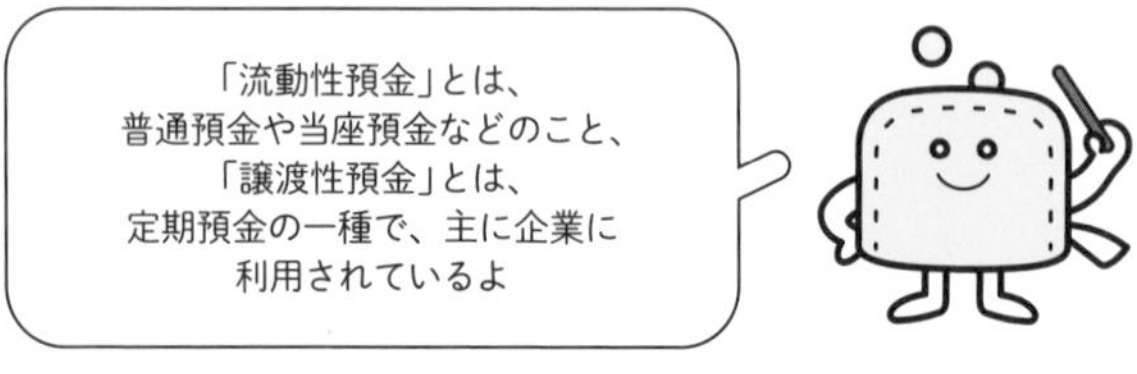

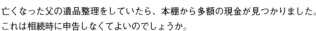

「流動性預金」とは、
普通預金や当座預金などのこと、
「譲渡性預金」とは、
定期預金の一種で、主に企業に
利用されているよ

ANSWER

タンス預金を見つけたらきちんと開示して相続税の対象に組み入れ、ほかの相続人と分割する

● タンス預金の相続手続きの流れ

①相続人全員で情報を共有する

↓

②安全な場所に保管する

↓

③ほかの財産とあわせて財産目録を作成し、分割協議を行う

↓

④分配する

タンス預金を隠すのは危険

財産を隠している場合は、税務署が所得や生活状況から違和感に気づき税務調査の対象となり、自宅を調べたり関係者から聞き取りしたりして、いずれ発覚する可能性が高いです。

税務署の主な確認事項

税金の申告	＋	法定調書	＋	登記情報等
所得税、相続税		不動産売買、株式配当など		土地・建物など

↓

財産の動きを正確に把握

↓ 違和感があると

税務調査

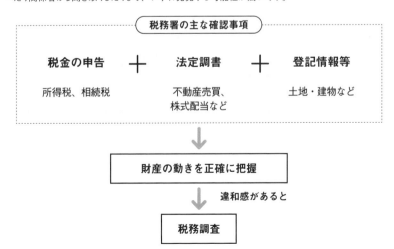

04

デジタル遺産

アカウント情報がわからず解約できない

デジタル遺産も相続の対象 早めの洗い出しを

キャッシュレス化が進む昨今、ネット銀行や電子決済サービスを活用する人、連動するポイントを貯めている人も多いでしょう。これらのサービスの残高やポイントは、所有者が亡くなった場合どうなるのでしょうか。

電子マネーの残高やポイント、ネット銀行の預金、仮想通貨などはデジタル遺産といい、相続税の対象となるものもあります。ただ、デジタル遺産は本人以外が把握していない可能性が高く、相続時にトラブルになる例が増えています。**後で気づくと、申告のやり直しやペナルティーの対象になる場合もある**ため、早いうちに把握しておきたいものです。

CASE4

故人のネット銀行のアカウント情報がわからず解約できません

亡くなった父がネット銀行に預金を持っていたらしく、ネット証券とも連動していたようなのですが、ログインIDなどのアカウント情報がわからず資産の状況が把握できません。

デジタル遺産とは

ネット上に保管されているデジタル情報のうち金銭に関わるものをデジタル遺産という。写真、論文や楽譜、電子メールなどの知的財産はデジタル遺品といい、デジタル遺産には含まない。

BANK

web上で管理する預貯金口座

web上で管理・売買を行う株式や投資信託

仮想通貨

電子マネーのチャージ残高

ECサイトのポイントやマイレージ

スマホやPCのパスワードがわからない場合は、まずはパスワードが記されたメモがないかを探してみよう

ANSWER

ネット銀行や証券の問い合わせ窓口（web上に記載）に死亡したことを連絡して凍結手続きをとる

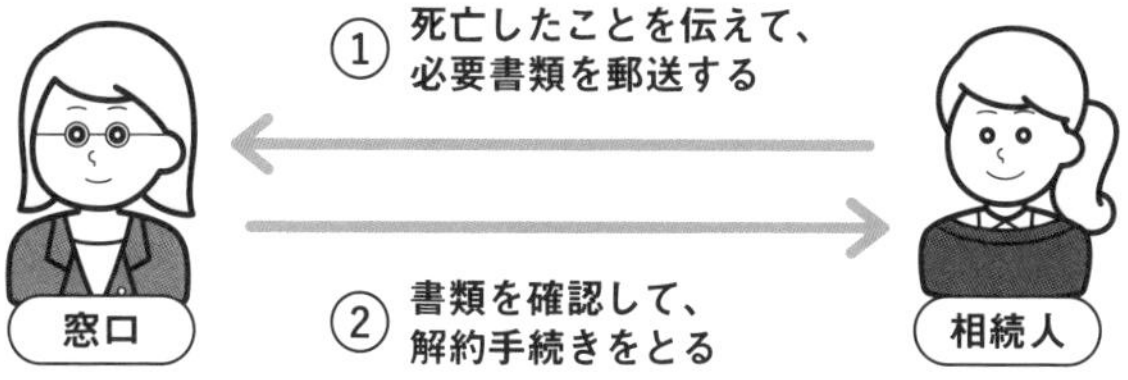
① 死亡したことを伝えて、
必要書類を郵送する
② 書類を確認して、
解約手続きをとる
窓口
相続人

● デジタル遺産整理のポイント

故人が生前に財産目録を作成しておくことがベストですが、ない場合は下記の手順で整理しましょう。

① 相続に必要な財産情報を掘り起こす
➡スマホやPC内にあるメール、ブラウザのブックマークなどを手がかりに進める

② キャッシュレス決済や企業ポイントの残高引き継ぎ
➡各社の規約を確認する

③ 各種サブスクなどのネットサービスを解約する
➡問い合わせ窓口に連絡し事情を説明する

④ SNSやネットサービスのアカウントを削除する

⑤ 携帯電話の解約（または継承）手続きをする

⑥ スマホやパソコン、タブレットなどハードウェアを処分する

＊写真など、残しておきたいデータがあればバックアップする

プラス
アルファ

サブスクの解約も忘れずに

定額料金で映像や音楽の視聴ができるサブスクは便利ですが、故人が契約していたことに気づかず放置すると、延々と利用料が引き落とされ続けます。引き落としに設定した口座を解約して引き落とせなくなったとしても、請求自体は発生し続けてしまうので、必ず早めに発見して解約しましょう。

05

介護した家族

長年の介護は相続で考慮される？

介護によって寄与した分を相続時に主張できる

被相続人の生前、親族が長年介護していた、しかも息子の妻がその主な担い手であったというのはよくあるケースです。この場合、相続財産の分配の際に息子の妻は取り分を主張できるのでしょうか。

介護など被相続人に利する労務が評価されるべきであるという考えのもと、**寄与した親族は特別寄与料を請求**できます。旧民法ではその権利があるのは相続人のみでしたが、2019（令和元）年の**改正後は、法定相続人ではない親族、例えば子どもの配偶者でも特別寄与料を請求できることになりました**。つまり、息子の妻が介護を担っていた場合もその寄与分を主張できます。

CASE 5

長年、義理の親を介護してきた労力を認めてほしい

10年以上にわたり介護してきた夫の父親を最近看取りました。相続に際し法定相続人ではないうえ、夫もすでに他界しているため夫へ分配されるはずだった分を受け取ることもできません。長年の介護への対価を主張できるのでしょうか？

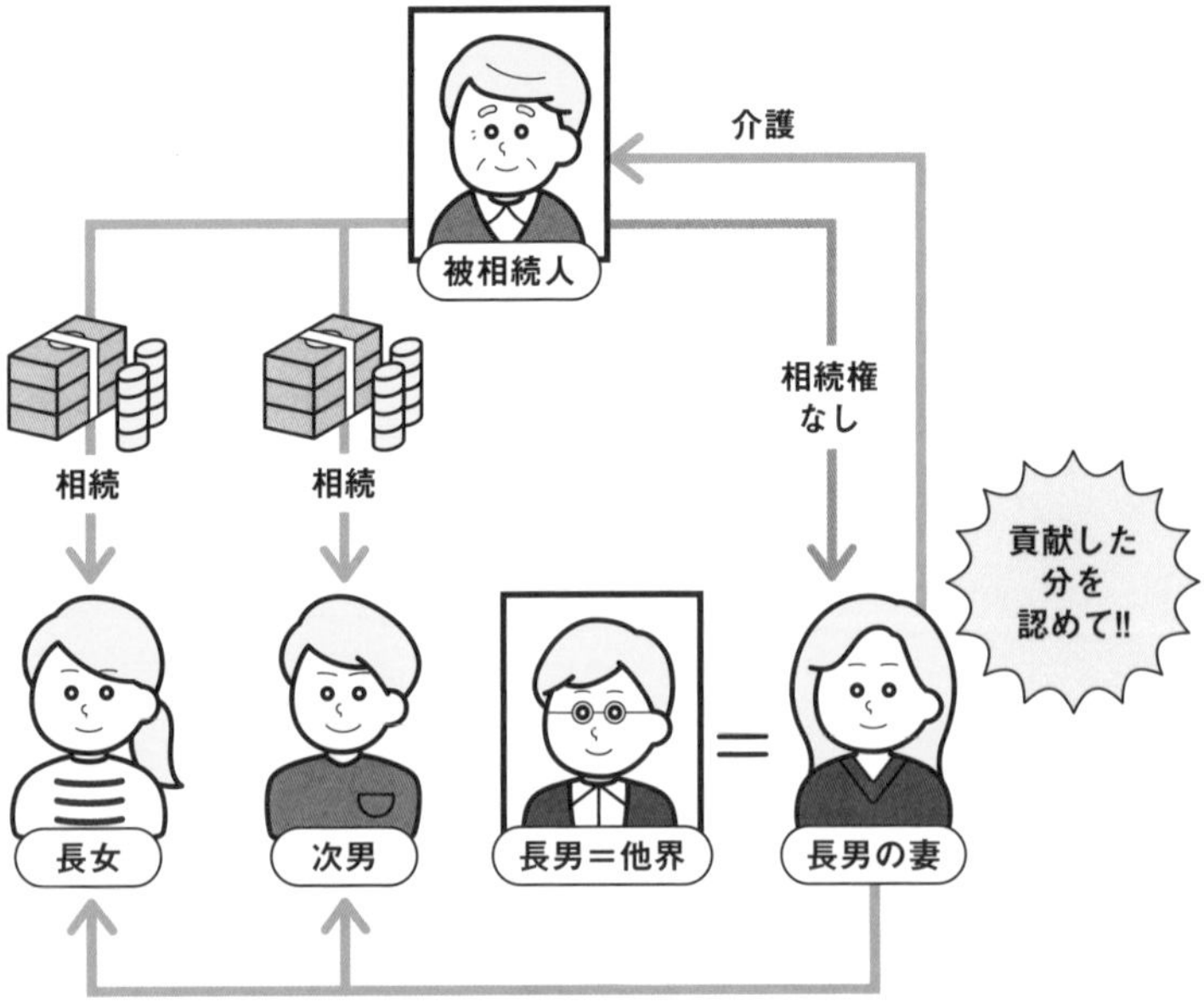

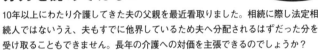

ANSWER

被相続人に寄与したと認められる場合は相続人に対して特別寄与料の支払いを請求することができる

特別寄与とは

被相続人に対して療養看護その他の労務の提供を行ったことにより、被相続人の財産の維持または増加に無償で寄与したと認められる行為のこと。特別寄与料は、特別寄与者から相続人に請求し、両者の話し合いによって決める。

● 特別寄与と見なされる例

介護

事業の手伝い

金銭の支払い

生前に対策をしておこう

寄与分は請求したからといって必ずしも認められるものでもなく、仮に認められたとしても想定より少ない金額であることが多いです。そのため生前の対策が重要となります。

①遺言書の作成

遺言によって相続人以外の人に財産を遺すことができる。その際にほかの相続人の遺留分を侵害するような配分にするとトラブルの原因となるため注意する。

②生前贈与

生前に贈与をすれば、介護した家族へ確実に財産を渡すことができる。相続人以外にも贈与することができ、受け取る額が年間110万円以内であれば、課税対象から外れる。

③養子縁組

息子の妻など、相続人以外でも養子縁組をすることで法定相続人として財産を受け取れる。ただし、ほかの相続人の配分が減るためトラブルにつながるリスクもある。

プラス
アルファ

相続税率が通常より高いことに注意

特別寄与料を受け取った人は遺贈（→P.21）により相続財産を取得したことになり、相続税を納める必要があります。特別寄与者は被相続人の一親等の血族および配偶者に該当しないため、相続税額の2割加算の対象となり、ほかの相続人より税率が高くなります。

06

遺言書への不満

不公平な遺言書に納得いかない！

不当な遺言書に対して最低限の権利は主張できる

被相続人が遺言書を残していた場合、**原則としてその内容に従って遺産相続が行われます**。ただし、遺言書が絶対ではなく、遺言書自体が有効と認められない場合や、相続人がその内容に納得できない可能性もあります。

具体的には、被相続人が個人的に作成し**法務局にも公証役場にも届けていない、遺言書が法的要件を満たしていない、不当に低い分配が指定されている**、などのケースが考えられます。遺言書の内容が開示されたのち、**相続人の間で不満が出た時は、最低限の権利である遺留分（法定相続分の2分の1など）を主張できます**（40ページ）。

CASE6

遺言書に異議申し立てをする方法は？

３人きょうだいの次男で、先日父親が亡くなりました。遺言書には「長男に全財産を譲る」と書かれていて、長女と自分への分割についてはまったく触れられていませんでした。長女も私もこの内容に納得がいきません。異議を申し立てる方法はあるのでしょうか？

● 遺言書に納得がいかない場合の対策

① 遺言書の無効を主張
② 相続人全員で分割協議
③ 遺留分の請求

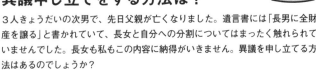

ANSWER

遺言書が有効で遺留分を侵害していれば、遺留分侵害額を請求できる

● 遺言書が無効となる可能性があるケース

遺言書といっても故人が一人で作成し自分で保管していた場合には、公証人と一緒に作成し公証役場で保管していた場合とは異なり、無効となることがあります（→P.38）。

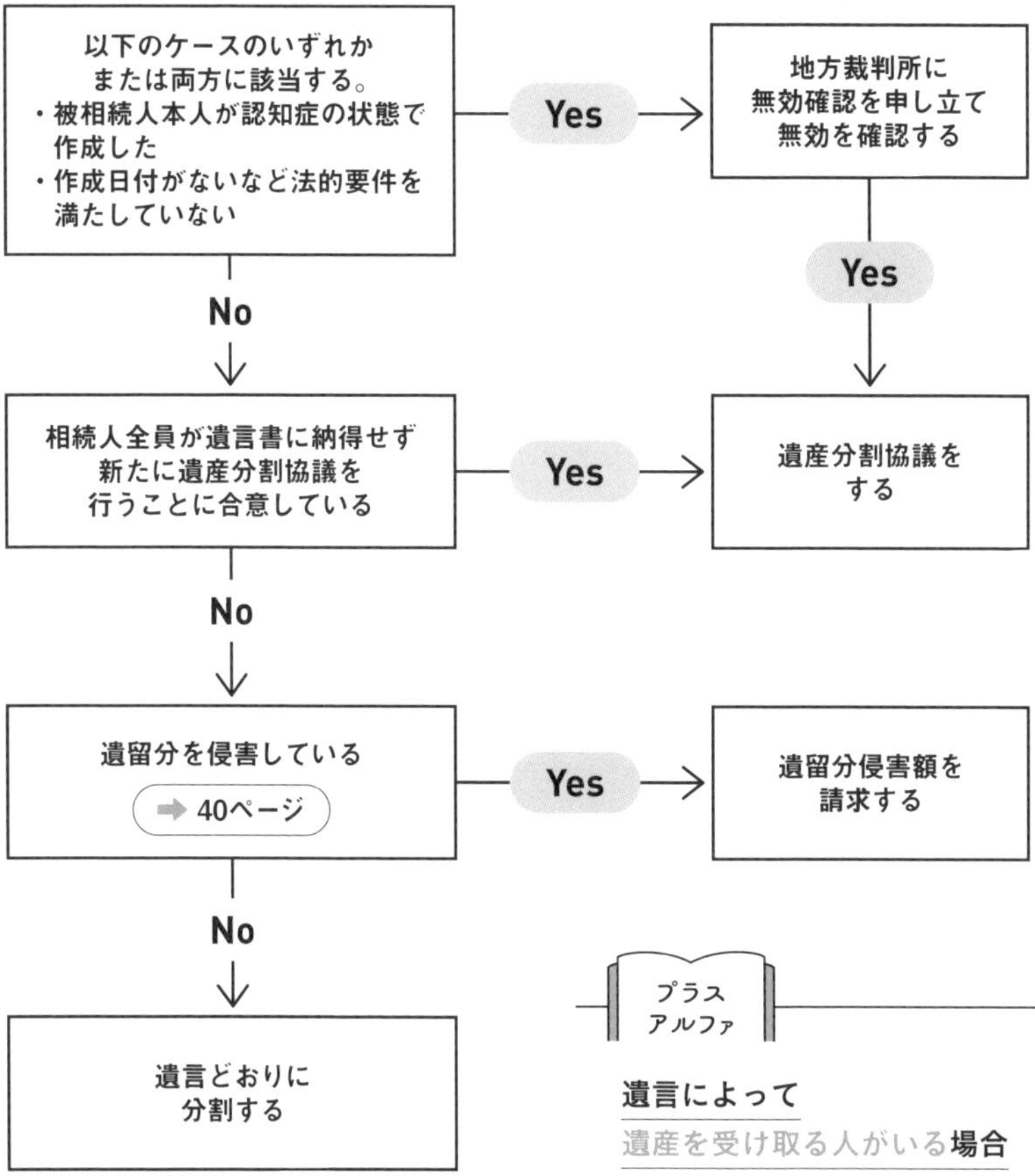
以下のケースのいずれかまたは両方に該当する。
・被相続人本人が認知症の状態で作成した
・作成日付がないなど法的要件を満たしていない
Yes
地方裁判所に無効確認を申し立て無効を確認する
Yes
No
相続人全員が遺言書に納得せず新たに遺産分割協議を行うことに合意している
Yes
遺産分割協議をする
No
遺留分を侵害している
➡ 40ページ
Yes
遺留分侵害額を請求する
No
遺言どおりに分割する

プラス アルファ

遺言によって遺産を受け取る人がいる場合

相続人だけでなく受遺者（→P.21）がいる場合に、遺留分を侵害する遺言があった時は相続人と受遺者全員の合意があれば遺産分割協議によって財産を分けますが、合意がない場合は遺言に沿って相続することになります。

07

不動産の分け方

財産が持ち家しかない場合どう分ける？

分けにくい土地や家屋はどうやって相続する？

相続の対象となる財産が持ち家だけという場合、複数の相続人で所有権を分割することもできますが、持ち家を利用しない相続人の同意は得にくくなります。売却してお金に換えてから分割する方法もありますが、売りたくない、あるいは売れないということもあるでしょう。

その場合は、**相続人のうちの1人が該当の土地・家屋のすべてを相続し、そのほかの相続人に対して代償金を支払うことで不公平を解消する**方法があります。代償金の額は土地・家屋の評価額から算出します。また、**配偶者居住権**を活用して、被相続人の配偶者が持ち家に住み続けられるようにする方法もあります。

CASE 7

実家の家を相続人同士でどうやって分けたらいい？

亡くなった父の遺産は住んでいた土地と家屋しかありません。母親は高齢で、このまま住み続けたいので売却したくないと言っています。できれば自分の相続分をほしいと思うのですが、どのように分割すればよいでしょうか？

土地・家屋
自分も財産を相続したい
長男
このまま住み続けたい
配偶者

※財産は土地と家屋のみ。

ANSWER

土地・家屋を売却してお金に換えて分割するか、売却せず相続人の一人がすべてを相続し、ほかの相続人へは代償金を支払う方法がある（→P.36）

● お金に換えて相続人の間で分割する場合

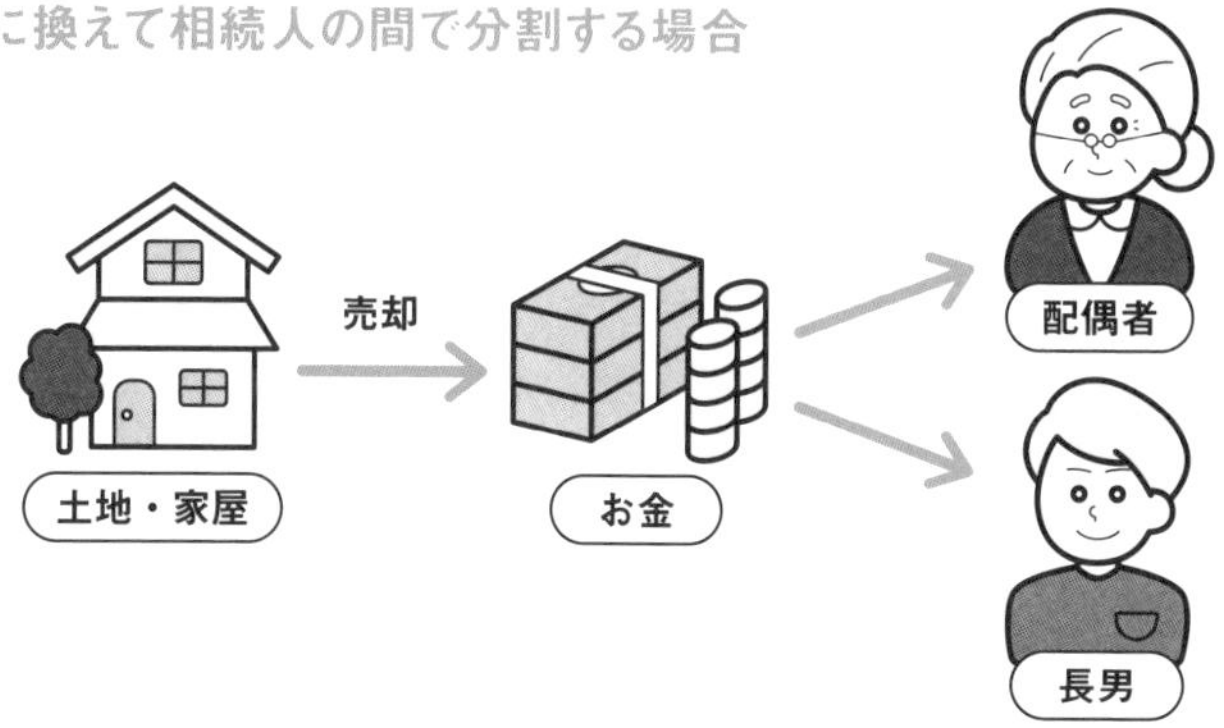

● 土地・家屋を相続した人がほかの相続人に代償金を支払う場合

今回のケースでは被相続人の持ち家に住み続けたい配偶者が土地・家屋を相続し、子どもには評価額に応じた代償金を支払うことで不公平をなくす。

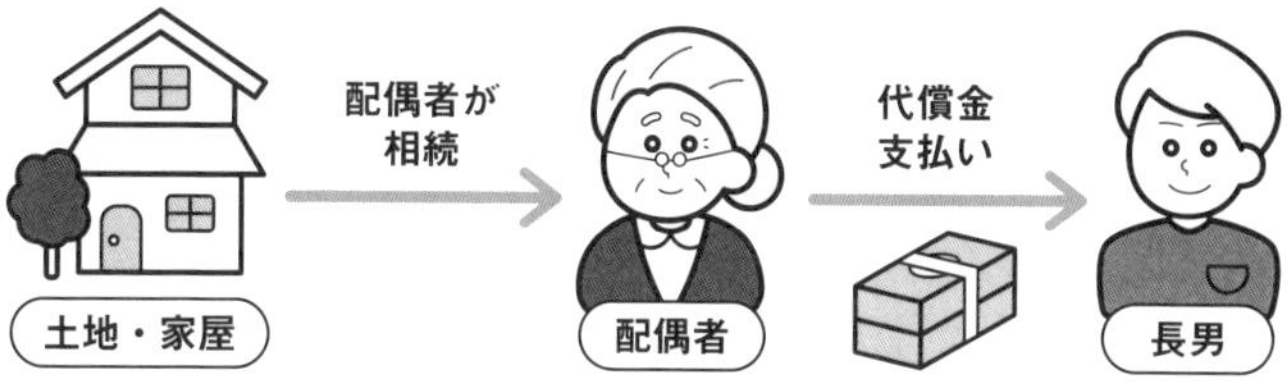

● 配偶者居住権を利用する場合

遺言書の記載に基づいて、または遺産分割協議で合意が得られた場合、配偶者は亡くなるまでの居住権を得ることができる。所有者となっても長男は母親に対して家賃の請求や立ち退き要求等ができない。

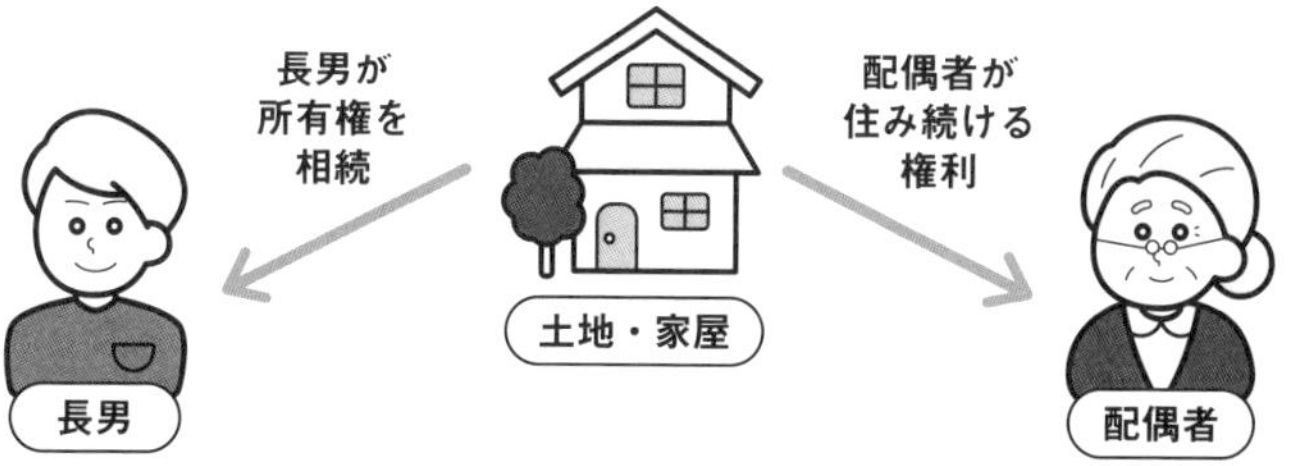

08

家業の継承

親の事業を引き継ぐことになったら？

事業承継は生前から準備しておいたほうがよい

家業は家の歴史でもありその継承は親族にとって大きなテーマです。**自営業なら事業そのものを財産として引き継ぐことができますが、法人の場合、役員などの役職は会社と個人の契約なので、引き継げません。ただし、株主としての地位や事業用資産は引き継げます。**

いずれにせよ、分割してしまっては事業存続が難しくなるという点が共通しています。**自営業なら事業全体を、法人なら経営権を保てるだけの株数を、まとめて引き継がなければ意味がありません。**相続人が複数人いる場合にはもめごとの種になりがちなので、**生前から準備を進めておく**ことをおすすめします。

CASE 8

長男が家業を継ぐ場合、ほかの相続人にはどうしたらよい？

亡くなった父親が営んでいた工務店を長男である兄が引き継ぐことになりました。次男の私と長女は別の仕事をしていますが、何ももらえないのでしょうか？

● 個人事業と法人でのちがい

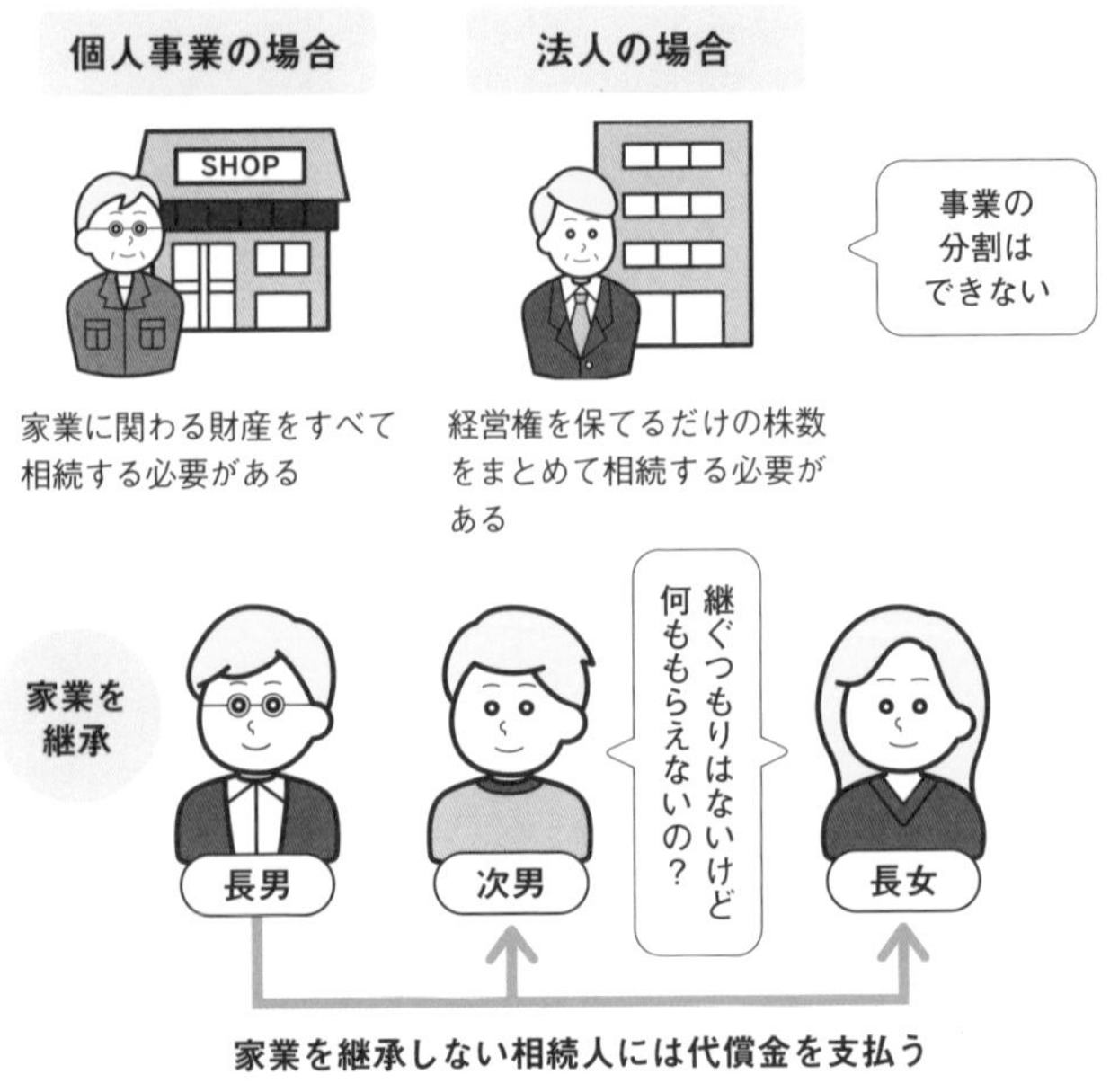

家業に関わる財産をすべて相続する必要がある
経営権を保てるだけの株数をまとめて相続する必要がある

家業を継承しない相続人には代償金を支払う

ANSWER

相続人のうちの１人（長男）が家業を引き継ぐ場合、ほかの相続人2人に対して代償金を支払うことになる

生命保険で代償金を支払う

代償金の支払いが滞ったりするとトラブルの種になりやすいですが、家業を引き継ぐ人を生命保険金の受取人にしておくことで、代償金の支払いがスムーズにできます。

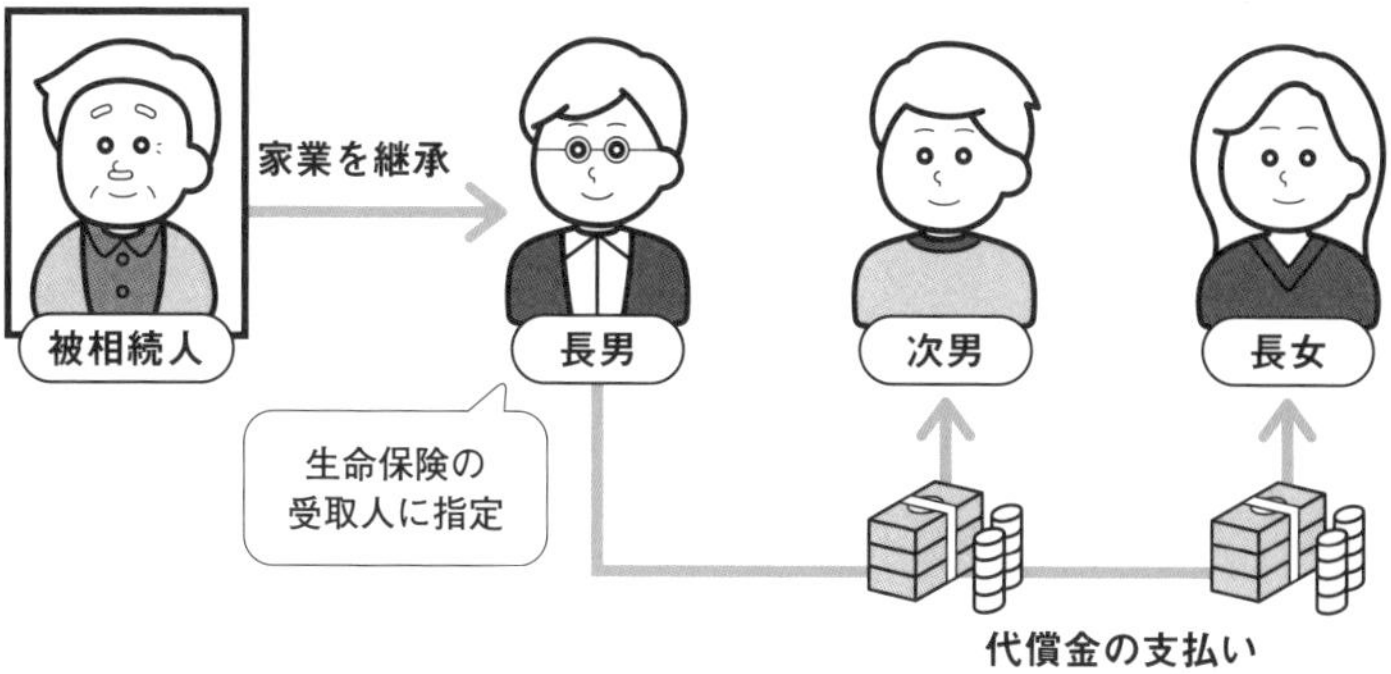

家業を継がせたい場合は生前からの準備が大切

被相続人の死後に家業の引き継ぎについて親族が話し合って決めるのは大きな負担となります。自分の代で事業を終わらせるのでなければ、生前にできる準備をしておくのがおすすめです。

個人事業

個人資産、事業用資産、借り入れなどの負債、許認可権、特許権など、すべての権利義務や従業員・取引先との契約を相続する必要がある。

法人

法人の場合、取締役などの役職は会社と個人の契約なので継承できないが、株主などの場合は、株の相続が可能。

生前贈与

存命のうちに事業を継がせたい親族に法人の場合は株、個人事業の場合は事業用資産などの贈与手続きを済ませる

遺言書に明記する

誰に事業を継がせて、ほかの相続人に支払う代償金をどうするかなどを遺言書に明記しておく

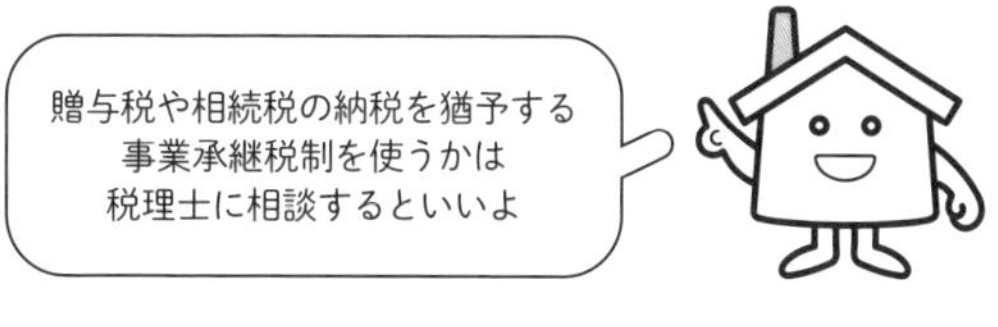

09

遺産分割調停・審判
話し合いで意見がまとまらない

話がまとまらない時は調停で解決する

遺産分割協議（154ページ）に際して、相続人の間でなかなか合意に至らないというケースはよくあります。感情的になって話し合いができない、または話し合いの内容に納得がいかないということもあるでしょう。

そうした場合には、**家庭裁判所に申し立てをして調停で解決**する手段があります。相続人からの申し立てに応じて**遺産分割調停委員会**が立ち上がり、専門家である**調停委員が相続人全員の意見や生活状況などを聞き取ったうえで、分割方法を提案**します。それでも全員が納得しない場合は、**審判へ移行**し裁判官による判断を仰ぎます。

CASE9

遺産分割でもめてしまい、
話がまとまらない。どうすればいい？

亡くなった母親の遺産分割協議の最中に、次男と意見が対立して、感情的なもつれから弟は私からの連絡にも応じなくなってしまいました。どうしたらよいでしょうか？

介護を全面的に
担った代償を!!
持ち家がそっちなら
こっちには
もっとお金を!!
長男
次男
遺産分割
調停委員会
裁判官
調停委員
調停委員

遺産分割調停とは

相続人の1人もしくは複数人が家庭裁判所に申し立てることによって実行される制度。裁判官と調停委員で構成された遺産分割調停委員会が各相続人の意見や経済状況を聞き取り、客観的な立場から最終的に分割方法を提案する。ただし、あくまで提案であって強制力はない。

遺産分割審判とは

調停を経ても相続人全員が納得しなかった場合、裁判へ移行し裁判官による判断が下される。判決に応じない相続人には「履行勧告」が出されることもある。最終的には民法に定める法定相続分に落ち着く事例が多いのが実状。

ANSWER

相続人同士の話し合いで結論が出ない場合は、専門家の力を借りるのが得策

● 遺産分割調停・審判の流れ

① 家庭裁判所に申し立て

申立人	相続人1人以上
申立先	相手方の住所地の家庭裁判所
必要書類	申立書、遺産目録、相続人全員の戸籍謄本など
費用	被相続人1人につき　収入印紙1,200円分＋切手代

② 調停委員会による聞き取り

- 主に調停委員が相続人それぞれの意見や希望を聞き取り
- 遺産の調査

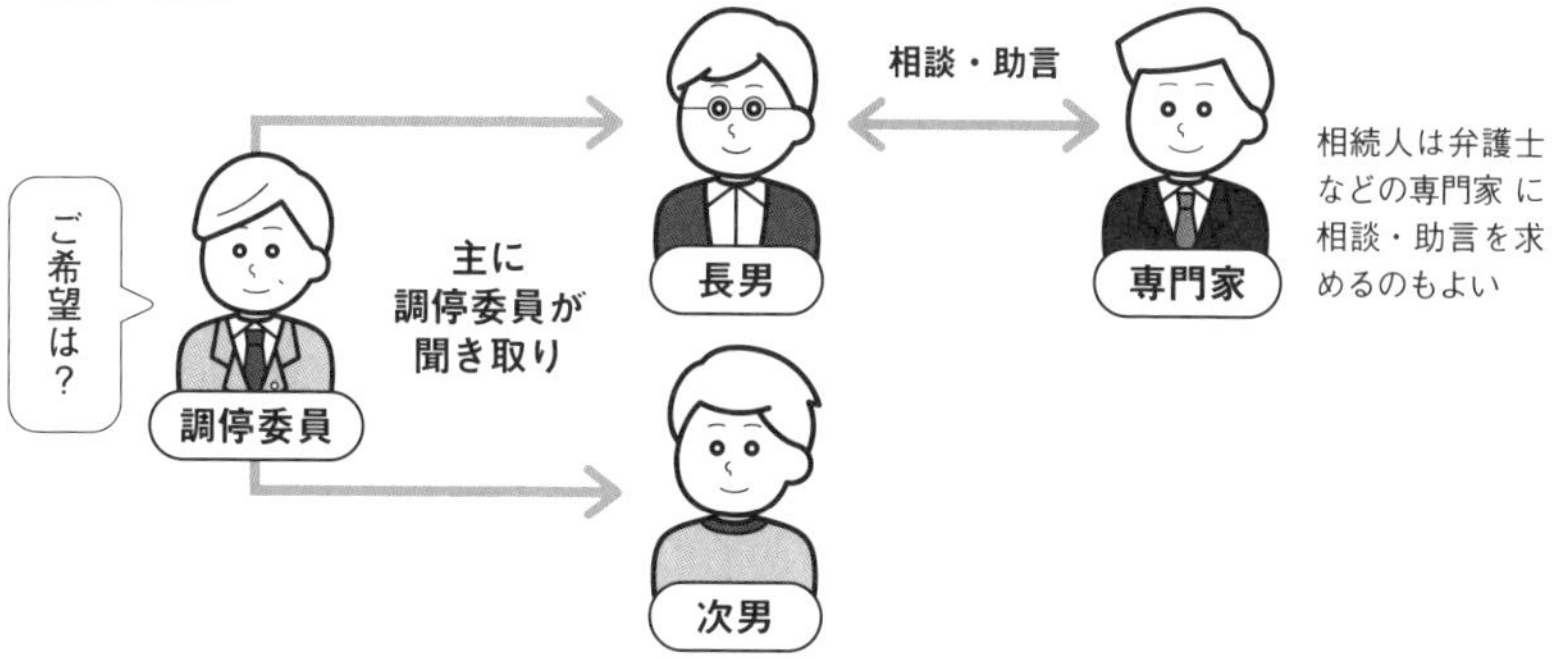

③ 調停案の提示

調停委員会で検討して分割方法を提案

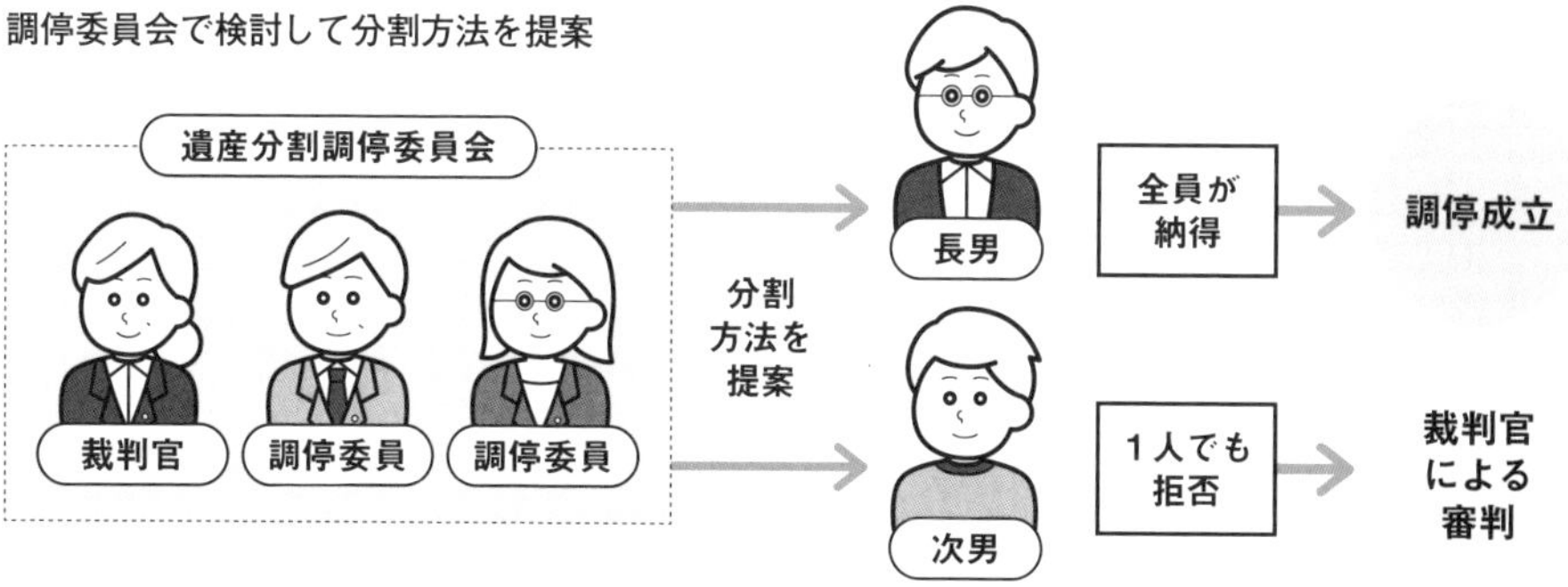

事例で学ぶ 相続のお悩みQ&A

Q 兄が財産の情報を持っているが連絡が取れず困っています

母が亡くなった後に兄である長男が、母の預金通帳や有価証券の情報と不動産の登記書類を持ち出したまま連絡が途絶えてしまいました。遺産分割をしようにも相続財産の全体が把握できなくて困っています。自分は法定相続分だけもらえればよいと思っています。方法はないでしょうか？

（40代・女性・会社員）

A 相続に強い弁護士や司法書士、税理士などのプロの力を借りるのが得策でしょう。預金については金融機関に申し出て、口座の凍結と残高証明書の発行、解約と払い出しという一連の手続きが必要なうえ、有価証券の保有額の評価や不動産の評価額の割り出しなどは、専門的知識が必要で一般の方には扱いが難しいでしょう。ましてや財産目録を確定する手がかりが不足している場合は、効率よく動いてくれるプロに頼るのがおすすめです。相続税申告の期限が迫っていればなおさらです。

Q 土地をきょうだいで分割して相続したいが、よい方法は？

父が亡くなりました。相続人は母、長男、次男です。相続財産の大半は不動産で、現状1つの土地に両親宅と長男宅があり、すべて父名義でした。私（長男）はこのまま住み続け、両親宅も売却は考えていませんが、弟は将来、両親宅を売却したいと考えています。うまく分割相続する方法はあるでしょうか？

（39歳・男性・会社員）

A 利用区分に応じて土地を分けてから分割相続する方法がよいでしょう。このケースの場合、まず、長男宅と両親宅の敷地を分けたうえで、長男宅部分は長男が相続し、両親宅部分は母、次男で共有とします。両親宅部分については母親の生前に遺言書を作成し、次男に相続させる旨を記載しておきます。母の死後は遺言書に基づいて両親宅を次男が相続します。そうすることで、次男は相続後に売却することができるようになります。

Chapter

3

生前から始める相続対策

相続について生前からできる対策はさまざまです。
節税のコツや活用できる贈与の特例などを見ていきましょう。
認知症対策についても解説しています。

01

相続税の節税

生前の対策と二次相続まで見越した検討が鍵

節税対策の基本的な方法を知っておこう

相続税で欠かせないのが節税対策。代表的な方法は3つあります。1つめは、生前贈与などで**相続税の対象となる財産を減らしておく**こと。2つめに現金は不動産や株券に換えることで評価額が下がります。このように**財産の評価額を下げておく**のも有効です。3つめの各種控除の活用も基本的な手段です。

注意したいのが、「二次相続」です。**故人の配偶者には配偶者の税額軽減があります**が、その配偶者が亡くなり、子に引き継ぐ二次相続ではありません。二次相続の財産が大きくなりすぎないよう、一次相続の時点で、**二次相続を見越した遺産分割を行っておく必要があります**。

節税のための3つのポイント

代表的な節税対策は3つ。それぞれ最大限活用するのが望ましいです。ただし各種制度には併用できないものもあるので、自分のケースに適する制度を見極めるのが重要です。

①相続財産を減らす

- 贈与（暦年課税）の活用 ➡84ページ
- 非課税財産への組み替え ➡34ページ

②相続財産の評価を下げる

- 現金を不動産や株券に換える ➡102ページ
- 特例や補正で土地の評価額を下げる ➡100ページ

③控除を活用する

- 基礎控除を最大限活用する ➡24ページ
- 各種税額控除を活用する ➡174ページ

2度めの相続「二次相続」も見据えて対策

二次相続では配偶者の税額軽減が使えないため、相続税が高くなる可能性が高いです。一次相続の時点で、二次相続を見越して対策しておく必要があります。

一次相続・二次相続とは

一次相続とは両親のうち一方が亡くなったときに、配偶者や子に引き継がれること。二次相続とは残された親が亡くなり、その遺産が子に引き継がれること。

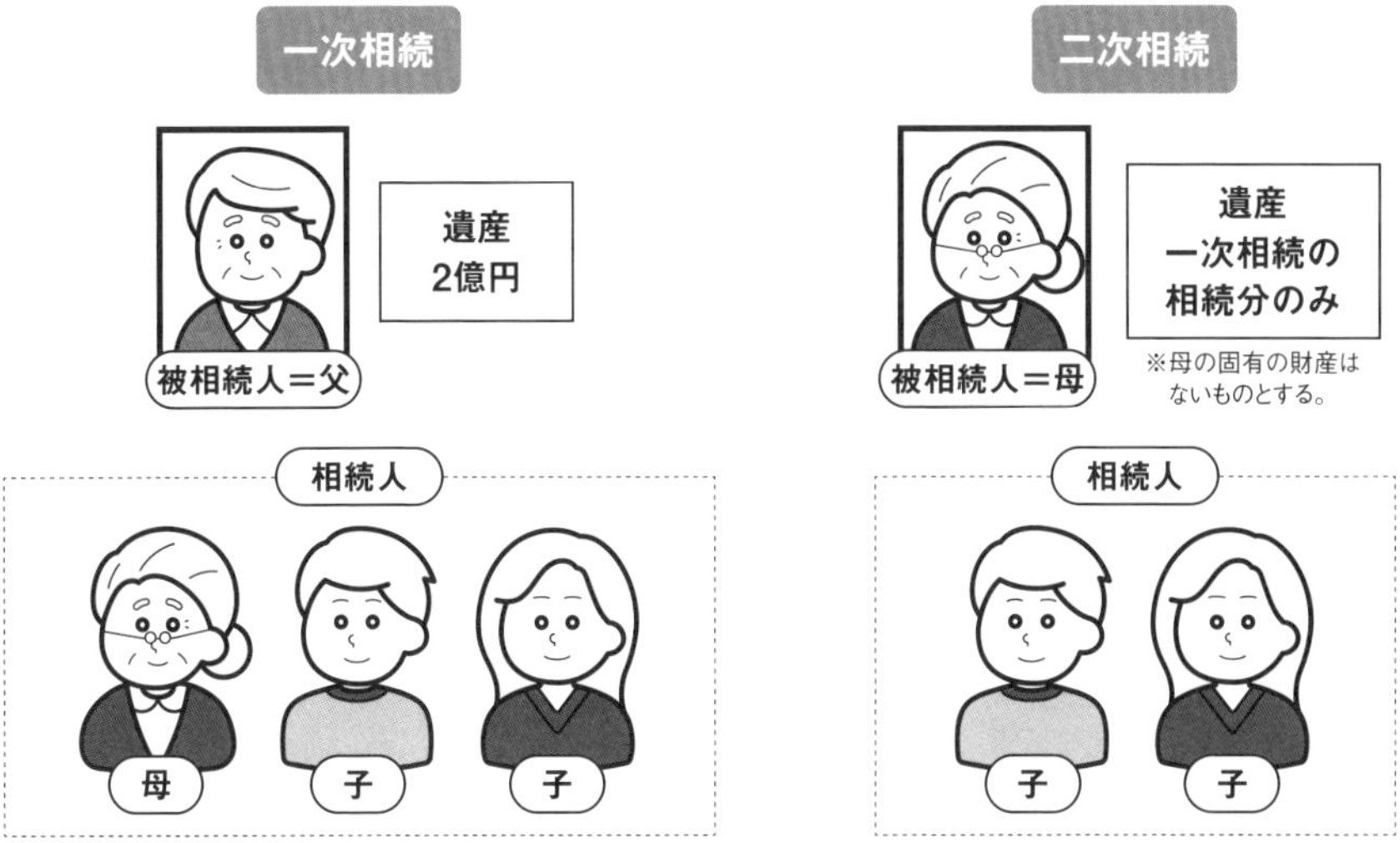

一次相続

①法定相続分で分けた場合	②配偶者が全額相続した場合	③子が全額相続した場合
母：1億円 子：5,000万円ずつ	母：2億円 子：なし	母：なし 子：1億円ずつ
相続税　1,350万円	相続税　540万円	相続税　2,700万円

二次相続

子：5,000万円ずつ	子：1億円ずつ	子：なし
相続税　770万円	相続税　3,340万円	相続税　なし

一次相続と二次相続の合計税額

2,120万円	3,880万円	2,700万円

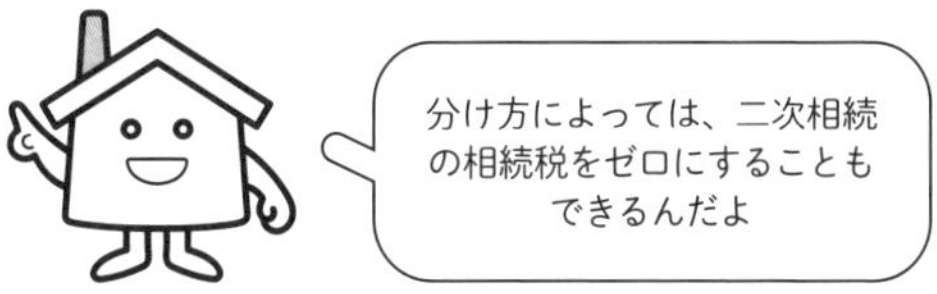

02

相続トラブルの予防

生前に家族で話し合う

財産の話だけでなく 親のこれからの話とセットで

無用なトラブルを避けるためにも、親が元気なうちに相続財産に関する話し合いを行っておきましょう。「うちは仲がいいから」「財産がないから大丈夫」と思っていても、**ちょっとしたことで相続トラブルに発展するケースはよくあります**。また裁判所の司法統計を見ると、**相続争いのおよそ8割が遺産額が5000万円以下の家庭で起こっています**。

生前に家族で話し合いの場を設け、**昔話を交えながら、親の将来なども含めて話しましょう**。親が突然亡くなったり、認知症を発症する可能性もあります。時間に余裕を持って早く始めておくに越したことはありません。

被相続人と法定相続人のみで行うのが◎

話し合いは被相続人と法定相続人（配偶者、子）だけで行うのがよいでしょう。相続人の配偶者や子などが絡むと話し合いがうまく進まなくなる可能性があるためです。

参加メンバー

配偶者や子など。家族だけになると感情的になりやすいので、弁護士や税理士などの専門知識がある第三者に立ち会ってもらうのもおすすめ。

開催場所

被相続人となる親の家がベスト。財産に関する資料が探しやすい。ただし子の１人が親と同居している場合は、その子にとって話しやすい環境になり、相続人の間で不公平が生じやすい。貸し会議室など、周りの目が気にならない中立的な場を設定するとよい。

事前に確認すること

- 推定相続人（相続が発生した場合に遺産を相続すると想定されている人）
- 財産、日常生活の収支
- 財産の承継や老後の過ごし方の希望や不安

話し合う内容は事前に決めておく

家族が集まれるのは貴重な機会です。決めるべきことがスムーズに決められるよう、話し合う内容を事前にリストアップしておきましょう。

● 家族会議の議題

- 親の現在の財産状況と相続財産の配分
- 生前から行える節税対策
- 介護が必要になった場合の親の希望や子の役割分担
- お墓などの祭祀財産の継承や葬儀

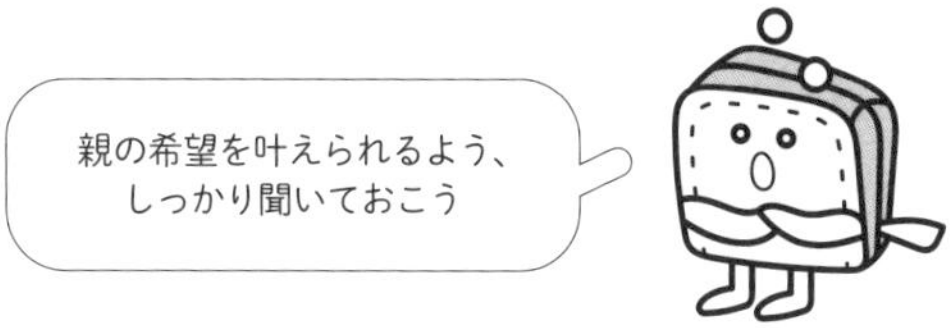
親の希望を叶えられるよう、
しっかり聞いておこう

● 家族会議でもめないための注意点

12'34

議事録などを作成しておく
（動画や録音も有効）

親が自分の意思を
はっきりと示す

相続の専門家にも
力を借りる

実現に向けた
具体的な対策も話し合う

03

遺言書の作成①

本人が自筆で作成する「自筆証書遺言」

法的に認められるには いくつかの条件がある

遺言書を残しておくことで、自分の財産をどうするかを決めることができるほか、自分の死後に遺産を巡るトラブルを避けられます。

遺言書としてもっとも手軽なのが自分で書く「自筆証書遺言」です。証人も不要なので、**内容を他者に知られず作成できます**。ただし法的な効力を持つためには**一定の条件があり、満たしていない場合、無効になってしまう可能性もある**ので注意が必要です。また、自分で保管する場合、その間の紛失や偽造、盗難といったリスクがあります。なお、**「自筆証書遺言書保管制度」**を利用すればリスクをある程度回避でき、**家庭裁判所における検認も不要**となります。

自筆証書遺言のメリット・デメリット

自筆証書遺言は気軽に作成できる一方で、いくつかのデメリットもあります。まず、間違いのないよう作成し、デメリットについても対策が必要です。

自筆証書遺言とは

自筆で作成した遺言書で、代筆やパソコンは不可(遺言書に添付する財産目録は自筆でなくてもよい)。

メリット

- 自分で思い立ったときに作成でき、変更も容易
- 証人が不要で、内容を人に知られずに済む
- 費用がほとんどかからない

デメリット

- 自筆での作成や日付の記入など、条件を満たしていないと無効になる
- 紛失、偽造、盗難などのリスクがある
- 自分の死後、発見されない可能性がある
- 家庭裁判所での検認が必要

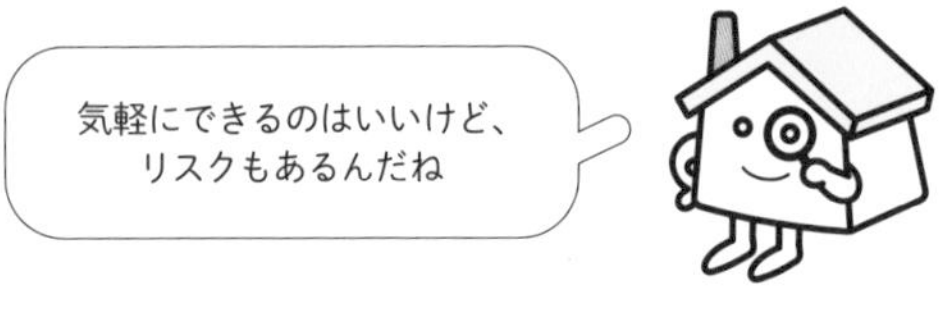
気軽にできるのはいいけど、リスクもあるんだね

● 自筆証書遺言の作成例

形式や用紙は自由

全文を自筆で書く。パソコンでの作成や代筆は無効となる

遺言書

相続人に相続させるときは「相続させる」と書く

遺言者　山田太郎は以下の通り遺言する。

第1条　妻山田花子（昭和○○年○月○日生）に次の財産を相続させる。
(1) 土地
所在　東京都○○区○○町○丁目
地目　宅地　地番　○番○　地積　○○㎡
(2) 建物
所在　東京都○○区○○町○丁目○番地○
家屋番号　○番○　種類　居宅　構造　木造瓦葺き2階建
床面積　1階○○㎡
2階○○㎡

財産は具体的に記入する。不動産は登記簿の通りに記入する

第2条　孫山田美子（昭和○○年○月○日生、住所神奈川県○○市○○町○丁目○番地○）に以下の遺言者名義の預貯金を遺贈する。
・○○銀行　○○支店　定期預金　口座番号○○○○
・○○銀行　○○支店　~~普通~~預金　口座番号○○○○
定期 ㊞

遺贈の場合は「遺贈する」と書く

第3条　長男山田春男（昭和○○年○月○日生）に以下の財産を相続させる。
・A株式会社の株式　数量○○株
・B株式会社の株式　数量○○株

訂正する場合は形式を守る
訂正の仕方：二重線で消し、印鑑を押す
欄外や末尾に変更箇所、変更内容を付記し署名する

第4条　上記に記載のない財産についてはすべて妻山田花子に相続させる。
第5条　本遺言書の遺言執行者として妻山田花子を指定する。

作成日は正確に記入する。日付のない場合は無効となる

2023年○月○日
住所　東京都○○区○○　○丁目○番○号
遺言者　山田太郎 ㊞

必ず署名押印が必要

本遺言書14行目「普通」を「定期」に訂正した。
山田太郎

※遺言書が複数見つかった場合は、作成日がもっとも新しいものが有効となる。

法務局で遺言書を保管できる

2020年7月より始まった「自筆証書遺言書保管制度」。自筆証書遺言を法務局に保管できるサービスで、紛失などのリスクがなくなるほか、家庭裁判所での検認が不要になるなど、自筆証書遺言のデメリットをある程度解消してくれます。

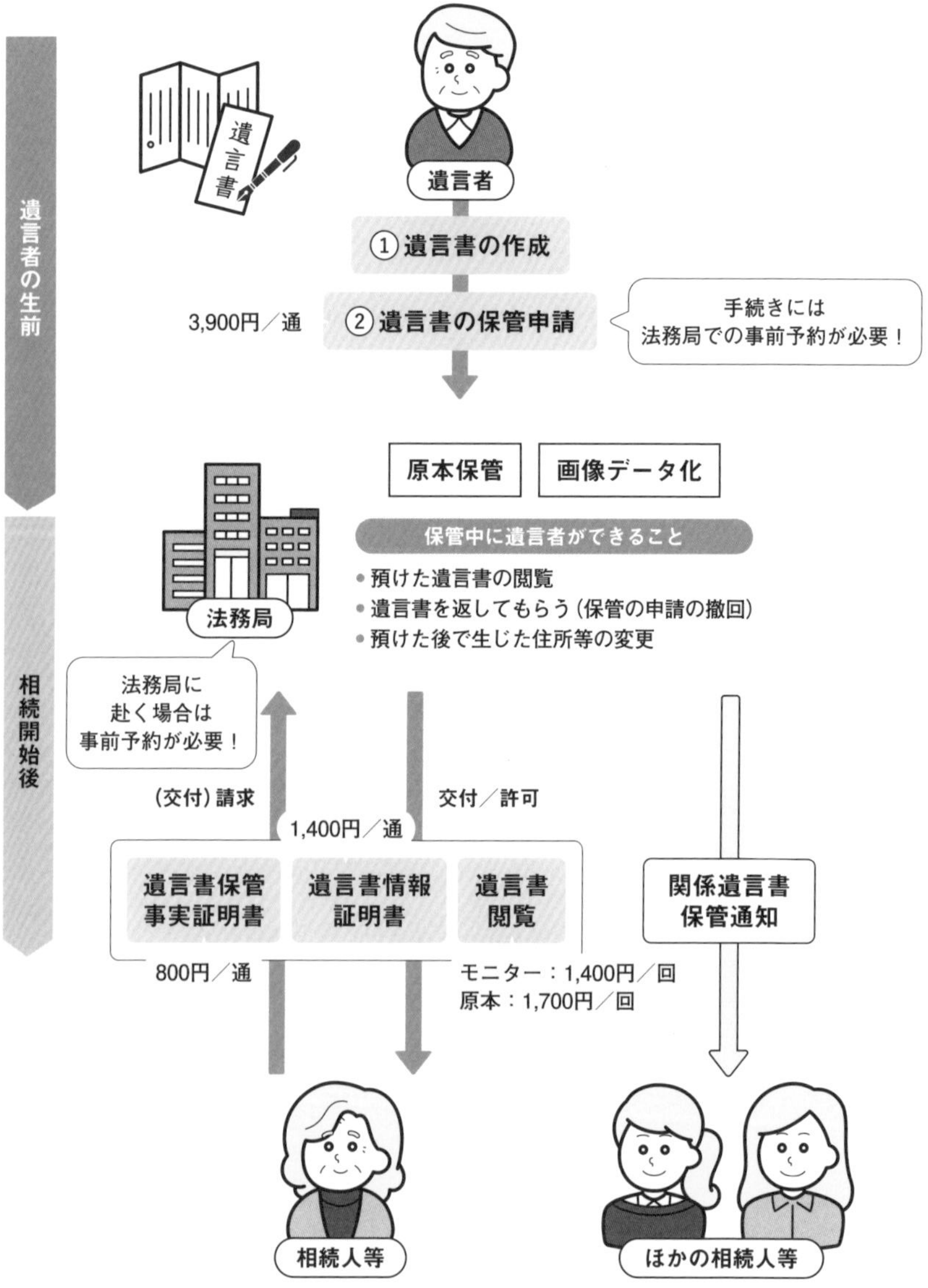

※遺言者による遺言書の保管の申請の撤回や住所等の変更の届出については、手数料は不要。
※手数料は収入印紙を手数料納付用紙に貼って納める。

遺言の内容を秘密にできる秘密証書遺言もある

遺言書の内容を秘密にしながら、遺言書が存在するという公的な証明を行い、紛失などのリスクを回避するのが「秘密証書遺言」です。証人を2人要するほか、公証役場で手続きを行う必要があります。

作成の流れ

①秘密証書遺言を作成・封印する

②証人2人を決める
（未成年者、直系親族、推定相続人、受贈者などは証人になれない！）

③公証役場へ行き、日程の予約をとる

④予約した日に証人2人とともに公証役場へ行く

⑤公証人による説明を受ける
（公証人も中身を見ることができないため、内容の不備により無効になってしまう危険がある）

⑥秘密証書遺言を公証役場に提出

⑦公証人、証人、遺言書作成者本人による署名・押印

⑧遺言書原本は持ち帰り、保管は自分で行う
（公証役場には、秘密証書遺言を作成した記録が残り、原本は自分で保管する）

内容を変更する場合には、
新たな遺言書を作成し、
公証役場で手続きを行うんだよ

秘密証書遺言は、自筆でなくても認められるため、自筆することが難しい場合や、遺言書の内容を誰にも知られたくない場合に利用される。

費用

- 公証役場に支払う手数料 1万1,000円
- 証人への謝礼（1人につき5,000～1万円程度）

必要書類

[遺言者]
- 遺言書（署名・押印が必須）
- 遺言書に押印した印鑑
- 身分証

[証人]
- 身分証
- 認め印

04

遺言書の作成②

公証人に作成してもらう「公正証書遺言」

要式の不備による無効や紛失を避けられる

公正証書遺言は、遺言者の口述に基づき公証人が作成し、原本を公証役場で保管してもらう遺言書です。法律の専門家である**公証人のアドバイスが受けられる**ため、要式の不備で無効になるということもなく、紛失等のリスクも避けられます。また、相続発生後も**家庭裁判所の検認が不要**など、利点の多い方法といえるでしょう。

一方で公証役場まで足を運び、公証人と打ち合わせるなど、手続きに手間を要します。**手数料も財産の額に応じてかかります**。公証役場では無料相談も行っているので、検討している場合は問い合わせてみてもよいでしょう。

手間と費用はかかるけど確実で安心

法律の専門家が作成してくれる公正証書遺言は、要式の不備による無効を防ぐことができるほか、公証役場に保管してもらえるなど、遺言者の意思を確実に残すことができる方法です。

作成の流れ　※公証役場で直接作成する場合

事前準備

①遺言書の案を作成し、2名の証人を決める

②公証役場に連絡し、遺言書作成を依頼

③公証役場を訪ね、打ち合わせ

④遺言書文案を確認

（未成年者や利害関係がある人は証人にはなれない）

遺言書作成当日

⑤証人とともに公証役場に行く

⑥公証人が遺言者、証人に遺言書内容を読み聞かせる

⑦遺言者と証人、公証人が署名押印

⑧遺言書の完成

（原本は公証役場で保管、正本と謄本を遺言者が保管）

費用

- 公証役場に支払う手数料（財産額に応じて変動）
- 証人への謝礼
- 公証人の出張費、交通費など（公証役場以外で作成する場合）

作成に必要な書類

- 遺言者の本人確認資料（発行から3カ月以内の印鑑登録証明書あるいは運転免許証やマイナンバーカードなど）
- 遺言者の戸籍謄本
- 遺言者と相続人の続柄がわかる戸籍謄本
- 遺贈する場合は受遺者の住民票の写し
- 不動産の登記事項証明書と固定資産税納税通知書または固定資産評価証明
- 預貯金の通帳のコピー
- 証人の氏名、生年月日、職業を記したメモ
- 遺言執行者を指定する場合は、その人の氏名、生年月日、職業を記したメモ
- 遺言者の実印、証人の認め印（作成日当日持参）

● 公正証書遺言の作成例

令和○○年第○○号　**← 作成年度と番号が記載される**

遺言公正証書

本公証人は、遺言者山田太郎（昭和○年○月○日生）の嘱託により、令和○年○月○日、証人○○○○、証人○○○○の立ち会いをもって遺言者の口述を筆記してこの証書を作成する。

第1条　妻山田花子（昭和○○年○月○日生）に次の財産を相続させる。
(1) 土地
　所在　東京都○○区○○町○丁目
　地目　宅地　地番　○番○　地積○○㎡

(2) 建物
　所在　東京都○○区○○町○丁目○番地○
　家屋番号　○番○　種類　居宅　構造　木造瓦葺き2階建
　床面積　1階○○㎡
　　　　　2階○○㎡

第2条　孫山田美子に以下の遺言者名義の預貯金を遺贈させる。
・○○銀行　○○支店　定期預金　口座番号○○○○
・○○銀行　○○支店　普通預金　口座番号○○○○

第3条　長男山田春男に以下の財産を取得させる。
・A株式会社の株式　数量○○株
・B株式会社の株式　数量○○株

（第1条〜第3条）← 法定遺言事項。法的効力をもつ

第4条　上記に記載のない財産についてはすべて妻山田花子に相続させる。
第5条　本遺言書の遺言執行者として孫山田美子を指定する。

（付言事項）　**← 法定遺言事項のほかに、相続人に伝えたいこと**
相続がスムーズに行われるように、遺言書を残しました。皆で協力して手続きしてくれるようお願いします。また、私の葬儀は葬式や告別式などは行わずに、家族だけでささやかに済ませてください。

本旨外要件

住所　東京都○○区○○　○丁目○番○号
職業　無職
遺言者　山田太郎
昭和○○年○○月○○日生

上記は、印鑑証明書の提出により、人違いでないことを証明させた。

住所　東京都○○区○○　○丁目○番○号
職業　会社員
証人　○○○○
昭和○○年○○月○○日生

住所　東京都○○区○○　○丁目○番○号
職業　自営業
証人　○○○○
昭和○○年○○月○○日生

（本旨外要件）← 遺言者と証人の氏名、職業、住所、生年月日が記載される

以上の通り、各項目を読み聞かせたところ、各自筆記の正確なことを承認し、下記に署名押印する。

遺言者　山田　太郎　㊞
証人　○○　○○　㊞
証人　○○　○○　㊞

← 遺言者、証人それぞれが署名押印する

この証書は、令和○○年○○月○○日　本公証人役場において、民法969条第1号ないし第4号所定の方式に従って作成し、同条5号に基づき、本公証人が次に署名押印する。

東京都○○区○○　○丁目○番○号
東京法務局所属

公証人が署名押印する →　公証人　○○　○○　㊞

※上記公正証書遺言はイメージ。実際の書式とは異なります。

05

相続財産をリスト化

財産目録を作成してトラブル回避

財産目録があれば相続人の負担を軽減できる

すべての相続財産を書き出したものが「財産目録」です。**現金や不動産などのプラスの財産だけでなく、借財などのマイナスの財産もリストアップし、種類、数量、所在、価額など細かい情報も記載**します。財産目録を作成しておくと、遺産分割の円滑化、**相続税の申告手続きの負担軽減などのメリット**があります。

被相続人が財産目録を残していない場合は**遺産分割時に相続人が作成する**ことになり、財産調査などにかなりの手間をかけてしまいます。また、相続人同士がもめることにもなりかねません。せっかく遺す財産ですから、相続人へ苦労をかけないようにしましょう。

財産目録を作成するとさまざまなメリットがある

財産目録を作成するメリットの一つは、自分の財産にどんなものがあるか洗い出し、整理できることです。また相続人が後々もめたり、財産調査に時間をかけたりする必要もなくなります。

● 財産目録を作成する理由

- 自身の財産をリストアップし、明確化する
- 遺言書の作成に役立つ
- 相続人が苦労して財産調査し、目録を作成する必要がなくなる

● 作成時のポイント

①プラスの財産とマイナスの財産をすべて記載する

②不動産の地番や家屋番号、預貯金の金融機関名・支店名・口座番号など、具体的に記載し、特定できるようにする

③評価額の基準や評価時期を明記する

④他人と共有している不動産や賃貸物件といった特記事項があれば記載しておく

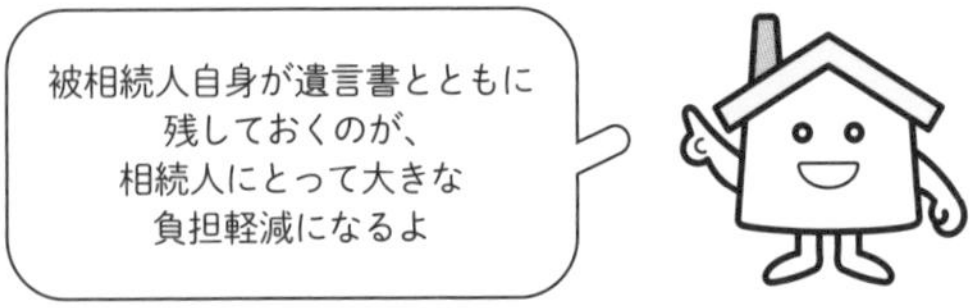
被相続人自身が遺言書とともに残しておくのが、相続人にとって大きな負担軽減になるよ

● 財産目録の例

財産目録

作成日　2023年○月○日　　　　作成者：山田太郎 ㊞

路線価で評価するか、不動産業者に時価で評価してもらう

1 不動産

所在地	地目（種類）	数量・面積・持分	評価額	備考	番号
東京都○○区 ○○町○丁目○番	宅地	150㎡	30,000,000円	自宅	①

2 預貯金、現金

金融機関名	種類	口座番号	金額	備考	番号
□□銀行□□支店	普通	1234567	1,000,000円		①
△△銀行△△支店	定期	2345678	3,000,000円		②
現金			100,000円	金庫	③
合計			4,100,000円		

金融機関・支店名・種別・口座番号。現金なら所在なども明記し、特定しやすくする

3 保険

保険会社名	種類	保険証券番号	保険金額	備考	番号
××生命	死亡保険	123456	30,000,000円		①
合計			30,000,000円		

4 株式・投資信託等

種類	発行会社等	証券会社	数量（金額）	備考	番号
株式	★★会社	○○証券○○支店	1,000,000円	作成時の終値	①
投資信託	◆◆ファンド	○○証券○○支店	1,000,000円	作成時の終値	②
合計			2,000,000円		

作成時の終値で計算する

5 負債　マイナスの財産も記載する

種類	債権者	借入総額	債務残高	返済方法	備考	番号
住宅ローン	住宅金融公庫	30,000,000円	1,000,000円	月額○○万円の 口座引き落とし		①
合計			1,000,000円			

06

節税のポイント

生前贈与を活用して上手に節税

非課税範囲で生前贈与し相続財産を減らす

相続の節税対策として有効なのが、**生前贈与**です。贈与税も相続税と同様に、最高55%という高い税率が課されます。しかし贈与税には各種の非課税の特例があります。これを活用し生前贈与しておくことで、**相続財産を減らし、相続税を軽減できる**のです。

贈与の課税方式には、「暦年課税」と「相続時精算課税」の2通りがあります。**「暦年課税」は、年間110万円の基礎控除までは贈与税はかかりません**。また、**「相続時精算課税」は2500万円まで贈与税は非課税になり**、相続発生時に相続財産に加算されて相続税の対象となる制度です。

贈与を受けると税金がかかる？

個人から財産を受け取ったときにかかる贈与税は財産を贈った側ではなく、受け取った側に課される税です。なお、法人から贈与された場合には贈与税でなく「所得税」の対象となります。

贈与とは

個人が財産を無償または廉価で誰かに譲ることを贈与という。贈る側が贈与の意思を示し、相手が受諾することによって、「贈与契約」が結ばれたことになる。

➡ 20ページ

● 贈与税の申告状況の推移

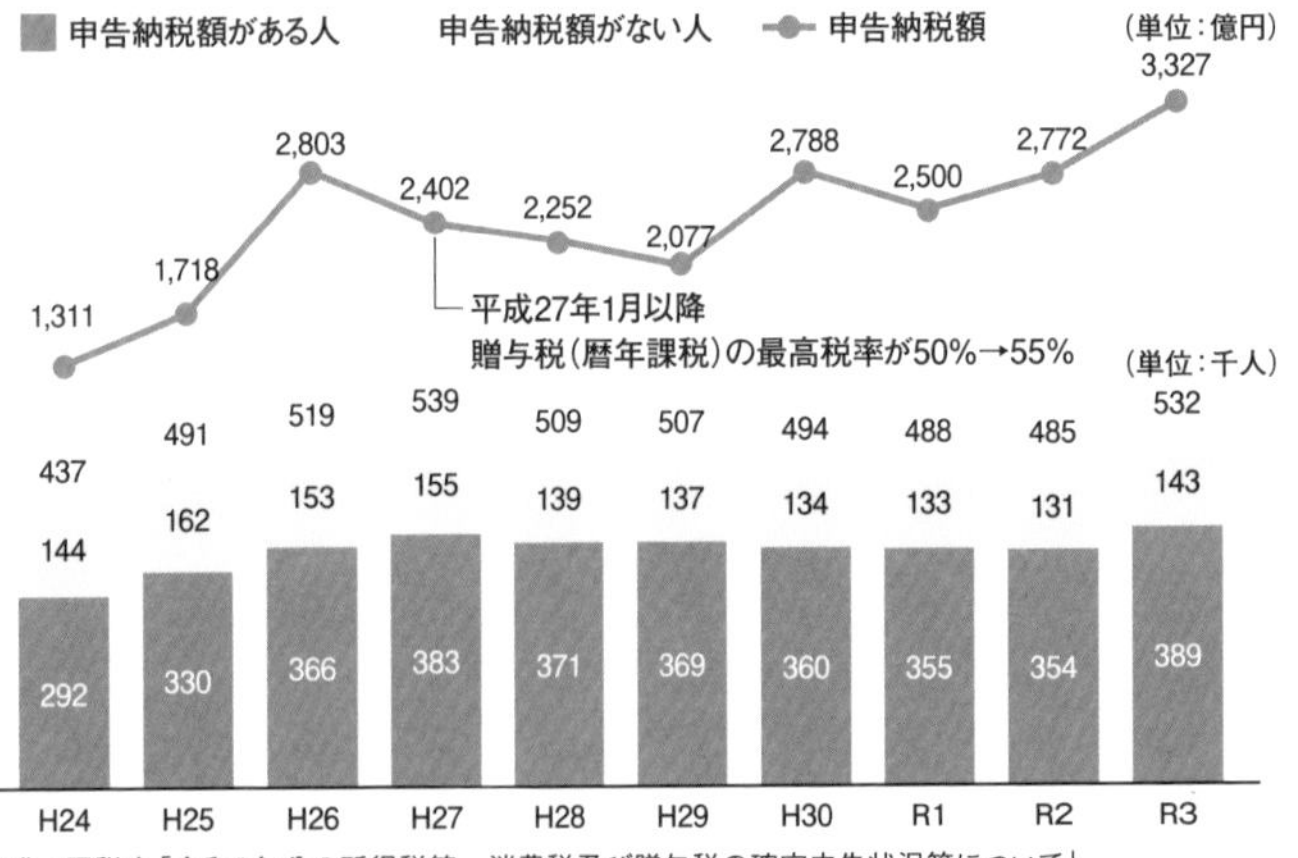

出典：国税庁「令和3年分の所得税等、消費税及び贈与税の確定申告状況等について」

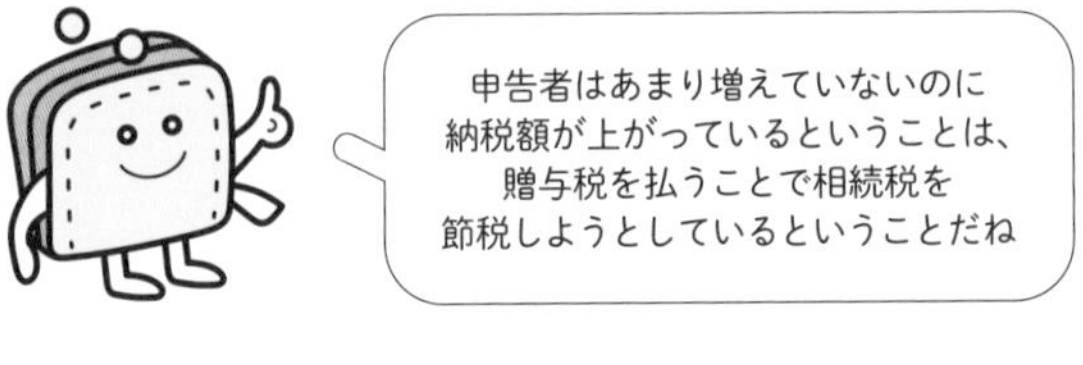

生前贈与の課税方式は2種類ある

生前贈与の課税には「暦年課税」と「相続時精算課税」の2通りがありますが、いずれか一方しか利用できないほか、いったん相続時精算課税を選択すると暦年課税に戻すことはできません。

	暦年課税	相続時精算課税
非課税限度額	毎年110万円	累計2,500万円 （※令和6年より毎年110万円の控除あり）
対象となる財産	贈与を受けたすべての財産	贈与を受けたすべての財産
贈与者の対象者	制限なし	贈与の年の1月1日時点で 60歳以上の父母または祖父母
受贈者の対象者	制限なし	贈与の年の1月1日時点で 18歳以上の子や孫
非課税限度額を超えた税率	（贈与額－110万円）×10～55％	（贈与額－2,500万円）×一律20％
申告の有無	非課税限度額を超えた場合必要	必要 金額に関係なく贈与した場合は贈与税申告書と初回のみ相続時精算課税選択届出書を提出
相続税との関係	相続開始前3年 （令和６年より7年に延長、→P.10）以内の贈与財産は相続財産に加算	時期に関係なくすべての贈与財産を（令和６年より基礎控除110万円超の金額を）相続財産に加算

贈与税の申告と納付

贈与税は、贈与を受けた年の翌年の2月1日から3月15日までの間に申告と納税を行う必要があります。対象となるのは、毎年1月1日～12月31日までの1年間に受け取った財産です。申告や納税が遅れると加算税や延滞税が課されるため注意しましょう。

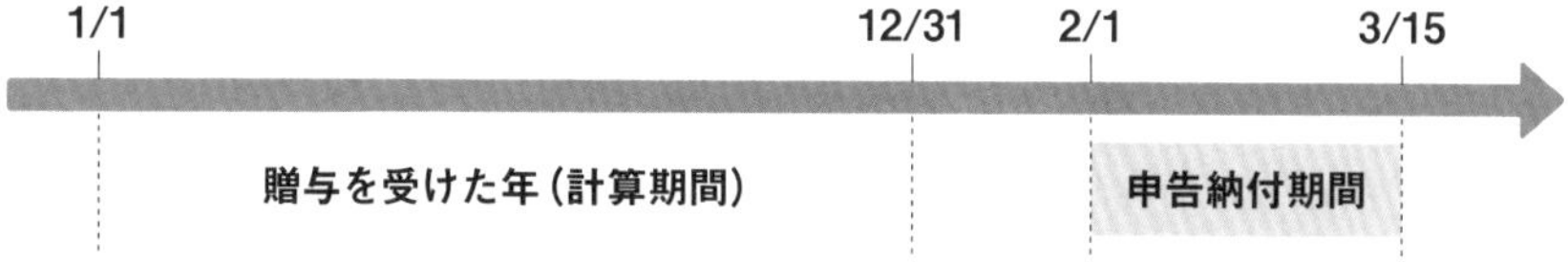

07

生前贈与①

暦年贈与は年間110万円までは非課税

110万円まで毎年贈与する方法

贈与税には110万円の基礎控除があります。つまり**年間110万円までであれば、贈与しても非課税**となります。このしくみを利用し、贈与税を軽減する方法が「暦年贈与」です。毎年110万円を10年贈与すれば、無税で1100万円贈与することができます。

ただし、**やり方を間違うと課税対象になる**ので注意が必要です。年100万円ずつを10年かけて贈与するという贈与契約を結ぶなどの行為は「定期贈与」とみなされ、1000万円に対して一度に課税されてしまう可能性があります。**時期をずらす、年をあけるなどの工夫が必要**です（87ページ）。

暦年贈与で税負担を軽減できる

生前贈与をしたい場合、財産の全額をいっぺんに贈るのではなく、何年か小分けにして贈るのが暦年贈与です。年間110万円までが非課税となり、贈与税や相続税の負担を少なくできます。

暦年贈与とは

1月1日から12月31日までの1年間（暦年）で、贈与額が110万円以下であれば贈与税が非課税になるしくみを利用した贈与方法。

● 1,000万円を贈与する場合のイメージ

10年かけて毎年100万円ずつを贈与

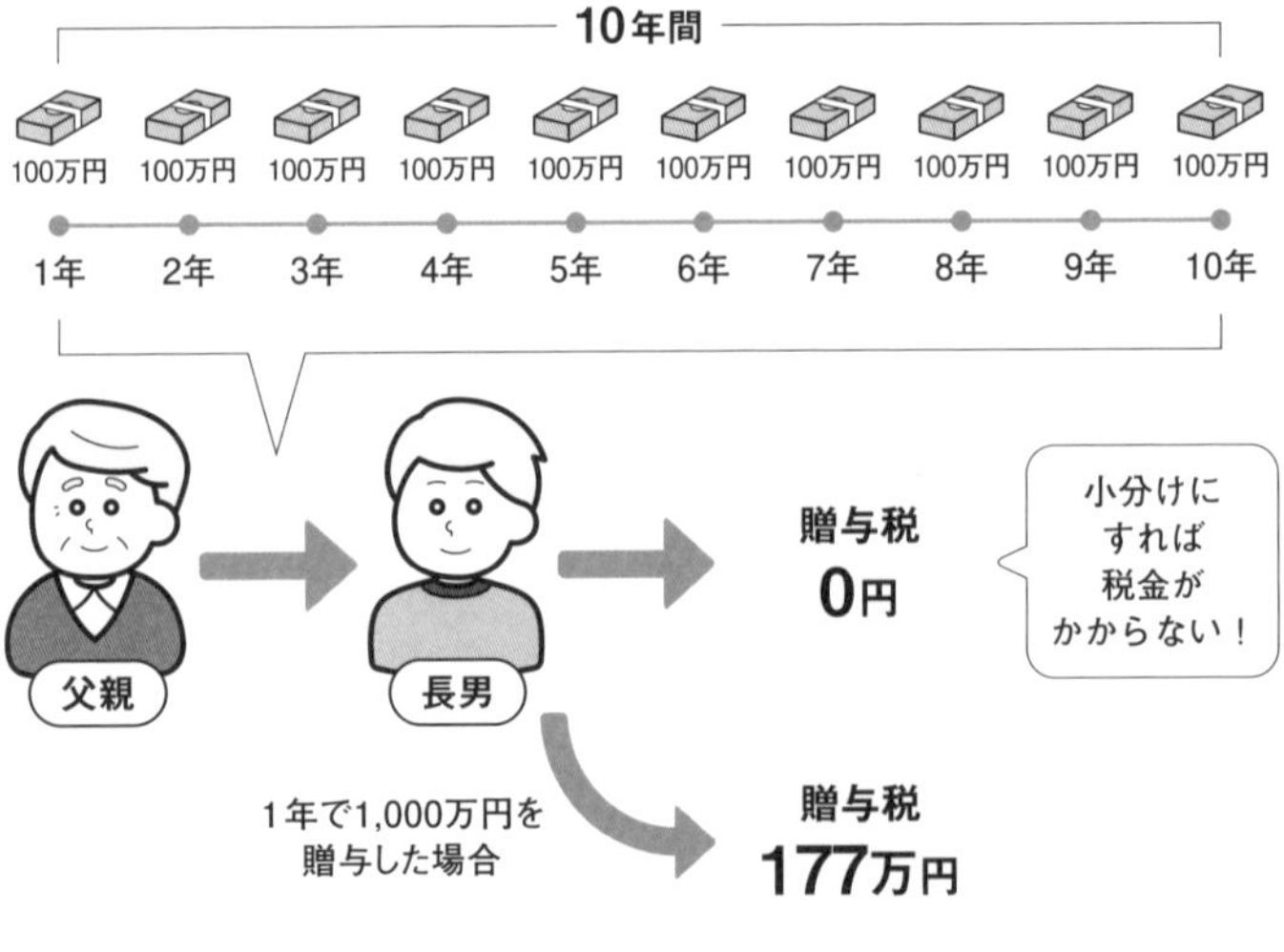

110万円以上の贈与でも節税効果あり

暦年贈与の金額が110万円以上になった場合、超えた分に対して金額に応じた税率で課税されます。そのため財産が多い場合、贈与税を払っても節税効果は見込めます。

● 贈与税の計算式と税率表

課税対象額

贈与税 ＝（贈与額－110万円）× 税率 － 控除額

（特例贈与）

課税対象額	200万円以下	400万円以下	600万円以下	1000万円以下	1500万円以下	3000万円以下	4500万円以下	4500万円超
税率	10%	15%	20%	30%	40%	45%	50%	55%
控除額	―	10万円	30万円	90万円	190万円	265万円	415万円	640万円

（一般贈与）

課税対象額	200万円以下	300万円以下	400万円以下	600万円以下	1000万円以下	1500万円以下	3000万円以下	3000万円超
税率	10%	15%	20%	30%	40%	45%	50%	55%
控除額	―	10万円	25万円	65万円	125万円	175万円	250万円	400万円

・特例贈与…直系尊属（父母や祖父母など）から直系卑属（贈与を受けた年の1月1日において18歳以上の子や孫）への贈与

・一般贈与…特例贈与以外の贈与

● 4,000万円を贈与する場合のイメージ

10年かけて毎年400万円ずつを贈与

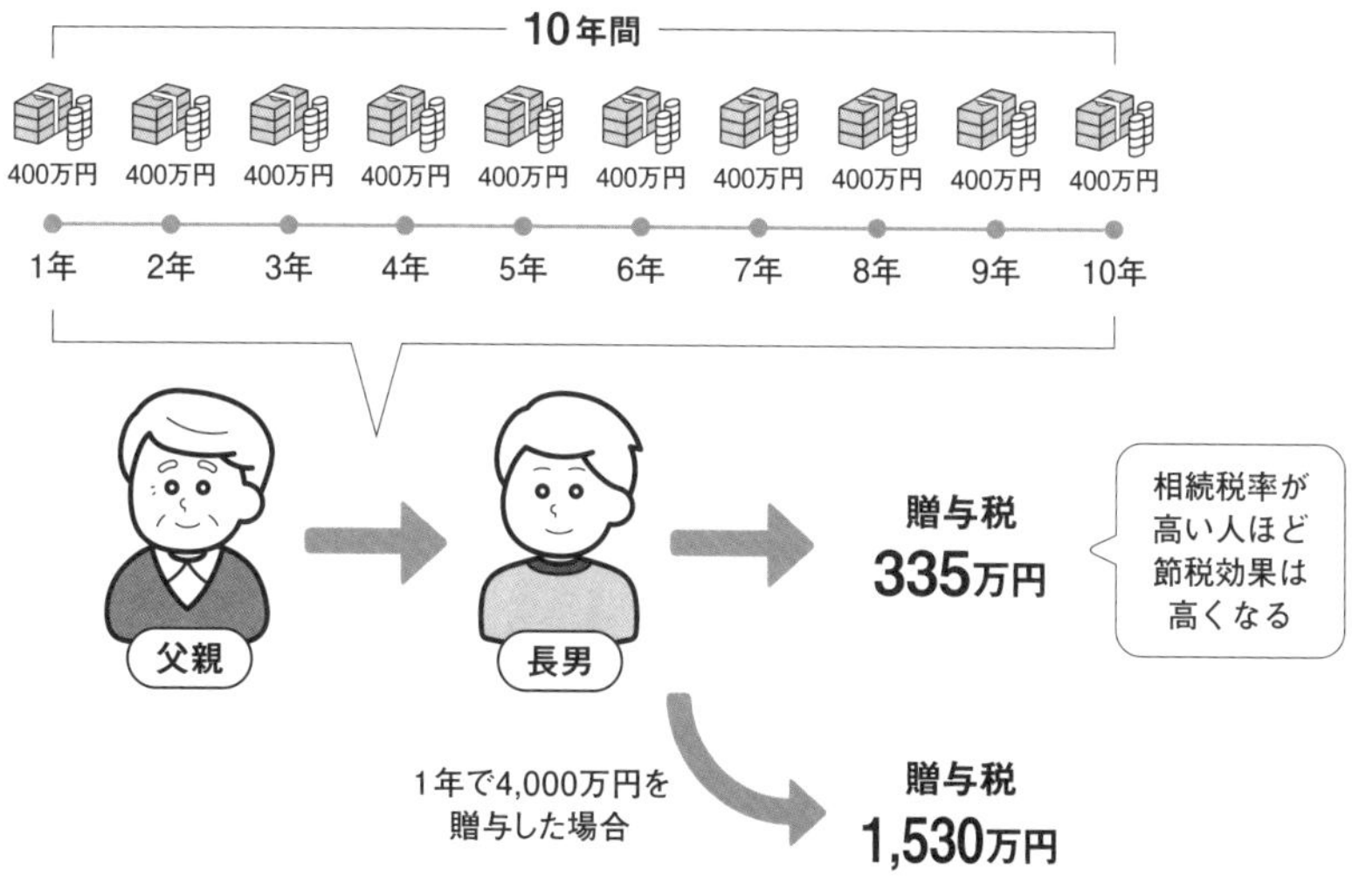

贈与税がかかる場合、かからない場合

贈与税は受け取る側にかかる税金なので、贈る側は税金を払う必要はありません。つまり贈与する人数が多くても、それぞれが年間110万円に収まっていれば受贈者にも贈与税はかかりません。一方で相続財産は減らすことができ、相続税を節税できます。

ケース1　父が子Aに100万円、孫４人に100万円ずつ贈与した場合

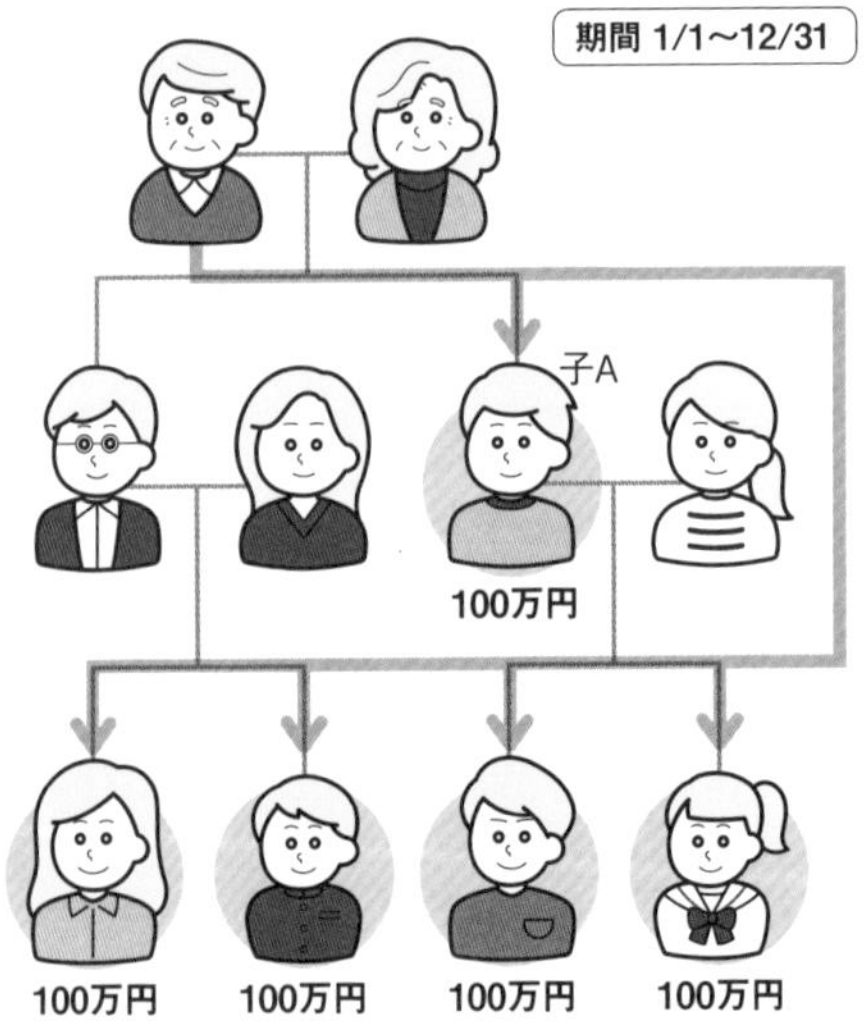

ケース2　父が子Aに100万円、子Aの妻に100万円、母が孫４人に100万円ずつ贈与した場合

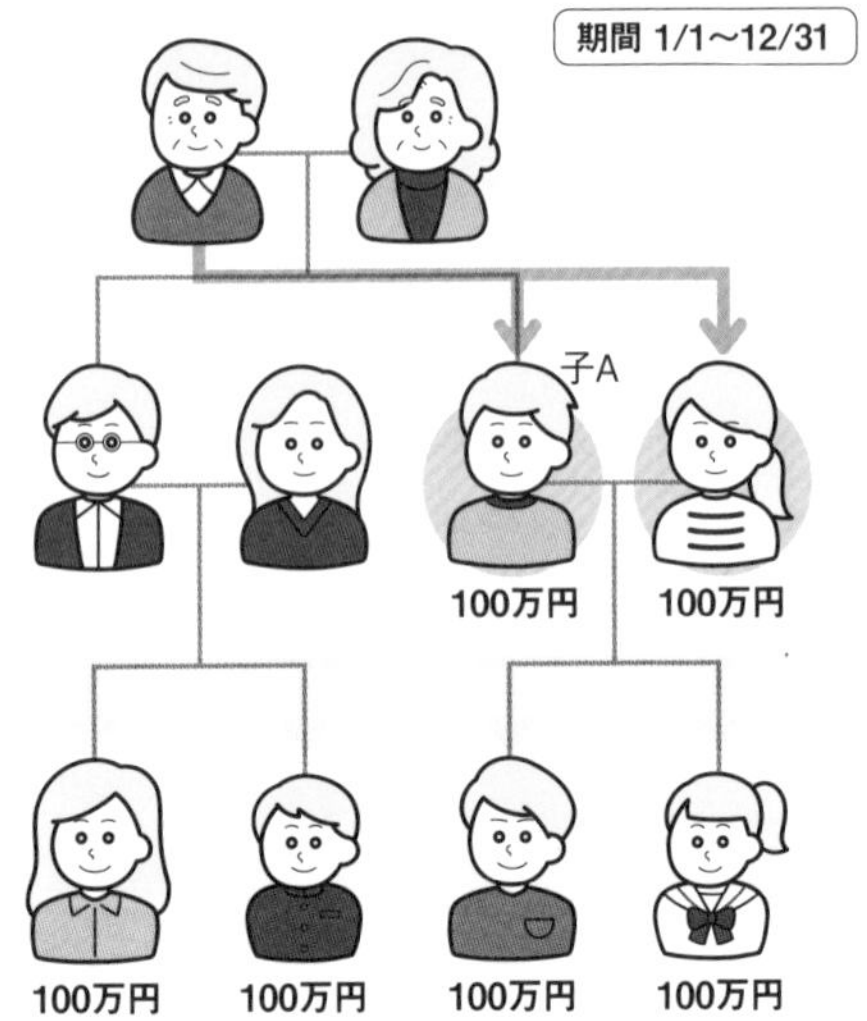

ケース3　父が子Aに100万円、母が子Aに100万円を贈与した場合

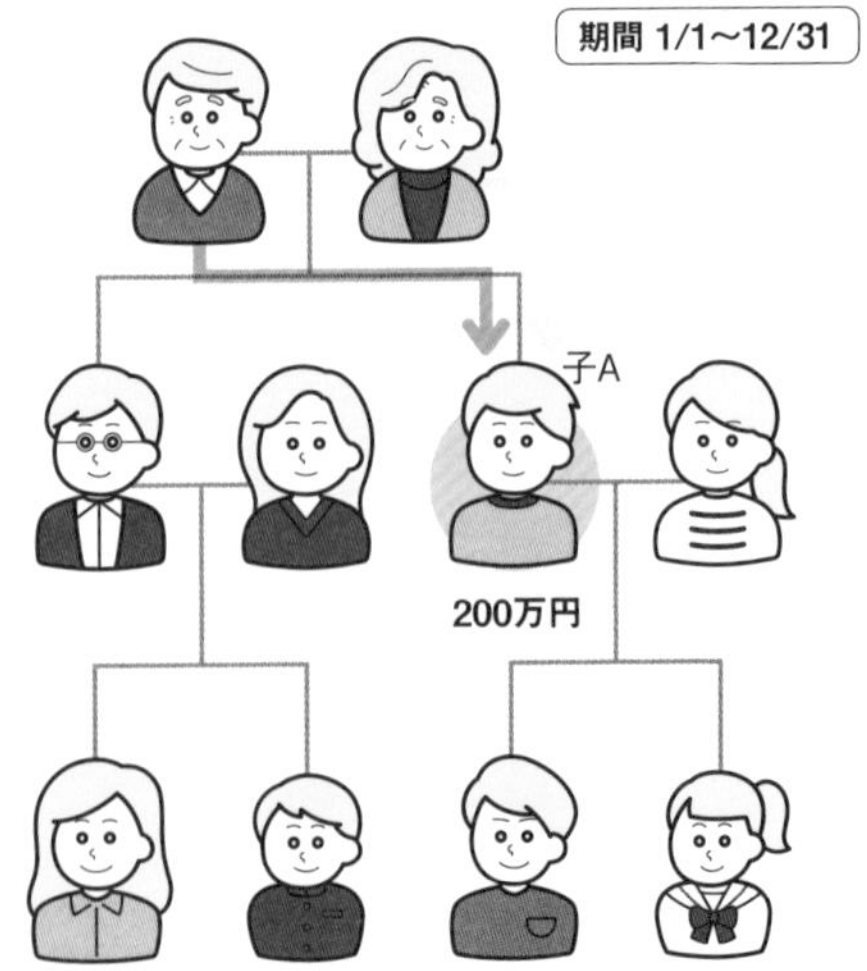

ケース1　**ケース2**

↓

いずれも110万円以下なので
贈与税はかからない。

ケース3

↓

受け取り額が110万円以上なので
贈与税がかかる。
（子Aが贈与された額は200万円）

相続開始前3年（7年）以内の贈与は相続税がかかる

暦年贈与での注意点は、相続発生時、つまり贈与者が亡くなったとき、そこから3年以内にもらった財産は相続財産に加算され、相続税がかかってしまいます（これを「持ち戻し」といいます）。2023（令和5）年度の税制改正により、この持ち戻し期間が現行の3年から7年に延長されます（→P.10）。

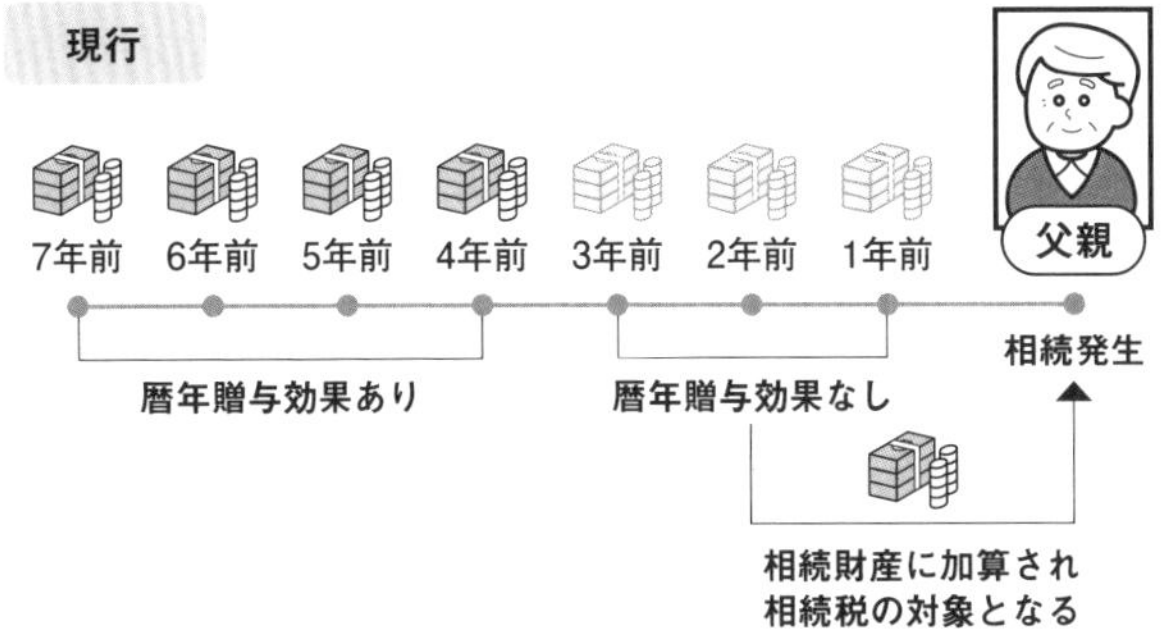

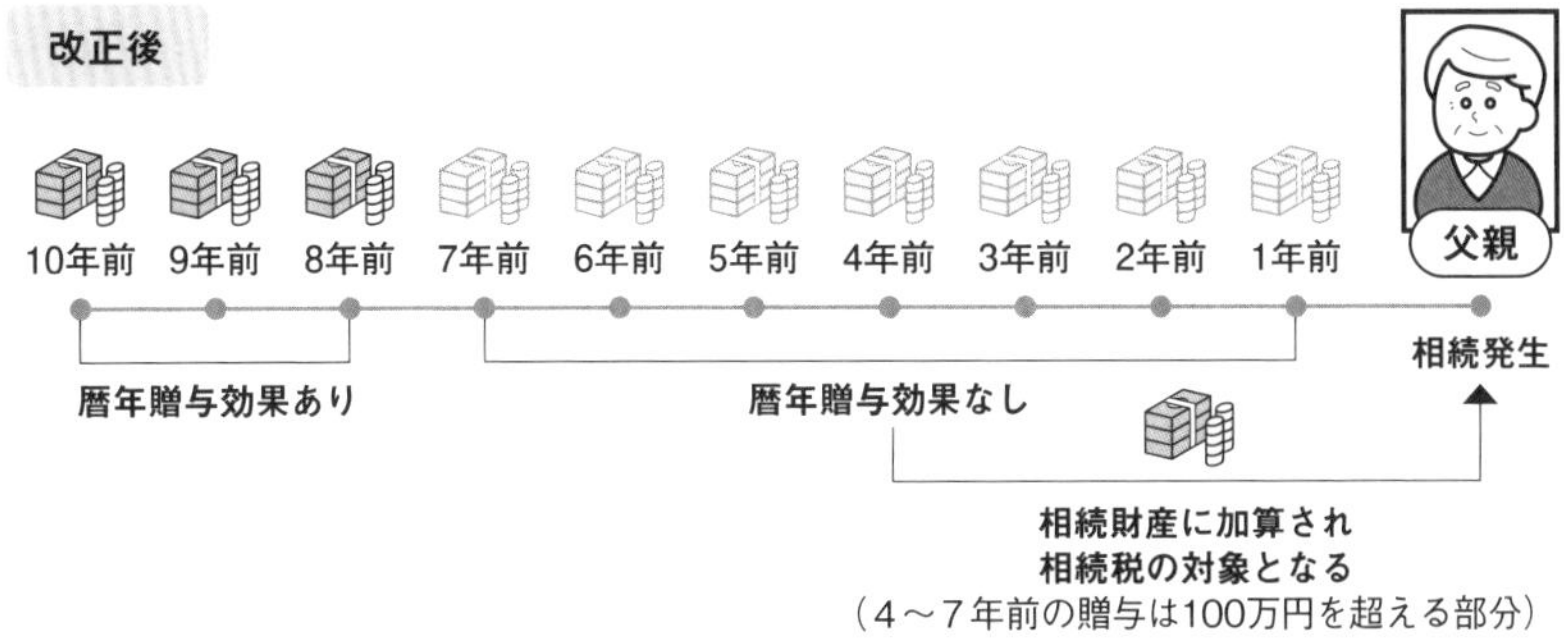

規則的な贈与は避けたほうが無難

例えば毎年同じ日に、あるいは決まって同じ金額を贈与していると、計画的な贈与であるとみなされ、贈与税を課されてしまう場合があります。以下のように工夫しましょう。

贈与する金額を毎年変える

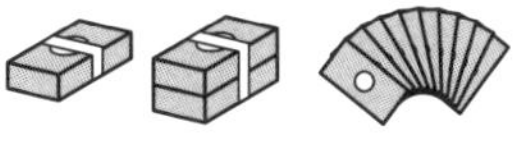

前年110万円だったとすれば、今年は100万円にするなど、金額を変える。

贈与する時期を毎年変える

前年に4月に贈与したとすれば、今年は6月にするなど、時期をずらす。

途中で贈与しない年をはさむ

3年続けて贈与したら、翌1年または2年は贈与しないなど、毎年になるのを避ける。

08

生前贈与②

相続時精算課税は2500万円までは非課税

2500万円までの生前贈与が非課税になる

相続時精算課税は、**祖父母や父母（60歳以上）から子や孫（18歳以上）に贈与する場合に2500万円までの生前贈与が非課税**、それ以上の贈与税率が一律20%となる制度。若い世代に早めに財産を譲り、活用されれば、社会を活性化できるとの期待から創設されました。

ただし、贈与分は全額、**贈与者が亡くなり相続が開始した時点で相続財産に加算され、相続税の対象となるため**、従来、節税効果は薄いとされてきました。しかし、2023年度の税制改正により**相続時精算課税制度でも年間110万円の基礎控除が創設**され、今後はより節税の効果が高まります（11ページ）。

条件を満たせば利用可能

相続時精算課税は、60歳以上の祖父母、父母（直系尊属）から、18歳以上の子、孫（直系卑属）へと生前贈与する場合にのみ利用できます。

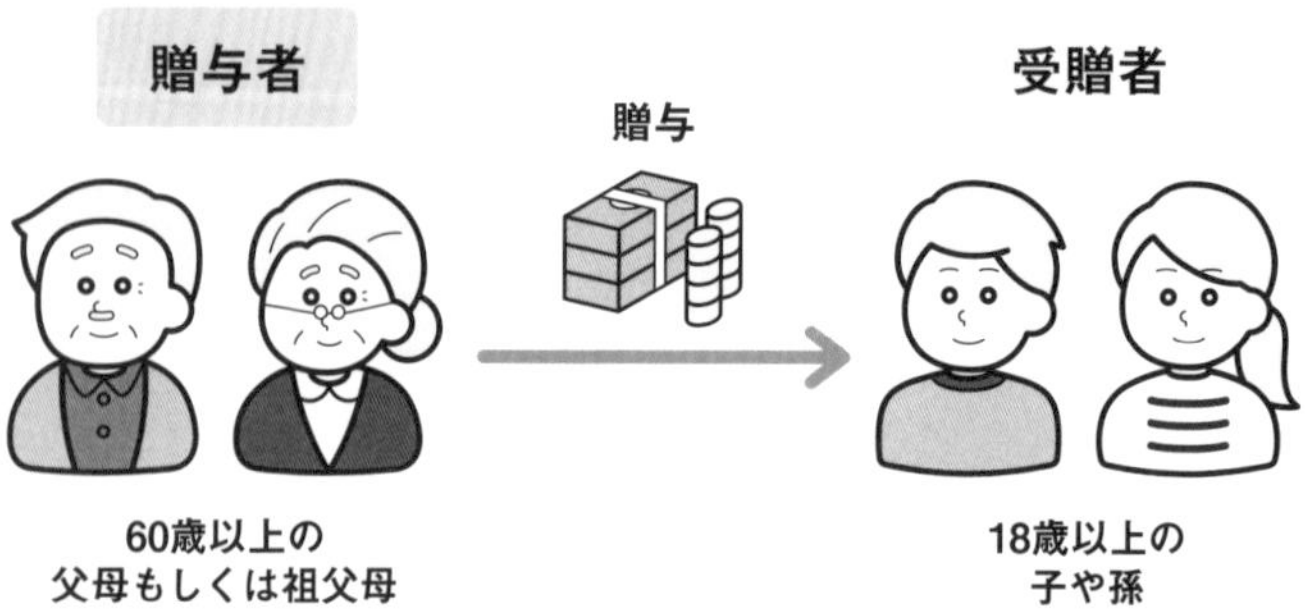

合計2,500万円までは**贈与税がかからない**

※超過分は一律20%の贈与税

相続が発生した時点で課税される

贈与者の死亡で相続が発生すると、贈与財産を相続財産に加えて相続税を計算します。また2,500万円を超えた20%の贈与税をすでに納付している分は税額から控除され、相続税額が発生しなければ還付されます。

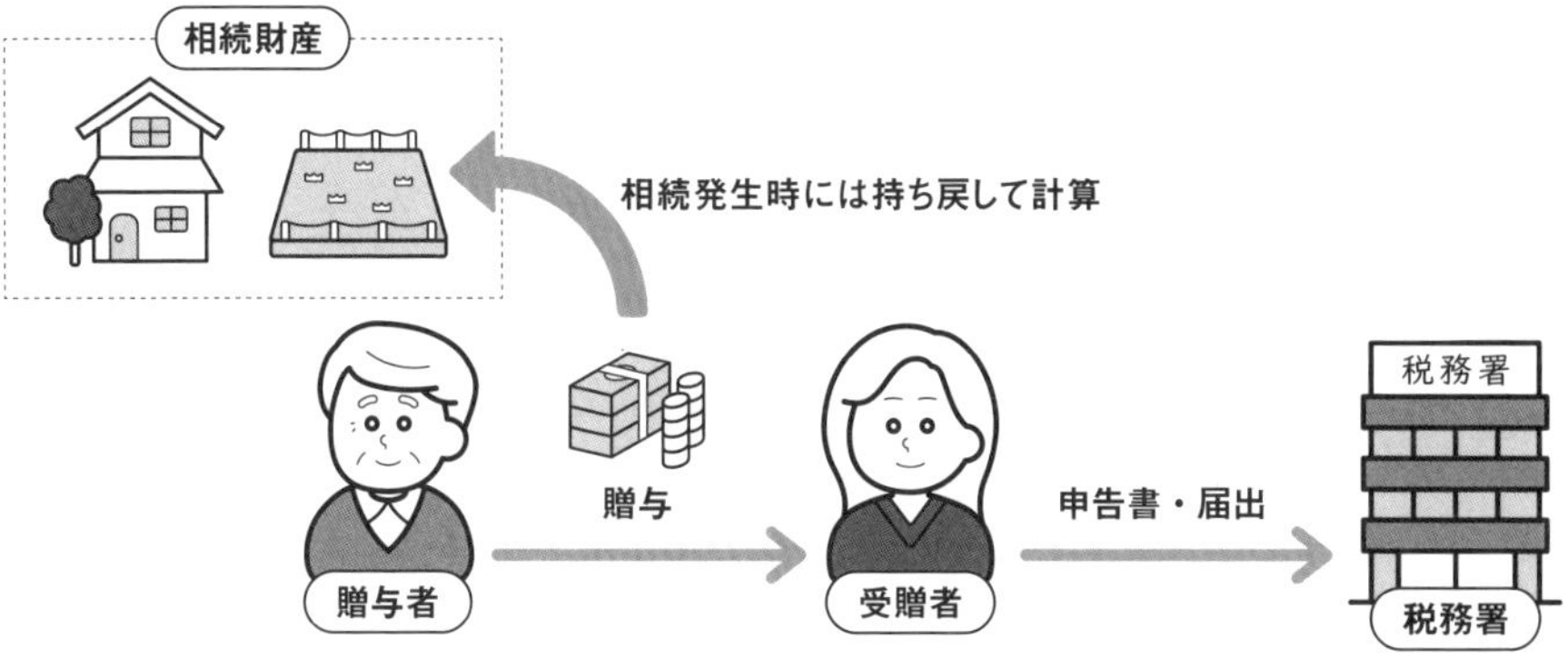

相続時精算課税制度が有効なケース

現行では相続時に相続税の対象となるため、節税の効果が出るのは一定のケースに限られます。

● 相続税が発生しない場合

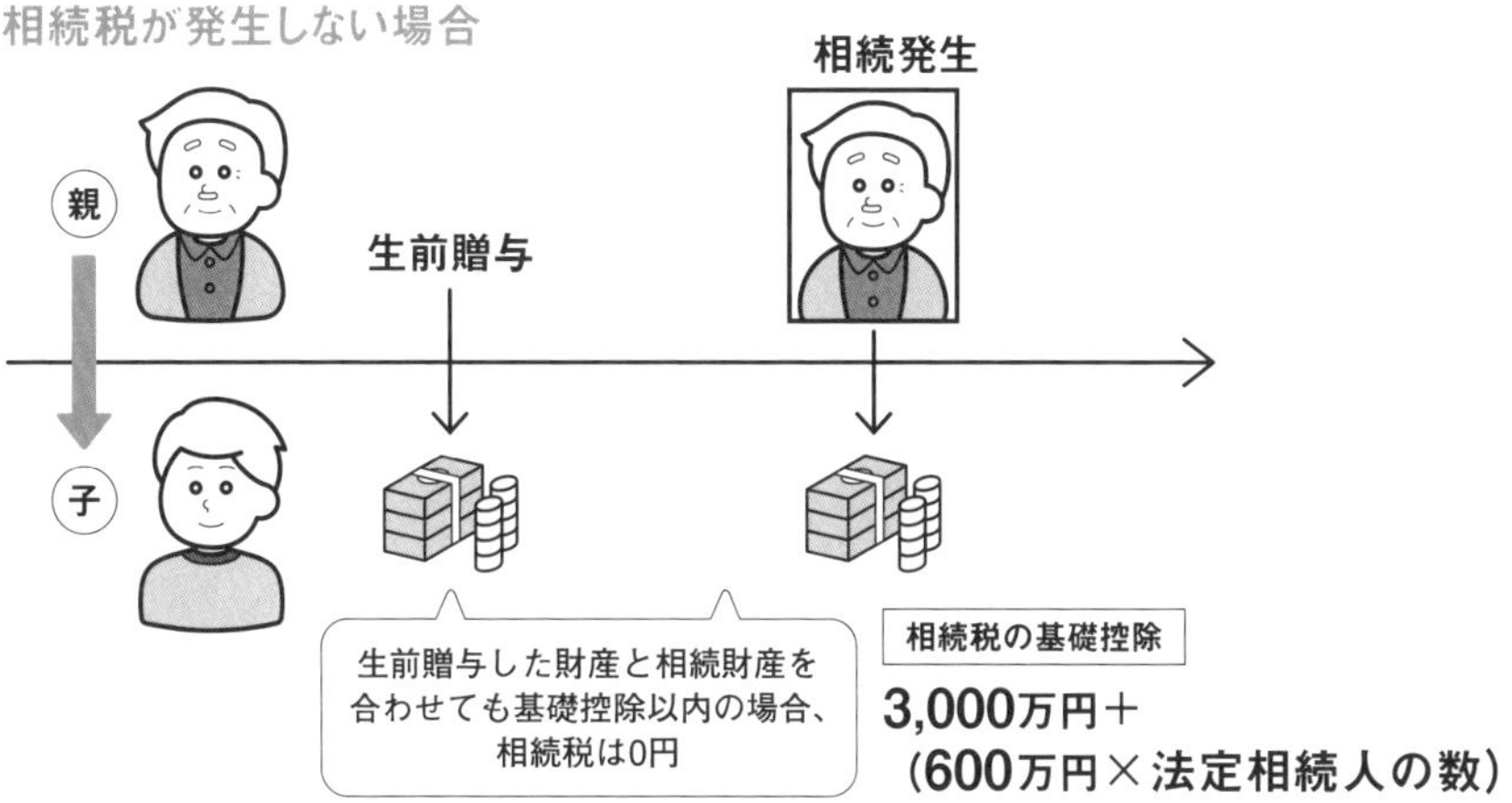

● 将来、値上がりが予想される財産がある場合

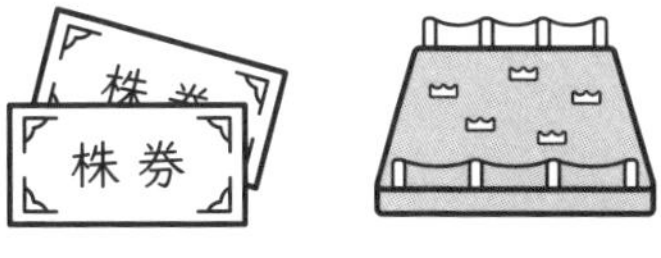

贈与財産は贈与時の価額で評価されるため、相続発生時に有価証券や土地などが値上がりしていた場合、結果的に相続税が安くなる。

09

贈与の特例①

教育資金の贈与は1500万円までは非課税

教育資金を一括して贈与できる

生前に贈与する場合でも、**ある一定の用途に関しては、贈与税の対象外**となります。その一つが教育資金です。

「教育資金一括贈与の特例」は、30歳未満の子や孫の教育資金として贈与しても、**1500万円までは贈与税が非課税になる**制度です。財産を減らして相続税を軽減するという意味では相続税対策となります。ただし、残額が発生した場合の節税効果が少ない一方で、手続きの手間がかかるため、近年は利用する人は少なくなっています。自分の財産をはっきりとした目的で使われることにより、贈与者は満足感や喜びを感じることでしょう。

塾や習い事の費用もOK

教育資金一括贈与の特例は、学費など学校に支払うものだけでなく、塾、習い事に関する費用についても認められます。

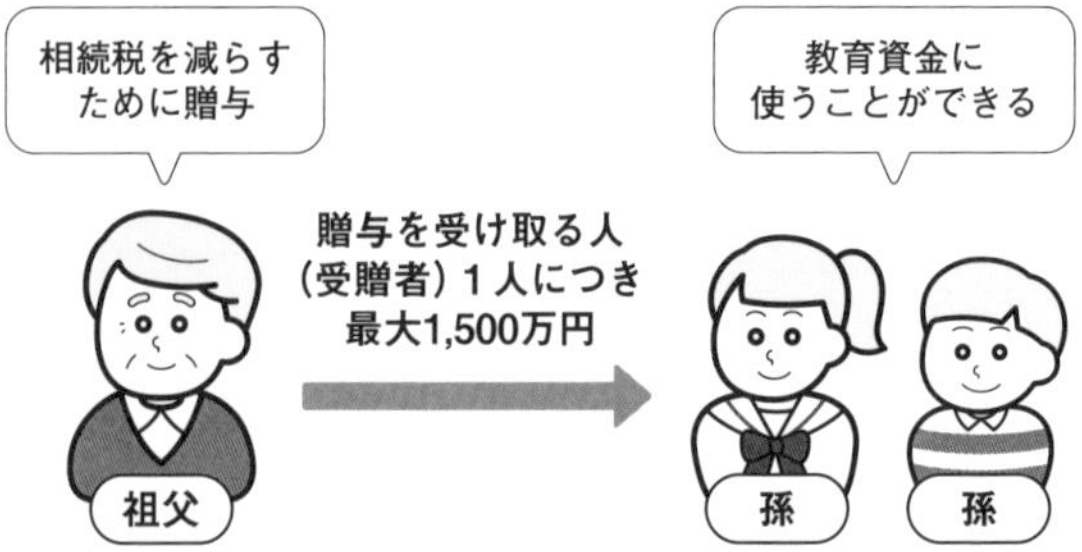

相続税を減らすために贈与
教育資金に使うことができる
贈与を受け取る人（受贈者）1人につき最大1,500万円
祖父
孫
孫

● 教育資金の対象となるもの

学校等に対して直接支払われる資金	入学金・授業料・入園料・保育料・施設設備費・入学検定料・学用品の購入費・修学旅行費・学校給食費など
学校以外で支払われる教育に必要なもの	学習塾やスポーツ教室などの月謝や授業料、施設の使用料・習い事の指導料・習い事などに必要な教材、物品の購入費・通学定期代・留学のための渡航費などの交通費（非課税枠は500万円）

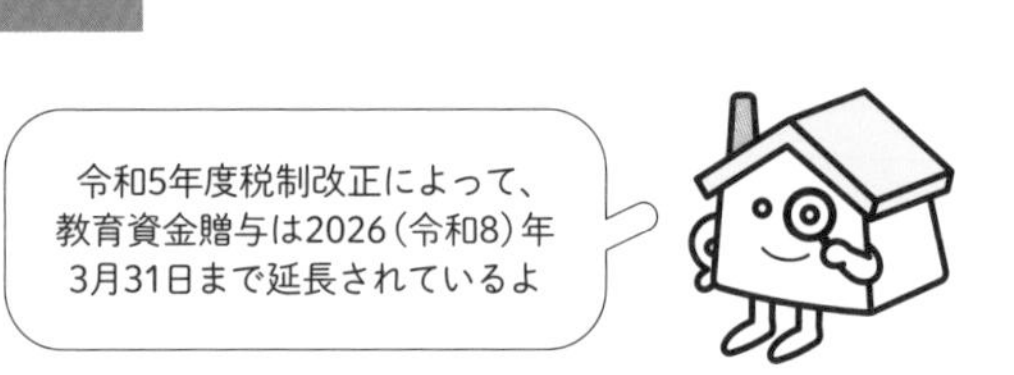

令和5年度税制改正によって、教育資金贈与は2026（令和8）年3月31日まで延長されているよ

子どもや孫の名義の口座で管理

一括での贈与が認められるといっても、教育に使うことが明白でなければなりません。そのため、受贈者の名義で専用の教育資金口座を開設し管理します。お金を引き出す際にも使用目的の領収書が必要となります。

●「教育資金の一括贈与の特例」の使用例

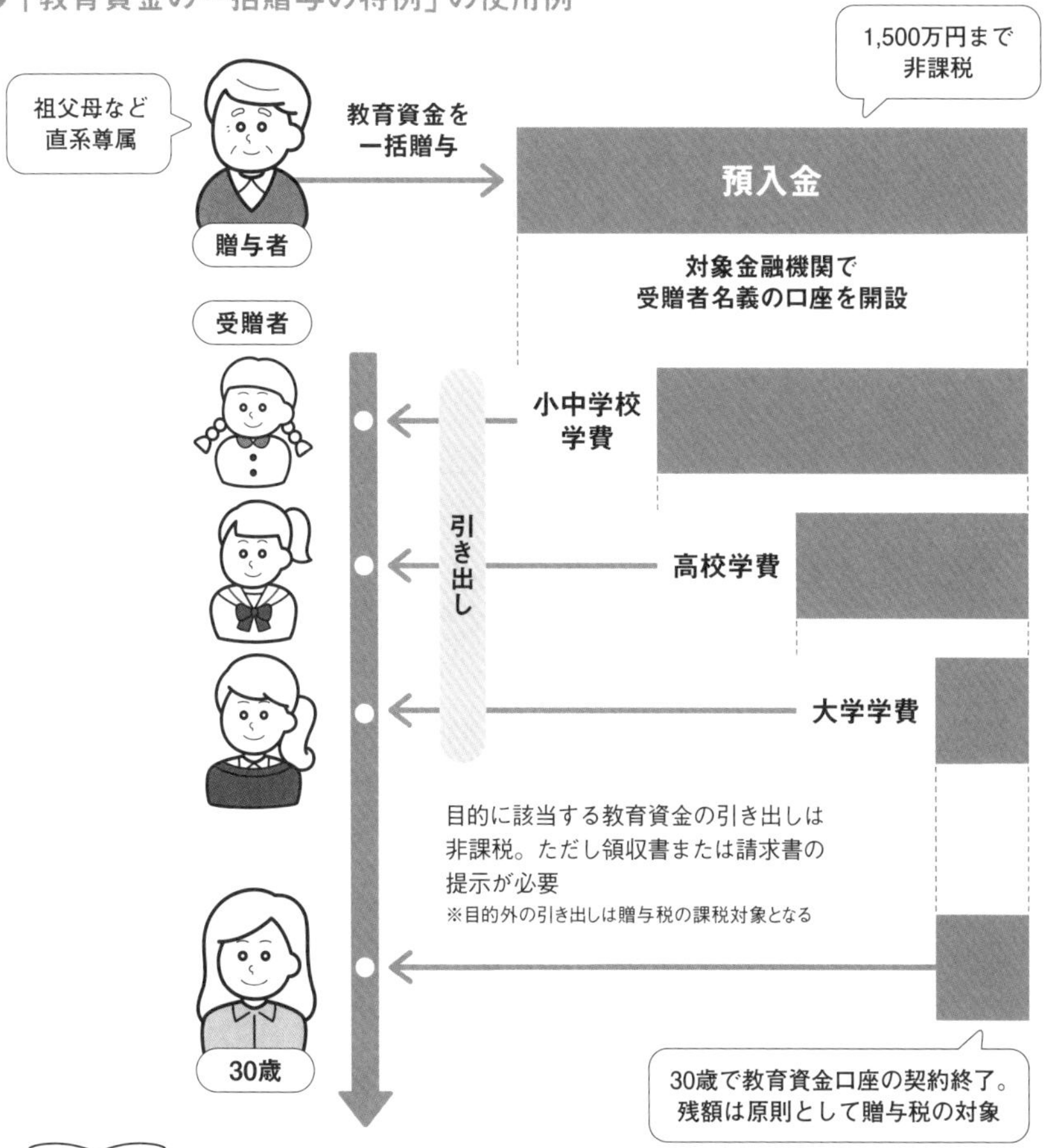
1,500万円まで
非課税
祖父母など
直系尊属
教育資金を
一括贈与
贈与者
預入金
対象金融機関で
受贈者名義の口座を開設
受贈者
小中学校
学費
引き出し
高校学費
大学学費
目的に該当する教育資金の引き出しは非課税。ただし領収書または請求書の提示が必要
※目的外の引き出しは贈与税の課税対象となる
30歳
30歳で教育資金口座の契約終了。
残額は原則として贈与税の対象

プラスアルファ

教育資金の一括贈与のメリット・デメリット

父母や祖父母などが、扶養義務のある子や孫の生活や教育に使うお金は本来、課税の対象とはなりません。しかし必要な費用を「一括」で渡すとなると、ほかの目的にも使うことができるため、税制上は「贈与」と見なされてしまうのです。

【メリット】 必要が生じるたびに資金を渡す手間を軽減できる。さらに父母や祖父母の財産を、若い世代の教育という形で活用できる。

【デメリット】 贈与者が亡くなった際に終了となり、残額は一定の場合（受贈者が23歳未満または学校等に在学中で、かつ相続税の課税価格の合計額が５億円以下）を除き、相続税の対象になる。また、受贈者が30歳に達した時点で残額がある場合、贈与税がかかる。

10

贈与の特例②

住宅を取得するための資金の贈与

取得する住宅には一定の条件がある

贈与税が非課税となる特例の2つめが、「住宅取得等資金贈与」です。18歳以上の**子や孫**に対し、**住宅を取得あるいは増改築するための資金**として贈与した場合に、一定の金額が非課税となる特例です。耐震、省エネ、バリアフリーの住宅であれば1000万円、それ以外であれば500万円までが控除の対象となります。ただし期間が決まっており、**2015年1月1日から2023年12月31日までの間に贈与される必要があります**。また取得する家屋については、床面積が40㎡以上240㎡以下で、床面積の2分の1以上が居住用であるなどの条件が決まっています。

父母だけでなく祖父母も贈与可能

住宅取得等資金贈与の特例は、直系尊属である父母、祖父母などから、18歳以上の直系卑属である子や孫への贈与で認められます。

贈与の目的	住宅の新築や増改築、中古住宅の購入など、住居の取得にかかる資金
非課税枠	耐震、省エネ、バリアフリーなどの住宅：1,000万円まで 上記以外：500万円まで
主な条件	・贈与者の直系卑属（子や孫） ・贈与を受けた時点で日本国内に住所を有している ・贈与を受けた年の合計所得金額が2,000万円以下
主な手続き	贈与税を申告し、申告書には特例を受ける旨を記載する
対象期間	2015年1月1日～2023年12月31日

条件を満たした住宅は最大1,000万円が非課税

住宅取得を目的とする資金であれば、最大1,000万円まで贈与税が非課税となります。また非課税枠を超えた部分については贈与税の対象となるものの、暦年課税または相続時精算課税による控除も受けられます。

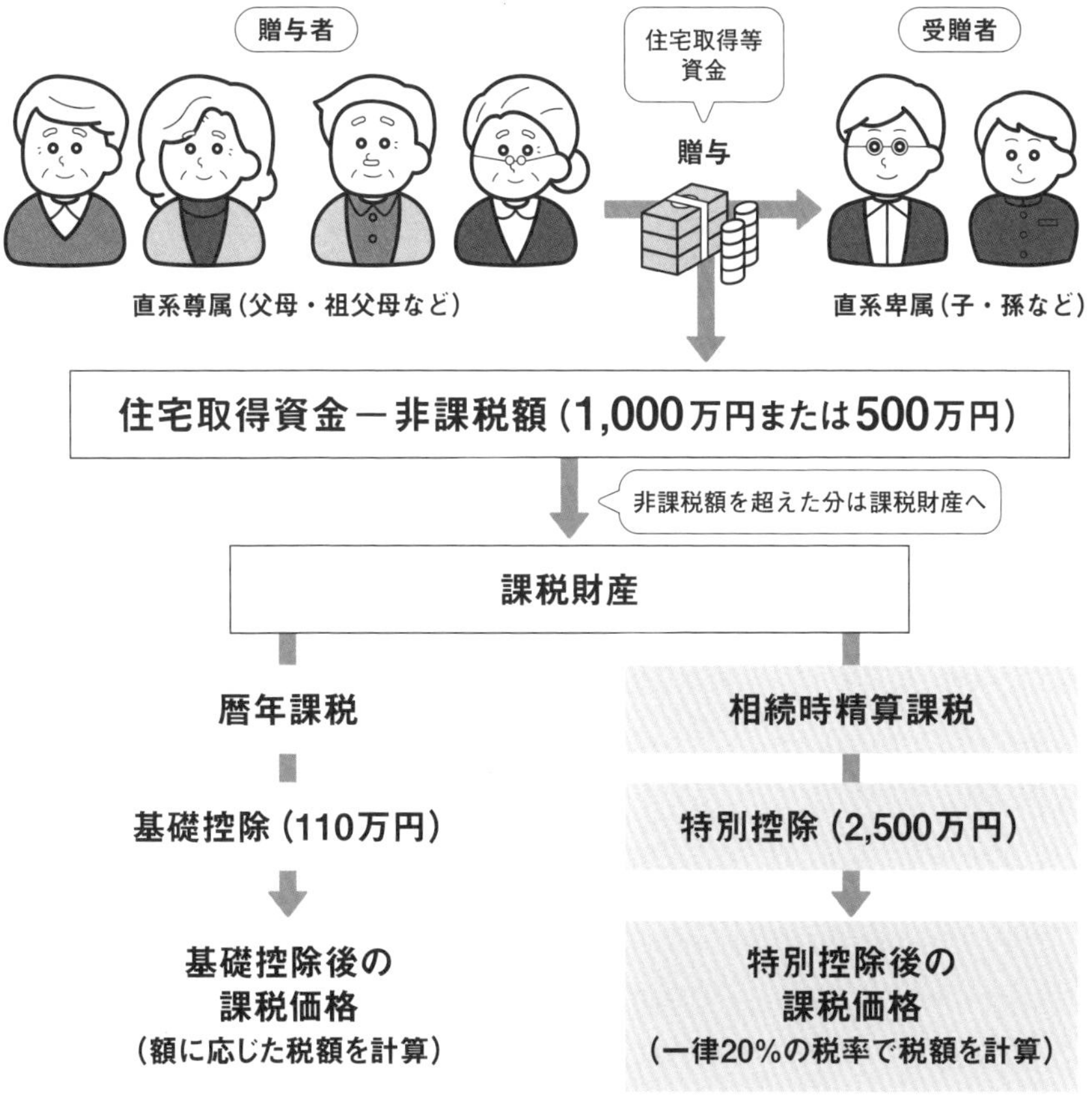

手続き

贈与を受けた年の翌年2月1日から3月15日までの間に、非課税の特例の適用を受ける旨を記載した贈与税の申告書に一定の書類(戸籍謄本、登記事項証明書など)を添付して、住所地の所轄税務署に提出する。

プラス
アルファ

ほかの課税制度と併用可能

「住宅取得等資金の特例」や、「教育資金の一括贈与」、次ページで解説する「結婚・子育て資金の一括贈与」などの特例は、暦年課税か相続時精算課税のいずれかの控除も適用できます。生前贈与による節税対策では、これらを最大限活用していくことがポイントとなります。

11

贈与の特例③

結婚や育児のための資金の贈与

若い世代の結婚や育児のために財産を使う

贈与税の特例の３つめが、「結婚・子育て資金の一括贈与の特例」です。父母や祖父母が、18歳以上50歳未満の子や孫などに**結婚・子育て資金を一括で贈与する場合、１０００万円までが非課税となります**。２０２３年３月31日までの期限がありましたが、税制改正で内容は厳しくなったものの期限が２年延長され、２０２５年３月31日までになりました（12ページ）。

親や祖父母の財産を若者世代に移転することで、**安心して結婚や子育てをできるようにする**のがこの特例の大きな目的。そのため受贈者の前年の所得金額が１０００万円以下という条件が設けられています。

結婚・育児のための贈与は1,000万円まで非課税

父母や祖父母などの直系尊属から、子や孫などの直系卑属に対して結婚や子育てのための資金を贈与する場合、最大1,000万円が非課税となります。

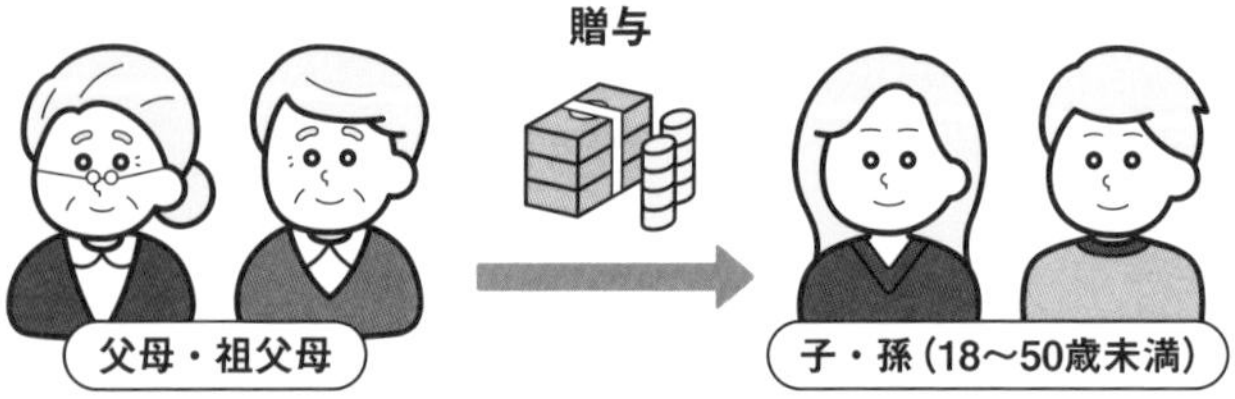

● 対象となるもの（合計で1,000万円）

内容		上限
結婚に関するもの	挙式費用、衣装代等の婚礼費用、家賃、敷金等の新居費用、転居費用	300万円
妊娠・出産・育児に関するもの	不妊治療・妊婦検診に要する費用、分娩費等・産後ケアに要する費用、子の医療費、幼稚園・保育所等の保育料（ベビーシッター代含む）	1,000万円

贈与者の死亡時の残額は相続税の対象に

結婚・子育て資金一括贈与の特例は、受贈者が50歳に至っていなくても、贈与者が亡くなるとその時点で期間が終了となります。口座の残高は相続税の対象となるので注意が必要です。

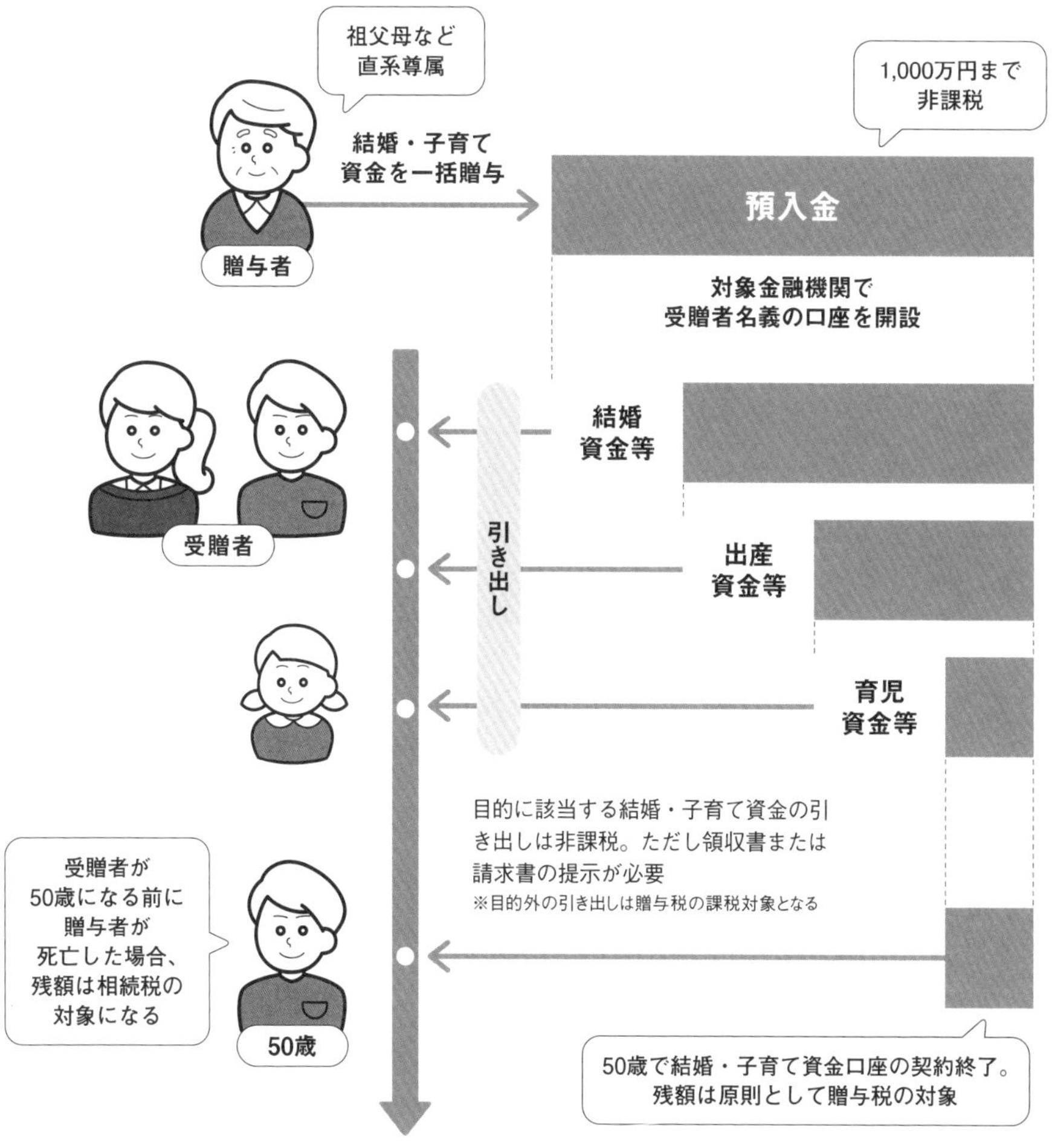
祖父母など
直系尊属
1,000万円まで
非課税
結婚・子育て
資金を一括贈与
預入金
贈与者
対象金融機関で
受贈者名義の口座を開設
結婚
資金等
引き出し
受贈者
出産
資金等
育児
資金等
目的に該当する結婚・子育て資金の引き出しは非課税。ただし領収書または請求書の提示が必要
※目的外の引き出しは贈与税の課税対象となる
受贈者が
50歳になる前に
贈与者が
死亡した場合、
残額は相続税の
対象になる
50歳
50歳で結婚・子育て資金口座の契約終了。
残額は原則として贈与税の対象

プラス
アルファ

契約は原則
取り消せない

特例を受けるには、受贈者名義の専用口座を開設後、当該の金融機関を通して「結婚・子育て資金非課税申告書」を受贈者の納税地の税務署に提出します。その後、贈与者からの口座に入金が可能となります。ただし制度の利用を申し込んだ後の解約はできないので注意が必要です。

12

贈与税の配偶者控除

配偶者に自宅を贈与する際に活用できる制度

最大で２１１０万円の控除が認められる

贈与税の控除には、**法律上の配偶者に限定**されたものがあります。それが**「贈与税の配偶者控除」**。通称「おしどり贈与」です。控除金額は２０００万円まで。贈与税の基礎控除１１０万円と合わせれば**２１１０万円が控除**されます。ただし利用には要件があります。まず、**婚姻期間が20年以上あること**。贈与財産は**居住用の不動産かその取得資金に限られ**、贈与を受けた年の翌年3月15日までに居住している必要があります。

相続税対策だけでなく、自分が亡くなった後の配偶者の住まいを確保できる点で、メリットの大きい制度といえます。

婚姻期間が20年以上の夫婦が対象

控除額が2,000万円と大きい「贈与税の配偶者控除（おしどり贈与）」。それだけに、利用するにはいくつかの要件があります。

適用要件

- 婚姻期間が20年以上の配偶者間での贈与である
- 居住用不動産もしくは取得のための金銭の贈与である
- 贈与を受けた年の翌年3月15日までに居住している

基礎控除　　おしどり贈与

110万円＋2,000万円

↓

最大2,110万円の財産を非課税で贈与できる

配偶者の住む場所を確保できる

夫婦で住んでいた家でも、名義人が亡くなって配偶者が相続すれば相続財産とみなされ、相続税の対象となります。「おしどり贈与」は、相続税の負担を軽減し財産をしっかり遺すことができます。

● “おしどり贈与”のメリット・デメリット

メリット

- 相続財産を減らし、相続税を軽減できる
- 配偶者の住まいを確保できる

デメリット

- 不動産名義の変更に各種の税金がかかる（不動産取得税、登録免許税）
- 贈与を受けたほうが先に亡くなると生前に受けた贈与財産は相続税の課税対象になる
- 相続税の特例（相続税の配偶者控除、小規模宅地等の特例など）の対象にできなくなる

● “おしどり贈与”に向いているケース

- 配偶者以外の相続人に、相続税が発生する見込みがある（相続人に対する税負担を減らせるため）
- 配偶者と子の関係性が良くない

● 利用する場合の手続き

居住用不動産を贈与する場合

①居住用財産の相続税評価額を調べる
↓
②贈与契約を交わす
- 贈与契約書を作成

↓
③法務局で不動産の変更登記を行う
- 添付書類の準備
- 登記申請書の作成
- 付属書類の作成

↓
④税務署に贈与税の申告を行う

居住用財産の取得資金を贈与する場合

①居住用財産を調べる
↓
②取得資金を贈与する
- 贈与契約書を作成しておくと、後々のトラブルを回避できる

↓
③居住用財産を購入する
↓
④法務局で居住用財産の登記を行う
↓
⑤税務署に贈与税の申告を行う

申告に必要な書類

- 財産の贈与を受けた日から10日経過後に作成された戸籍謄本または戸籍抄本
- 財産の贈与を受けた日から10日経過後に作成された戸籍の附票の写し
- 居住用不動産の登記事項証明書
- 居住用財産の評価額の書類

死亡保険金には非課税枠がある

生命保険の非課税枠を活用して相続税を軽減

遺族が受け取る死亡保険金は相続財産ではありませんが、「みなし相続財産」として税制上は相続税の対象となります。ただし、**非課税枠が設けられている**ので、これを活用して相続税を軽減することができます。

控除されるのは、**法定相続人1人につき500万円**まで。例えば相続人が配偶者と子1人の場合なら、被相続人の保険金は1000万円までに設定しておけば、相続税がかかることはありません。ただし非課税になるのは、**被相続人自身が保険の契約者・被保険者である場合のみ**。契約者と被保険者が異なる場合、ケースごとに所得税や贈与税などの税金がかかるので注意が必要です。

1人500万円までは税負担ゼロ

死亡保険金には相続税がかかるが、相続人1人につき500万円までは非課税となります。被相続人本人が契約者・被保険者であり、受取人が配偶者や子などの法定相続人に設定されていることが条件です。

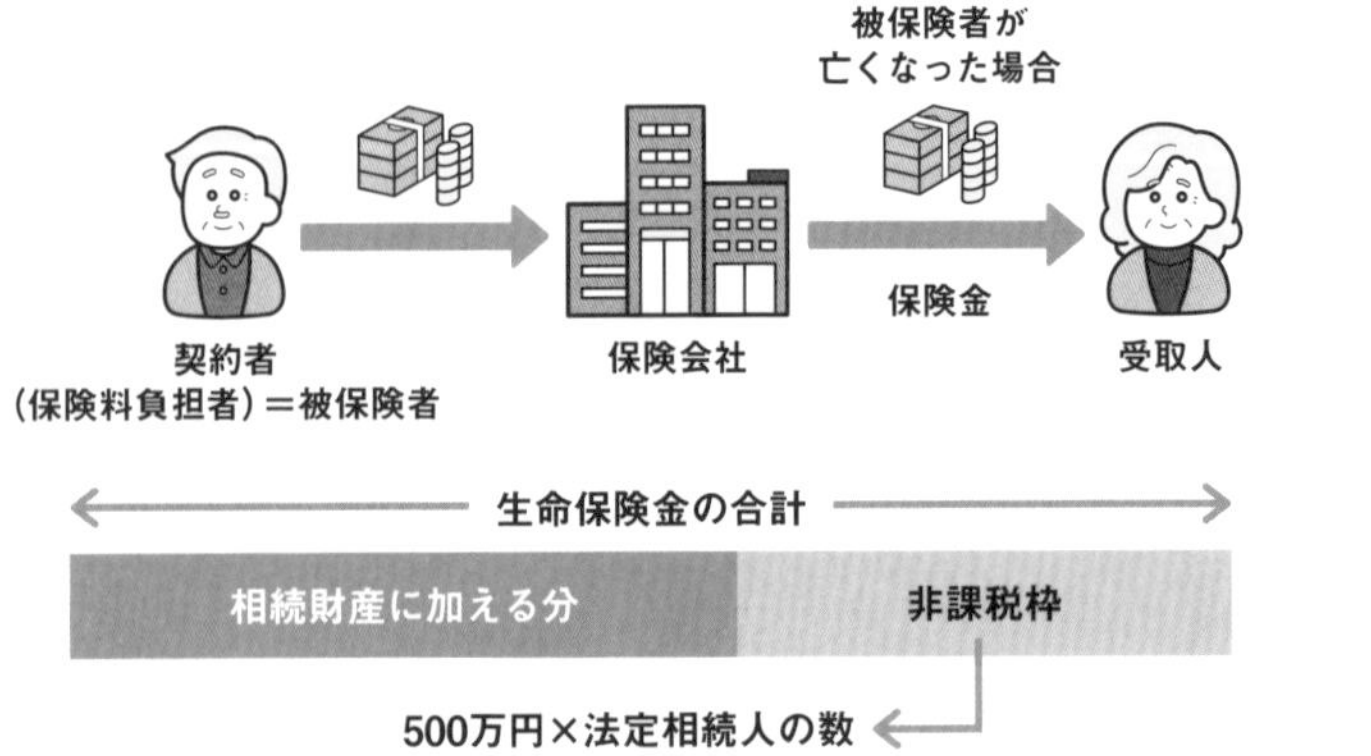

例 生命保険金が3,000万円で法定相続人が妻・子ども1人の合計2人の場合

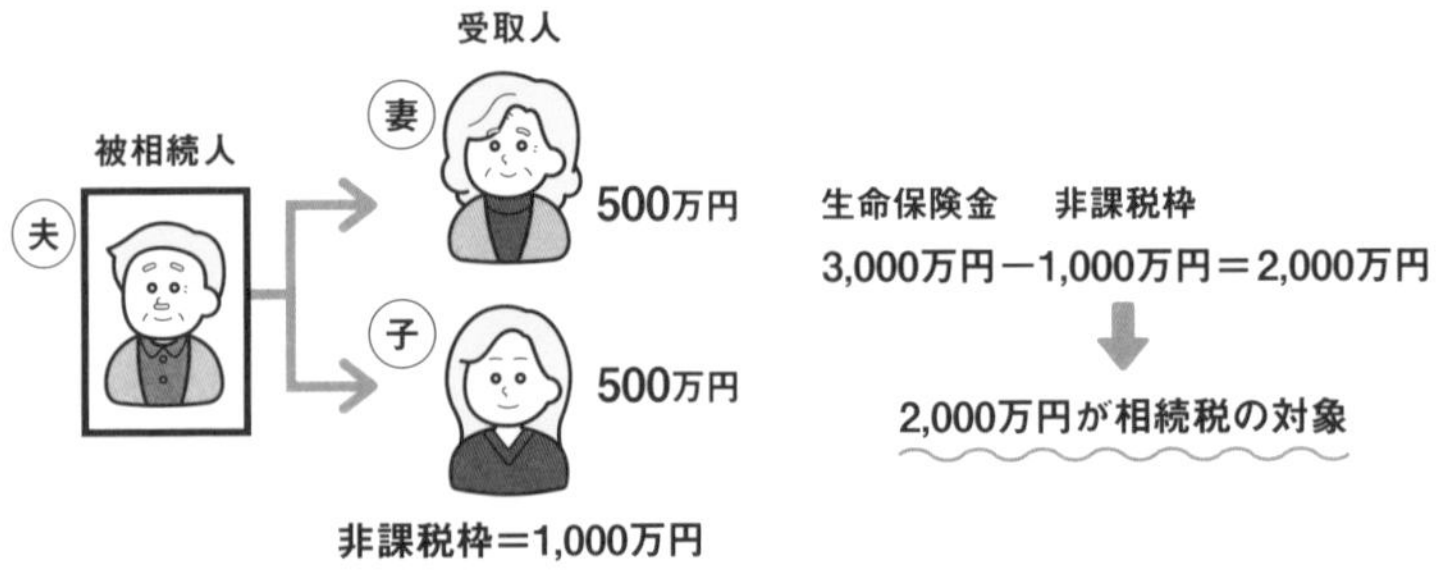

契約形態によって保険金にかかる税金が変わる

生命保険の契約では保険料を負担する「契約者」、保障の対象となる「被保険者」、保険金を受け取る「受取人」がそれぞれ設定されます。3者の関係によって、受け取った保険金にかかる税金の種類が異なります。

① 契約者と被保険者が同じ場合

例 2,000万円の保険金、法定相続人が3人の場合

非課税 500万円×3人＝1,500万円
課税対象 500万円

ただし、受取人が法定相続人以外の場合は非課税枠の対象外

② 契約者と受取人が同じ場合

課税対象 課税所得金額＝一時所得（保険金－払込保険料－50万円）×1/2

例 2,000万円の保険金、払込保険料が300万円の場合
（2,000万円の保険金－払込保険料300万円－50万円）×1/2＝825万円

非課税 1,175万円
課税対象 825万円

③ 契約者、被保険者、受取人が異なる場合

課税対象 2,000万円－基礎控除110万円＝1,890万円

例 2,000万円の保険金の場合

非課税 110万円
課税対象 1,890万円

14

節税のコツ①

小規模宅地等の特例で評価額を80%減らせる

土地の評価額を下げて相続税を軽減する

相続税の節税対策の一つに財産の評価額を下げる方法がありますが、中でも**土地の評価額を下げる**時に有効なのが**「小規模宅地等の特例」**です。特例を利用するには税務署への申告が必要となります。

対象となるのは居住用・事業用・貸付用に使用される宅地。**取得者の要件や面積の上限が定められています**が、これをクリアできれば、**居住用と事業用で80%、貸付用で50%**もの評価額減が見込めます。配偶者は配偶者の税額軽減があるため税額が発生しないことも多く、ほかに適用可能な相続人がいるなら、そちらが相続するほうが有利となることも多いため、検討する必要があります。

大きな節税効果が期待できる特例

「小規模宅地等の特例」を使えば、居住用なら80%、貸付用なら50%と、大きく評価額を下げることができます。節税効果も大きいです。

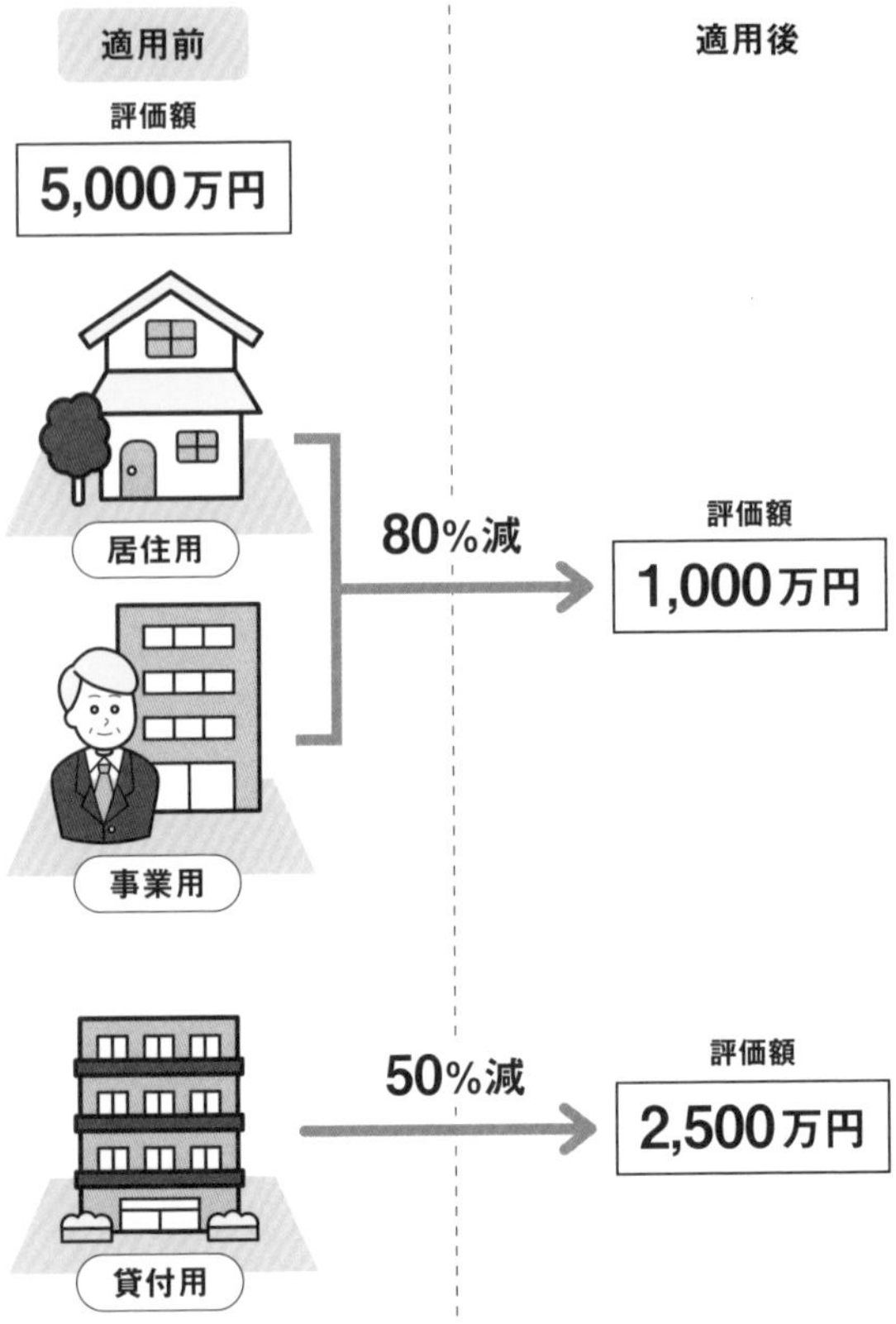

居住用、事業用、貸付用宅地が対象

特例の対象となるのは宅地で、居住用、事業用、貸付用の3種類があります。それぞれ利用要件が細かく決められているのでよく確認しておく必要があります。

相続する土地	宅地用（特定居住用宅地等）	事業用（特定事業用宅地等）	貸付用（貸付事業用宅地等）
相続課税評価	80%減	80%減	50%減
上限面積	330㎡	400㎡	200㎡
適用対象者	 配偶者　同居親族　別居親族	 事業を引き継ぐ親族	 親族
適用条件	**配偶者**：条件なし **同居親族**：相続開始時から相続税の申告期限まで引き続き住み、所有する **持ち家のない別居親族**：被相続人に配偶者や同居相続人がいない、借家に住んでいるなど	事業を引き継ぐ親族が取得し、相続税の申告期限まで所有していて、かつ事業を継続していること（相続開始前3年以内にその事業に利用した場合は原則、対象外）	親族が取得し、相続税の申告期限まで所有していて、かつ貸付事業を継続している（相続開始前3年以内に貸付事業に利用した場合は原則、対象外）

● 別居親族に適用される「家なき子の特例」

家なき子の特例とは

亡くなった人の自宅を別居親族が相続する場合でも「小規模宅地等の特例」の80%減額を使えるようにする特例。

相続する別居親族が「家なき子の特例」を使うには、以下の要件を満たしている必要があります。

- 被相続人に配偶者及び同居の相続人がいない
- 相続開始3年以内に自身や配偶者の持ち家、「3親等内の親族」や「相続する人と特別の関係がある法人」の所有する家屋に居住していない
- 相続した宅地を相続税の申告期限まで所有している
- 相続開始時に住んでいる家屋を過去に所有したことがない

プラスアルファ

被相続人が高齢者施設に入居していた場合

小規模宅地等の特例は、原則、同居していた配偶者や親族が利用できる制度。しかし被相続人が老人ホームに入居していたなどの場合では、別居していても認められるケースもあります。前提になるのが、①被相続人が亡くなった時に要介護あるいは要支援認定を受けていること、②自宅を賃貸していないことの2点。配偶者であれば問題なく特例が認められ、別居親族でも一定の要件のもとに利用できます。

15

節税のコツ②

不動産は評価額を下げると相続税を減らせる

お金は土地に換えておくと大幅に節税できる

現金や預貯金などは、そのまま相続するよりも、**土地や建物といった不動産に換えておくことで大きく節税ができます。**

現金を建物に換えると、**評価額は建築費の約60%、土地なら時価の約80%まで評価額を下げることができます。**賃貸物件であれば評価額はさらに低くなります。前ページで解説した小規模宅地等の特例も条件を満たせば利用できます。ただし**不動産の所有には一定のリスクも。**例えば賃貸物件では、入居者が見つからないとコストがかさんでかえって損をしてしまいます。このように、不動産をうまく運営できるかも考慮する必要があります。

不動産のほうが評価額が低い

相続税の申告では、相続財産の評価額を算出する必要があります。その際、現金や預貯金などはそのままの額で評価されますが、土地や建物などの不動産は時価よりも低く算出され、約60〜80%まで減額できることもあります。

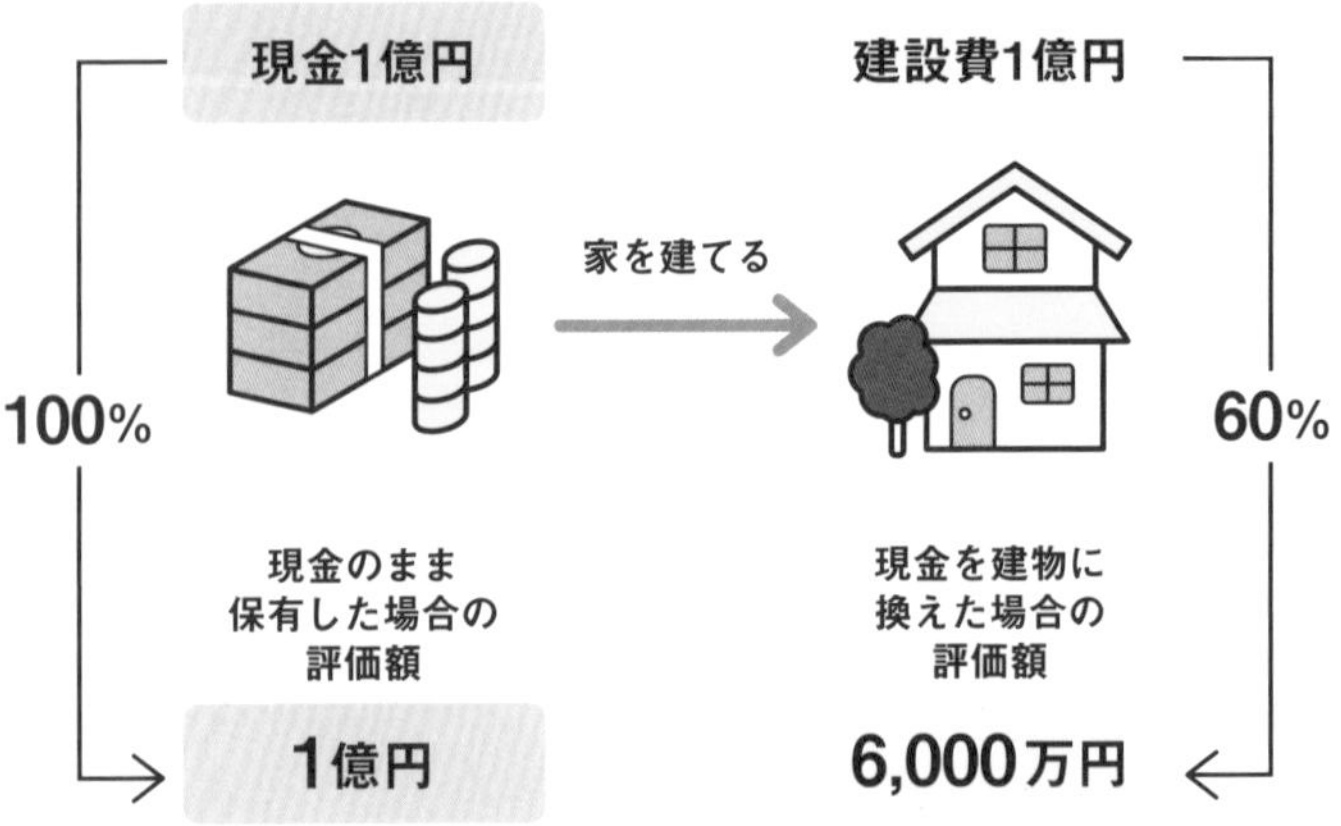

約4,000万円の評価額のダウン！

相続税もダウン！

賃貸不動産に換えると評価額は半分以下に

賃貸物件を建てると、現金で保有していた場合に比べて評価額を大きく低減でき、1億円で建てた賃貸物件は購入価格の30～50%程度の評価額となることもあります。

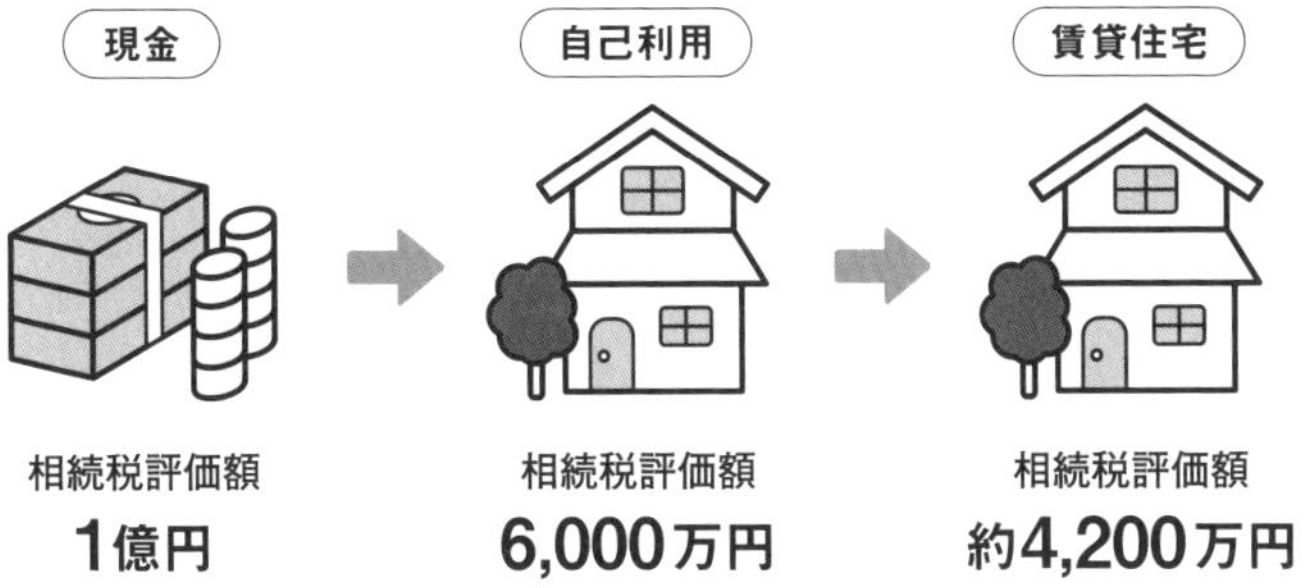

● 1億円で賃貸住宅を建築した場合の評価額

固定資産税評価額　借家権割合　賃貸割合

6,000万円×（1－30%×100%）＝4,200万円

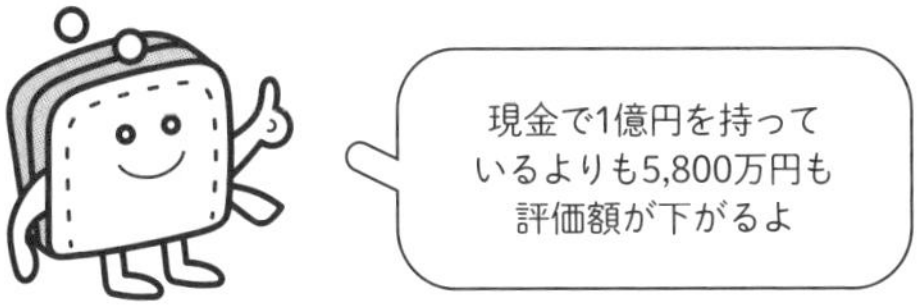

賃貸不動産化にはリスクもある

不動産の活用は相続税の節税として有効ですが、一方で、現金の保有に比べ以下のようなリスクもあることを理解しておきましょう。

- 賃貸経営に失敗する可能性がある
- 分割しにくいため、後々相続人同士でもめる可能性がある
- 不動産購入に使いすぎてしまい、相続時に必要な現金が不足する
- 病気や認知症などにより、被相続人自身が賃貸経営できなくなる
- 建物の老朽化などにより賃貸経営が困難になり、相続人の負担になる

16

節税のコツ③

養子縁組という手段もある

相続人が少ない場合養子縁組をするケースも

相続税の基礎控除として、3000万円＋「法定相続人1人当たり600万円」が認められています。つまり法定相続人が配偶者のみ、または子ども1人のみなど、**相続人が少ないと相続税を多く支払わなければならない**わけです。

こうした場合、養子縁組を行い、法定相続人を増やすケースがあります。法律上、**養子も実子と同じ扱いになるので、600万円の基礎控除額増が認められる**ためです。ただし相続税の基礎控除においては、法定相続人に含められる人数に制限が設けられており、実子がいない場合は養子2人まで、いる場合は1人までと決められています。

養子縁組のポイント

養子縁組とは、血縁のない人同士が法律上、親子関係を結ぶための制度のことです。「普通養子縁組」と「特別養子縁組」の2種類がありますが、一般的な意味で使われるのは前者です。

普通養子縁組

- 養親と養子の同意により成り立つ。縁組後も、養子の実親との親子関係は継続する。
- 養親は成年に達している必要があり、養子は養親より年下であるなどの要件がある。
- 主に家系の存続等を目的に結ぶ。
- 養親と養子の同意によって離縁も可能。

特別養子縁組

実親による養育が困難などの事情がある場合に行われる。養親の請求に対し、家庭裁判所の決定と実親の同意により成り立つ。縁組後、実親との親族関係は終了。

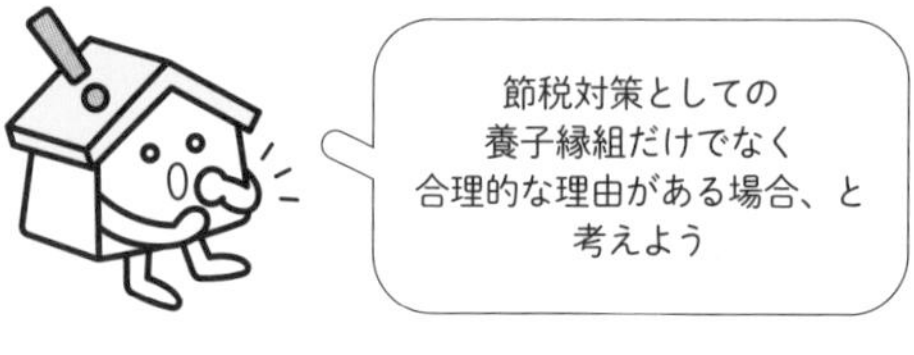
節税対策としての
養子縁組だけでなく
合理的な理由がある場合、と
考えよう

法定相続人の数に含める養子の数は上限がある

民法では養子の数はとくに定められていませんが、相続税法上では法定相続人に含まれる養子の数には上限が設けられており、さらに実子のある場合とない場合で異なります。

被相続人に実子がいる場合

法定相続人の数に含まれる養子：1人

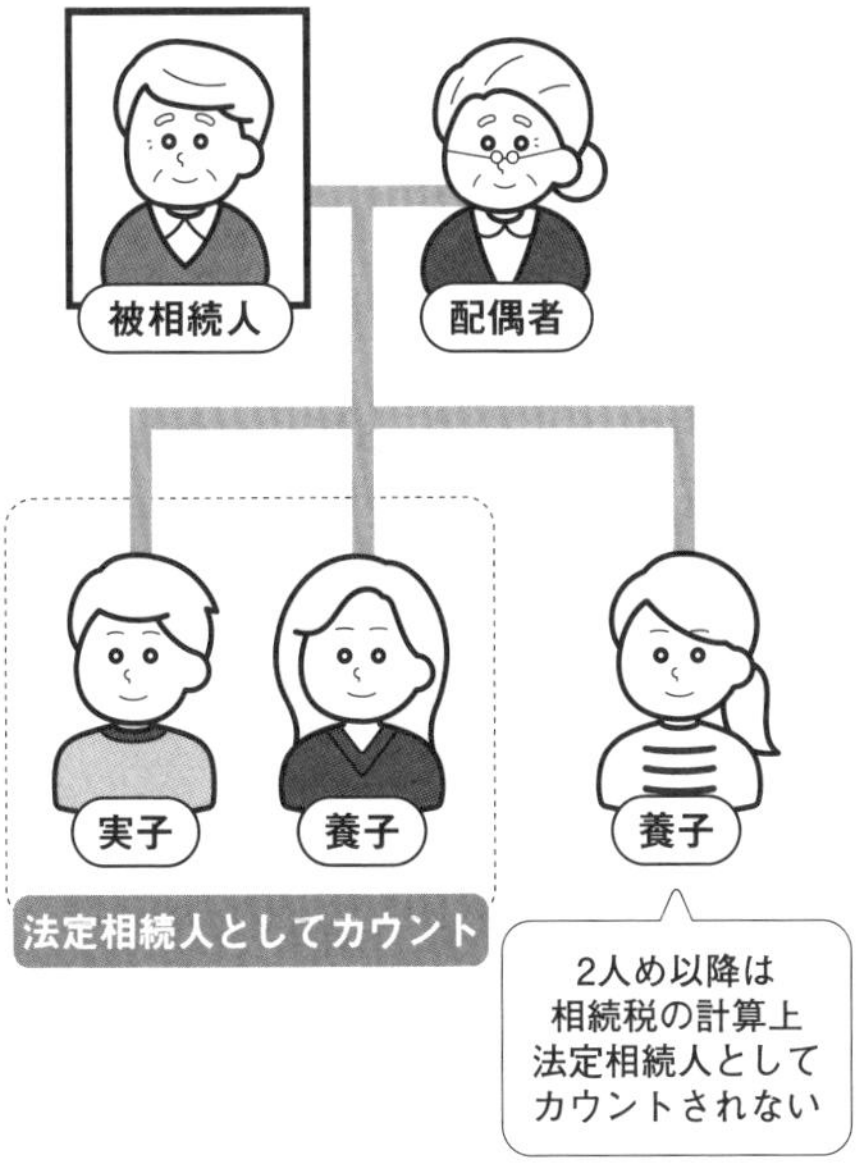

被相続人に実子がいない場合

法定相続人の数に含まれる養子：2人

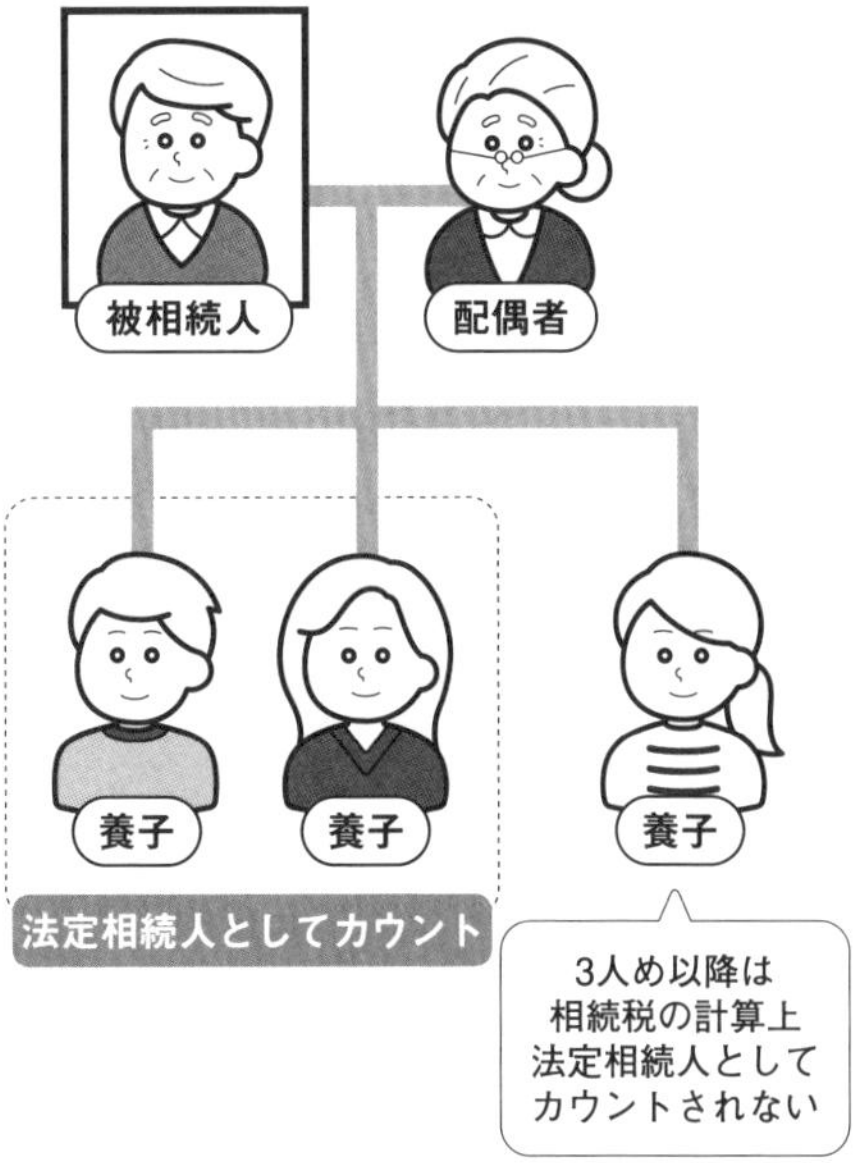

プラス
アルファ

実子と同じ扱いになるケースも

養子であっても、法定相続人における養子の数の制限に含まれないケースもあります。

1．被相続人が配偶者の連れ子を養子にしていた
2．実子または養子が亡くなっており、その孫である養子が代襲相続権を持つ

上の2つのケースが挙げられ、実子と同じ扱いを受け、人数にかかわらず法定相続人となることができます。

なお、代襲相続でない場合、孫が遺産を相続するには被相続人から子へ、さらに孫へと2回の相続が必要になりますが、相続を一度で済ませるために、孫を養子にするケース（→P.177）があります。この場合、孫養子が支払うべき相続税は2割加算となり、普通より多く相続税を払わなければならなくなるので注意が必要です。

17

認知症対策

将来の遺産相続に備える民事信託

財産管理は家族に任せ利益は本人が受け取る

生前の相続対策でぜひ考慮しておきたいのが、**認知症リスクへの備え**です。本人が認知症になってしまった場合、**家族が勝手に財産の管理や処分をすることはできません**。節税対策ができなくなるばかりか、亡くなった後、遺産分割で相続人同士がもめることにもなりかねません。

その対策となるのが、「民事信託」です。**財産の管理を他者に任せ、そこから生じる利益は自身が受け取る**もの。財産を任せる委託者と、任せられた受託者の間で信託契約を結びます。**受託者が営利を目的としていない**点が、銀行などが行う信託商品と異なります。代表的なのが、**家族で行うことができる家族信託**です。

信頼できる家族に管理を託す

財産管理を他者に任せる民事信託のうち、もっとも一般的なのが家族信託です。認知症になり財産管理ができなくなる事態に備え、家族に財産管理を託す方法です。

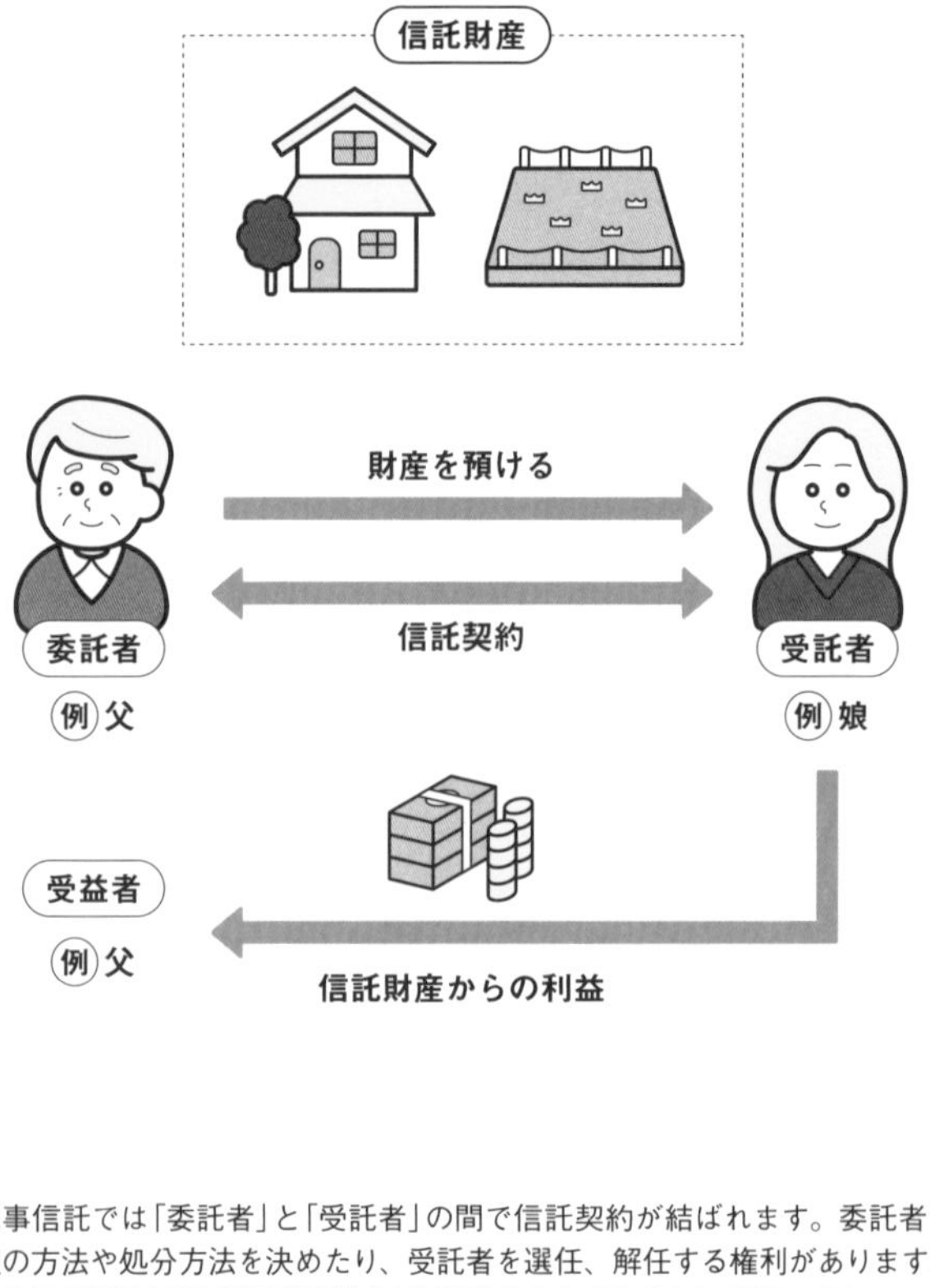

民事信託では「委託者」と「受託者」の間で信託契約が結ばれます。委託者は財産管理の方法や処分方法を決めたり、受託者を選任、解任する権利があります。財産から生じる利益を受け取る「受益者」は委託者本人であることが多いです。

将来の相続のために早めに検討を

家族信託の目的は認知症への備えだけではありません。将来、家族が困ることなく、相続をスムーズに進められる利点もあります。そのために家族同士でしっかり話し合い、内容を決めることが大切です。

● 認知症になるとできなくなること

- 預金の引き出しや解約
- 契約に関わること
- 相続税対策
- 不動産の売買
- 遺言書の作成や遺産分割の検討

民事信託にすれば
こうしたことが
できるようになるよ

● 民事信託の手続きの流れ

家族・親族間での相談 → 専門家への相談 → 専門家からの提案を家族・親族間で共有・必要に応じ再検討 → 信託契約書の作成 → 公証役場で信託契約書を公正証書として作成 → 必要に応じ信託財産に関連する手続き

● ほかの認知症対策とのちがい

認知症対策としてはほかに、成年後見制度を利用する方法もあります。任意後見は本人に代わって契約などの物事を行う権限がある一方で、家族信託の契約内容は財産管理のみに限られています。

	成年後見制度（任意後見）	家族信託
権限	契約で定められた範囲 身上保護（医療や介護などのサービスが受けられるようにすること）	委託者の希望に基づく 自由度の高い財産管理 身上保護は契約上、入らない
代理権限※	あり	なし
開始時期	本人の判断能力が低下してから	契約締結と同時に開始
家族だけでできるか	任意後見監督人が選任される場合も	家族だけでも可能
費用	任意後見監督人が選任されると、月額2〜3万円の報酬が亡くなるまで必要	専門家の報酬・公証人の依頼料、信託登記など、手続きに要する費用

※本人に代わり、契約の締結など法的な取り決めを行う権限

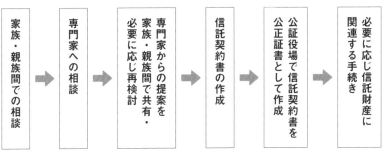

事例で学ぶ 相続のお悩みQ&A

Q 遺言で母が全財産を相続。二次相続で問題はない？

父の遺言で母に全財産を遺すとありました。私も妹もそれでよいと思っていましたが、先日、「二次相続は相続税が高くなる」と忠告してくれた人があり、心配になってきました。二次相続の負担はどれぐらいになるものなのでしょうか。また、遺言書がある場合は最優先されるそうですが、遺言の通りにしなくてもよいのでしょうか。

（42歳・女性・主婦）

A

親から子への相続は２回あります。まず両親の片方が亡くなった時の相続。次に、もう一方が亡くなった時の相続です。それぞれ一次相続、二次相続といいます（→P.70）。一次相続では配偶者への税制優遇がかなり大きく、１億6,000万円以下、または法定相続分以下ならば相続税はかかりません。また、父が住んでいた自宅敷地の評価額も大きく減額されます。しかし二次相続ではこうした措置が受けられず、基礎控除のみとなる可能性があります。まず、お母様が全額相続した場合、二次相続でどの程度の相続税を支払うことになるか、簡単にシミュレーションしてみましょう。仮にお母様が配偶者控除以内である１億5,000万円を相続したとして、二次相続でそのままの額をご姉妹が引き継いだ場合、1,840万円の相続税がかかる計算になります。遺産の総額にもよりますが、やはり二次相続を踏まえて、一次相続であなたと妹さんにも、少し財産を分割したほうがよいかと思われます。詳しいシミュレーションは相続を専門とする税理士に依頼することをおすすめします。さまざまな法制度を熟知しており、もっとも有利な分割方法をアドバイスしてくれるはずです。また相続税の計算や申告は個人でも行えるものですが、準備する書類の量も多く、手続きも煩雑です。専門家に任せればこうした負担が軽減でき、申告ミスが生じる可能性も低くなるので安心です。
遺言書通りにしなくてもよいかというご質問ですが、結論としては問題ありません。相続人全員の合意があるという前提で、遺言とはちがう方法での遺産分割も認められています。

Chapter

4

亡くなった直後の手続き

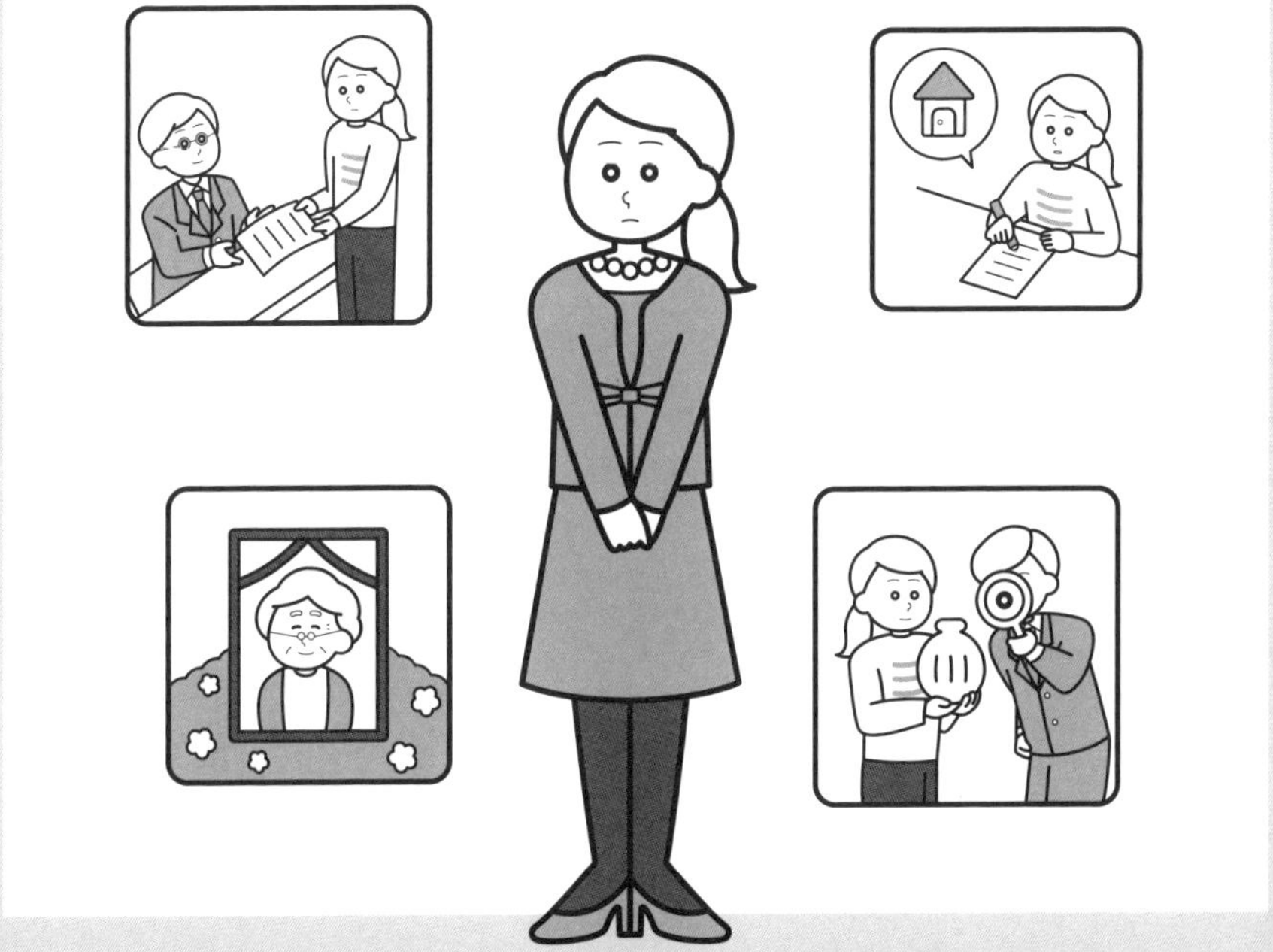

親族が亡くなった場合、葬儀以外にも各種届出の手続きや
相続財産の調査など、やることは多岐にわたります。
順番にやることを見ていきましょう。

01

死亡〜葬儀までの流れ

死亡届は1週間以内に提出する

死亡届は届出人が記入　死亡診断書は医師が記入

親族が亡くなった場合、まず、役所に死亡届を提出します。一般的には葬儀社が代行してくれますが、自分で提出することも可能です。1枚の用紙の**左側が死亡届、右側が死亡診断書になっており、死亡診断書の部分は死亡を確認した医師に記入してもらいます**（112ページ）。

提出先は故人の死亡地、本籍地、届出人の所在地の役所のいずれか、**死亡の事実を知った日から7日以内に提出**します。届出人になれるのは、故人の親族、同居者、家主、後見人、保佐人《ほさにん》などです。死亡届が受理されると引き換えに火葬・埋葬の際に必要となる埋火葬許可証の交付を受けます。

火葬・埋葬するには死亡届の提出が必要

死亡届を提出すると、「死体埋火葬許可証」が交付されます。自治体によっては、「死体埋火葬許可申請書」の提出後に交付される場合もあります。

死亡後の流れ

平均4〜5日

死亡
↓
納棺
↓
通夜
↓
葬儀・告別式

役所への提出物

- **死亡診断書**
  医師に記入してもらう
- **死亡届**
  死亡診断書とセット。届出人が記入する
- **死体埋火葬許可申請書**

↓ 発行

- **死体埋火葬許可証**
  自治体によっては交付手数料がかかる。交付後は火葬場へ提出。収骨後、火葬した日時が記入されたものが返却される

死亡届の提出は、死亡を確認した日から、7日以内に行う。遅れると5万円以下の罰金が課せられる可能性がある。

死亡届は10枚ほどコピーしておこう。一度、提出した死亡届は返却されないよ。後々、保険や金融機関、遺族年金などさまざまな手続きで必要になるよ

● 死体埋火葬許可申請書の記入例

届出人 故人の親族、同居者、家主、後見人、保佐人（→P.153）など

提出先 死亡地、故人の本籍地、届出人の住所地（所在地）のうちいずれかの市区町村役場

入手先 市区町村役場、または市区町村役場のホームページからダウンロード

照合	担任	係長	課長

㊡

死体埋火葬許可申請書

令和 ○○ 年 ○○ 月 ○○ 日

（宛先） 区長

届出人の情報

本籍 ○○県○○市○○町○丁目 ○ 番地（番地に○）

住所 ○○県○○市○○町○丁目 ○ 番号／番地（番地に○）

死亡者との続柄 子　申請人 豊島 太郎 ㊞

明・昭（昭に○）・令・大・平 ○○ 年 ○○ 月 ○○ 日生

死亡した人の情報

次のとおり申請します。

本籍	○○県○○市○○町○丁目 ○ 番／番地（番地に○）
住所	○○県○○市○○町○丁目 ○ 番号／番地（番地に○）
死亡者氏名	豊島 一郎　明・昭（昭に○）・令・大・平 ○○年 ○○月 ○○日生
性別	男（○）　女
死因	「一類感染症等」　「その他」（○）
死亡の年月日時	令和 ○○ 年 ○○ 月 ○○ 日 午前（前に○）・後 ○○ 時 ○○ 分
死亡の場所	○○県△△市△△町△丁目 番地
埋葬又は火葬の場所	○○葬儀社

100201307

医師に死因を確認して該当する方を○

死亡時刻まで正確に

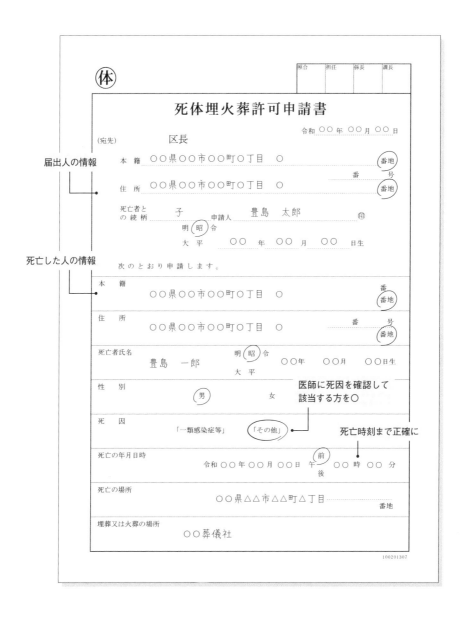

届出人　故人の親族、同居者、家主、後見人、保佐人など

提出先　死亡地、故人の本籍地、届出人の住所地（所在地）のうちいずれかの市区町村役場

入手先　病院、葬儀会社、市区町村役場、または市区町村役場のホームページからダウンロード

死亡診断書（死体検案書）――基本的に死亡を確認した医師が書いてくれる。発行手数料有料

この死亡診断書（死体検案書）は、我が国の死因統計作成の資料としても用いられます。楷書で、できるだけ詳しく書いてください。

氏名	豊島　一郎	①男 2女	生年月日	明治 ㊐昭和 大正 平成 令和 ○○年 ○月 ○日 （生まれてから30日以内に死亡したときは生まれた時刻も書いてください） 午前・午後 時 分	
死亡したとき	令和 ○年 ○月 ○日 （午前）・午後 4時 10分				

(12)(13) 死亡したところ及びその種別

- 死亡したところの種別：①病院 2診療所 3介護医療院・介護老人保健施設 4助産所 5老人ホーム 6自宅 7その他
- 死亡したところ：○○県△△市△△町△丁目　番地　番　号
- （死亡したところの種別1～5）施設の名称：○○○病院（　　）

(14) 死亡の原因

◆Ⅰ欄、Ⅱ欄ともに疾患の終末期の状態としての心不全、呼吸不全等は書かないでください

◆Ⅰ欄では、最も死亡に影響を与えた傷病名を医学的因果関係の順番で書いてください

◆Ⅰ欄の傷病名の記載は各欄一つにしてください

ただし、欄が不足する場合は(エ)欄に残りを医学的因果関係の順番で書いてください

			発病(発症)又は受傷から死亡までの期間
Ⅰ	(ア) 直接死因	脳出血	10時間
	(イ) (ア)の原因	動脈硬化症	4カ月
	(ウ) (イ)の原因		
	(エ) (ウ)の原因		
Ⅱ	直接には死因に関係しないがⅠ欄の傷病経過に影響を及ぼした傷病名等		

◆年、月、日等の単位で書いてください　ただし、1日未満の場合は、時、分等の単位で書いてください（例：1年3ヵ月、5時間20分）

- 手術：1無 2有（部位及び主要所見）　手術年月日：令和 平成 年 月 日
- 解剖：1無 2有（主要所見）

(15) 死因の種類

1病死及び自然死

外因死　不慮の外因死｜2交通事故 3転倒・転落 4溺水 5煙、火災及び火

6窒息 7中毒 8その他

その他及び不詳の外因死｛9自殺 10他殺 11その他及び不詳の外

12不詳の死

(16) 外因死の追加事項

◆伝聞又は推定情報の場合でも書いてください

- 傷害が発生したとき：令和・平成・昭和 年 月 日 午前・午後 時 分
- 傷害が　都道
- 傷害が発生したところの種別：1住居 2工場及び建築現
- 手段及び状況

(17) 生後1年未満で病死した場合の追加事項

- 出生時体重　グラム
- 単胎・多胎の
- 妊娠・分娩時における母体の病態又は異状：1無 2有［　］

(18) その他特に付言すべきことがら

(19) 上記のとおり診断（検案）する

（病院、診療所、介護医療院若しくは介護老人保健施設等の名称及び所在地又は医師の住所）　○○県　△△

（氏名）　医師

記入の注意

←生年月日が不詳の場合は、推定年齢をカッコを付して書いてください。

夜の12時は「午前0時」、昼の12時は「午後0時」と書いてください。

「5老人ホーム」は、養護老人ホーム、特別養護老人ホーム、軽費老人ホーム及び有料老人ホームをいいます。

死亡したところの種別で「3介護医療院・介護老人保健施設」を選択した場合は、施設の名称に続けて、介護医療院、介護老人保健施設の別をカッコ内に書いてください。

傷病名等は、日本語で書いてください。
Ⅰ欄では、各傷病について発病の型(例：急性)、病因（例：病原体名）、部位（例：胃噴門部がん)、性状（例：病理組織型）等もできるだけ書いてください。

妊娠中の死亡の場合は「妊娠満何週」、また、分娩中の死亡の場合は「妊娠満何週の分娩中」と書いてください。
産後42日未満の死亡の場合は「妊娠満何週産後満何日」と書いてください。

←Ⅰ欄及びⅡ欄に関係した手

る傷害」は、火災による一酸化炭素中毒、窒息等も含まれます。

死亡届と死亡診断書はセットの書式となっている。右側の死亡診断書は死亡を確認した医師に記入してもらい、左側の死亡届は届出人が記入する

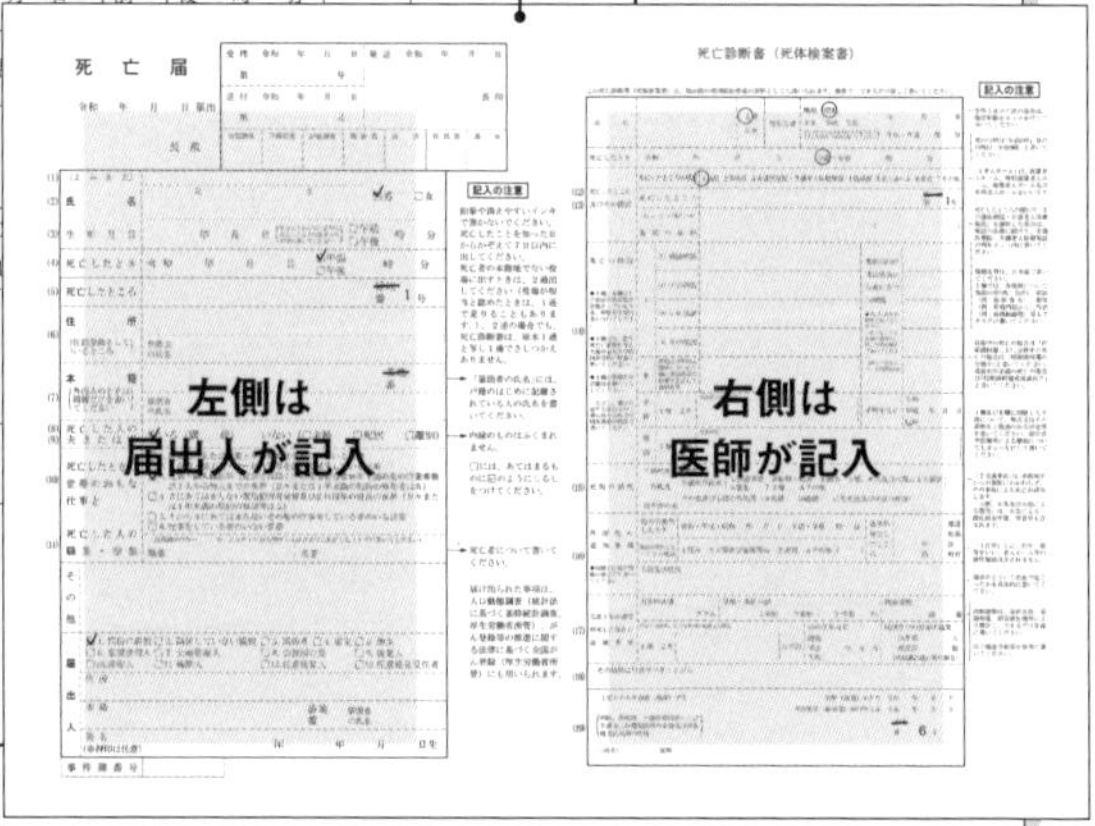

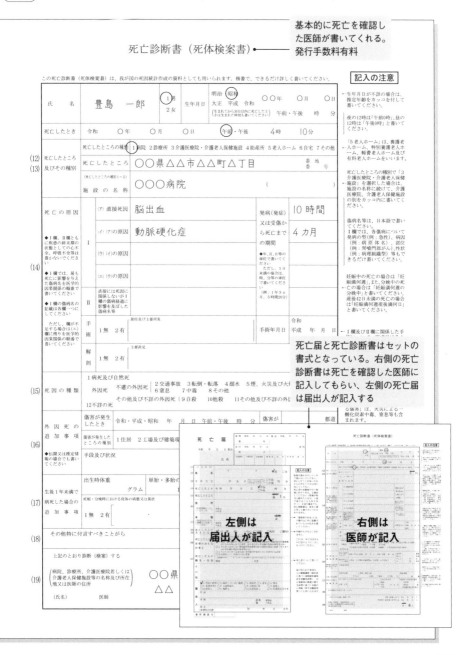

● 死亡届と死亡診断書の記入例

後見人などが届出を行う場合は
登記事項証明書などが必要

死　亡　届

令和　○年　○月　○日 届出

○○県○○市　長　殿

受理　令和　年　月　日			発送　令和　年　月　日			
第　号						
送付　令和　年　月　日						長印
第　号						
書類調査	戸籍記載	記載調査	調査票	附票	住民票	通知

(1)	(よみかた)	としま　いちろう
(2)	氏名	氏 豊島　名 一郎　☑男　□女
(3)	生年月日	○○年　○月　○日 (生まれてから30日以内に死亡したときは生まれた時刻も書いてください) □午前 □午後　時　分
(4)	死亡したとき	令和　○年　○月　○日　☑午前 □午後　4時　10分
(5)	死亡したところ	○○県△△市△△町△丁目　~~番地~~ 番　号
(6)	住所 (住民登録をしているところ)	○○県○○市○○町○丁目
		世帯主の氏名　豊島　一郎
(7)	本籍 (外国人のときは国籍だけを書いてください)	○○県○○市○○町○丁目　~~番地~~ 番
		筆頭者の氏名　豊島　一郎
(8)(9)	死亡した人の夫または妻	☑いる (満　70歳)　いない (□未婚　□死別　□離別)
(10)	死亡したときの世帯のおもな仕事と	□ 1. 農業だけまたは農業とその他の仕事を持っている世帯 □ 2. 自由業・商工業・サービス業等を個人で経営している世帯 ☑ 3. 企業・個人商店等（官公庁は除く）の常用勤労者世帯で勤め先の従業者数が１人から99人までの世帯（日々または１年未満の契約の雇用者は５） □ 4. ３にあてはまらない常用勤労者世帯及び会社団体の役員の世帯（日々または１年未満の契約の雇用者は５） □ 5. １から４にあてはまらないその他の仕事をしている者のいる世帯 □ 6. 仕事をしている者のいない世帯
(11)	死亡した人の職業・産業	(国勢調査の年…　年…の４月１日から翌年３月31日までに死亡したときだけ書いてください) 職業　産業
	その他	
	届出人	☑1. 同居の親族 □2. 同居していない親族 □3. 同居者 □4. 家主 □5. 地主 □6. 家屋管理人 □7. 土地管理人 □8. 公設所の長 □9. 後見人 □10. 保佐人 □11. 補助人 □12. 任意後見人 □13. 任意後見…
		住所　○○県○○市○○町○丁目
		本籍　○○県○○市○○町○丁目　番地 番　筆頭者の氏名　豊島　太郎
		署名 (※押印は任意)　豊島　太郎　印　○○年　○○月　○○日生

事件簿番号	

死亡診断書と同じ
日時を記入

配偶者に内縁の夫
や妻は含まない

国勢調査のある年だけ
該当項目にチェック

届出人氏名は必ず本人が自署する。認印でよいがインク浸透印は不可。届出人になれるのは親族のほかに同居者、家主、後見人、保佐人など

記入の注意

鉛筆や消えやすいインキで書かないでください。
死亡したことを知った日

してください（役場が相当と認めたときは、１通で足りることもあります。）。２通の場合でも、死亡診断書は、原本１通と写し１通でさしつかえありません。

「筆頭者の氏名」には、戸籍のはじめに記載されている人の氏名を書

□には、あてはまるものに☑のようにしるしをつけてください。

死亡者について書いてください。

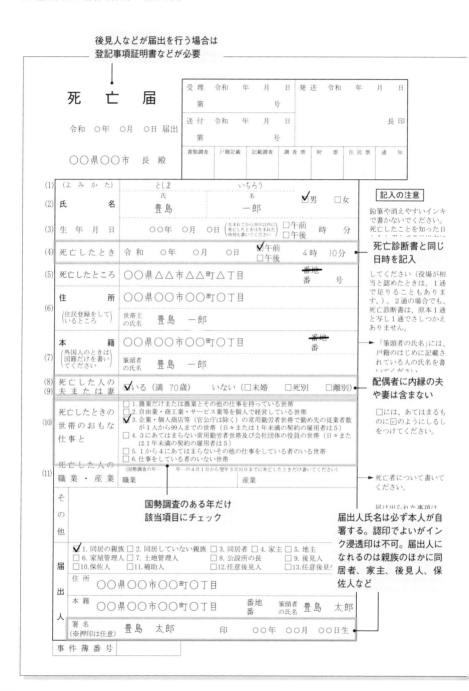

02

公的手続き

提出期限があるものを優先して進める

年金受給を止める手続きは期限内に行う

親族の死後に遺族などが行う公的手続きはさまざまありますが、まず期限が迫っているものから取り掛かりましょう。故人が年金受給者だった場合は、**厚生年金は死亡から10日以内、国民年金は14日以内に「受給権者死亡届（報告書）」**を年金事務所または街角の年金相談センターに提出し、支給を止めます。提出が遅れたり忘れたりして、受給すべき以上の年金額が死後に振り込まれてしまった場合は、遺族は過払い分を返還しなければなりません。

なお、受給権者が日本年金機構に**マイナンバーを収録**していた場合は、**原則として受給権者死亡届（報告書）の提出を省略**できます。

死後に必要な手続きはさまざま

それぞれの手続きの期限を把握して、期限が迫っているものから順に手続きをします。

なるべく早く

各種解約・名義変更、遺言書の確認、
財産目録の作成 ➡80ページ
相続人の調査
公共料金や預貯金・株式等の名義変更、携帯電話や月額サービスの解約などは、できるだけ早めに手続きをする。

10日以内

年金受給停止
故人が年金受給者だった場合は、年金事務所や年金相談センターに「受給権者死亡届（報告書）」を提出する。厚生年金の場合は死亡から10日以内、国民年金は14日以内。

14日以内

国民健康保険証、介護保険被保険者証の返却 ➡116ページ
世帯主変更届の提出（故人が世帯主だった場合） ➡116ページ

3カ月以内

相続するかしないかの判断 ➡44ページ
遺産分割協議 ➡154ページ
遺産の名義変更 ➡162ページ

4カ月以内

準確定申告
故人に一定以上の所得があった場合や、医療費などの控除を受ける場合には相続人が代わりに申告をする。

10カ月以内

相続税の申告 ➡168ページ～

10日以内にすること

● 受給権者死亡届（報告書）の記入例

受給権者とは、年金保険料を一定期間払い続け受給資格が認められた人のことです。遺族などが受給権者死亡届（報告書）を提出することにより、支給が停止されます。故人がまだ受け取っていない年金などは遺族が受け取れます。該当する場合は未支給年金請求の届出もしましょう。

届出人 **同居の親族、その他の同居者、家主、地主または家屋もしくは土地の管理者**
（未支給年金請求の届出もする場合）配偶者・子・父母・孫・祖父母・兄弟姉妹、その他３親等内の親族

提出先 **年金事務所または街角の年金相談センター**

入手先 **年金事務所、または日本年金機構のホームページからダウンロード**

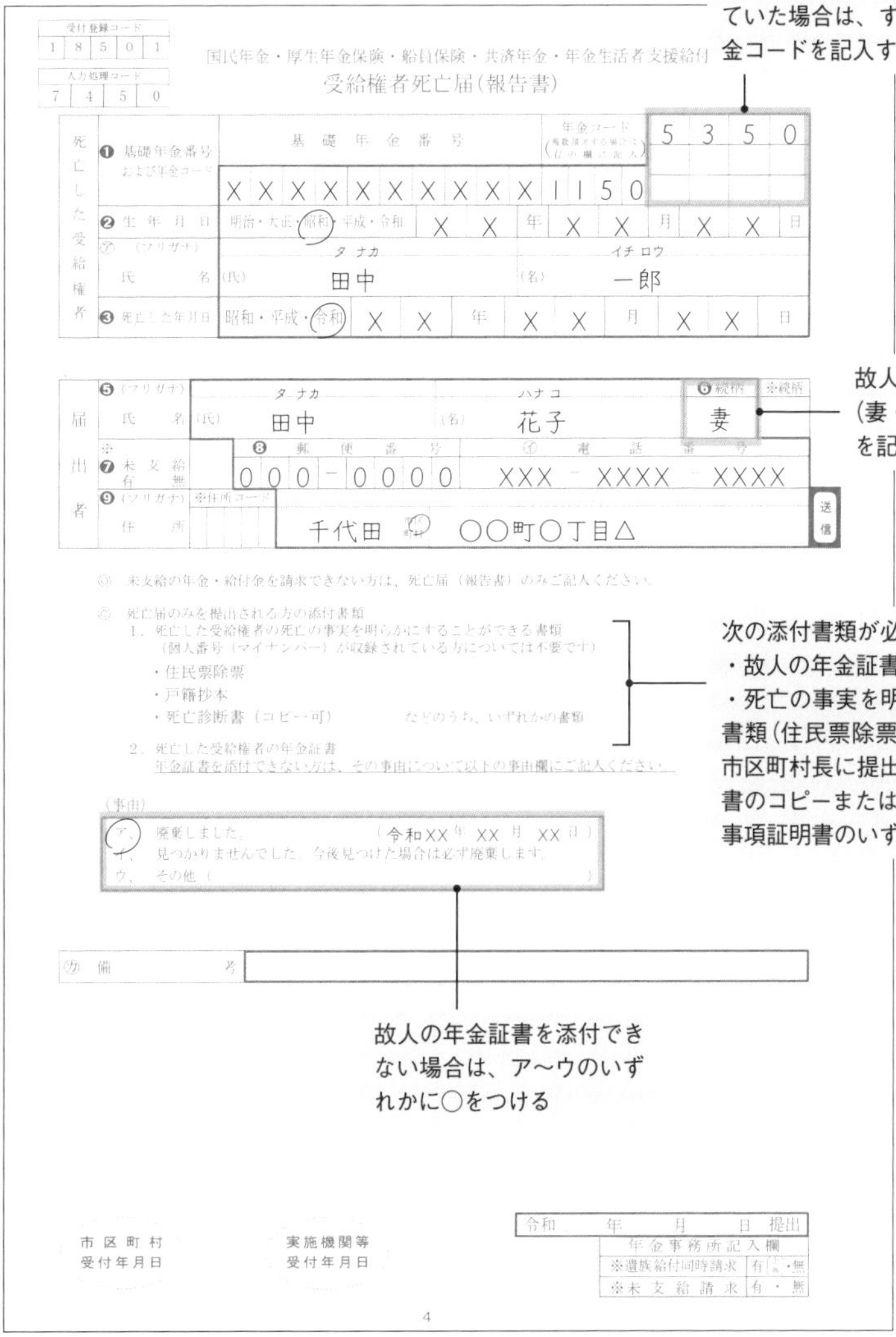
受付登録コード 1 8 5 0 1
入力処理コード 7 4 5 0
国民年金・厚生年金保険・船員保険・共済年金・年金生活者支援給付
受給権者死亡届（報告書）

死亡した受給権者		
❶ 基礎年金番号および年金コード	基礎年金番号 XXXXXXXXXX1150	年金コード（複数請求する場合は右の欄に記入） 5350
❷ 生年月日	明治・大正・(昭和)・平成・令和 XX年XX月XX日	
㋐（フリガナ） 氏名	（氏）田中《タナカ》	（名）一郎《イチロウ》
❸ 死亡した年月日	昭和・平成・(令和) XX年XX月XX日	

届出者			
❺（フリガナ） 氏名	（氏）田中《タナカ》	（名）花子《ハナコ》	❻続柄 妻 ※続柄
※ ❼ 未支給有無	❽ 郵便番号 000-0000	㋑ 電話番号 XXX-XXXX-XXXX	
❾（フリガナ） 住所	※住所コード	千代田 (市区)町村 ○○町○丁目△	送信

◎ 未支給の年金・給付金を請求できない方は、死亡届（報告書）のみご記入ください。

◎ 死亡届のみを提出される方の添付書類
1. 死亡した受給権者の死亡の事実を明らかにすることができる書類
（個人番号（マイナンバー）が収録されている方については不要です）
・住民票除票
・戸籍抄本
・死亡診断書（コピー可）　などのうち、いずれかの書類
2. 死亡した受給権者の年金証書
年金証書を添付できない方は、その事由について以下の事由欄にご記入ください。

（事由）
(ア)、廃棄しました。（令和XX年 XX月 XX日）
イ、見つかりませんでした。今後見つけた場合は必ず廃棄します。
ウ、その他（　）

㋕ 備考

市区町村 受付年月日　実施機関等 受付年月日

令和　年　月　日 提出

年金事務所記入欄	
※遺族給付同時請求	有・無
※未支給請求	有・無

4

故人が複数の年金を受給していた場合は、すべての年金コードを記入する

故人からみた続柄（妻・子・孫など）を記入する

次の添付書類が必要となる。
・故人の年金証書
・死亡の事実を明らかにできる書類（住民票除票・戸籍謄本・市区町村長に提出した死亡診断書のコピーまたは死亡届の記載事項証明書のいずれか）

故人の年金証書を添付できない場合は、ア～ウのいずれかに○をつける

各種資格証は返還を葬祭費の請求も同時に行う

国民皆保険制度のある日本では、全国民がいずれかの公的医療保険に加入していますが、死亡とともにその資格を喪失します。故人の保険証の返還手続きは、加入する保険の種類によって異なります。**会社員や公務員などの場合は勤務先に、その他の場合は死亡から14日以内に故人の住民票のある市区町村役場に届け出ます**。介護保険受給者だった場合は、介護保険証の資格喪失届も提出します。なお、故人に扶養されていた家族は、新たに健康保険加入手続きが必要となります。死亡時に**公的医療保険から支給される葬祭費、埋葬料などもあるので、その申請も同時にしましょう**。

故人が世帯主だった場合は、新たに家の生計を維持する人に**世帯主を変更**します。その際、水道・電気・ガスなどの契約者や引落口座の名義変更も忘れずにしましょう。

加入先によって手続きの方法や給付の内容にちがいがある

公的な医療保険制度は、会社員や公務員などが加入する「被用者保険」、自営業者などが加入する「国民健康保険」、75歳以上の人が加入する「後期高齢者医療制度」の3種類に分けられます。葬祭費・埋葬料など遺族をサポートするための給付金制度があるので、保険の種類に応じて申請しましょう。

● 公的医療保険の種類と死亡時の給付内容

公的医療保険の種類			被保険者	被保険者の死亡時に支給されるもの
被用者保険	健康保険	健康保険組合	大企業の従業員など	(埋葬料) 5万円程度
		協会けんぽ	中小企業の従業員など	(埋葬料) 5万円
	共済組合		公務員、教職員など	＊地方職員共済組合の場合 (埋葬料) 5万円
国民健康保険			自営業者、無職など	(葬祭費) 3~7万円程度 ＊市区町村によって異なる
後期高齢者医療制度			75歳以上	(葬祭費) 3~7万円程度

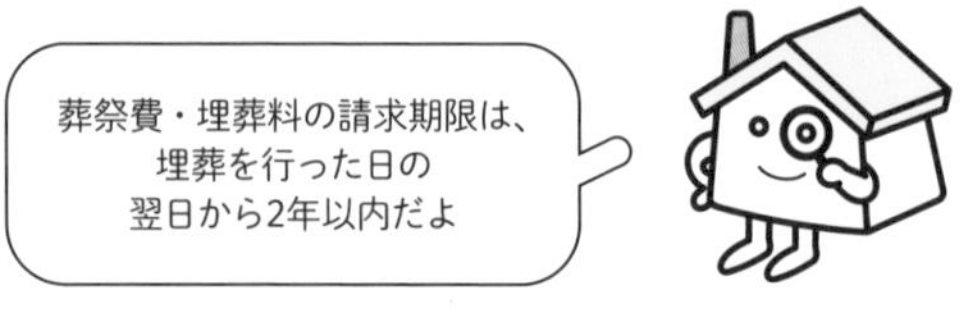
葬祭費・埋葬料の請求期限は、
埋葬を行った日の
翌日から2年以内だよ

14日以内にすること

● 世帯主変更届の記入例

死亡した者が世帯主だった場合は、死亡から14日以内に「世帯主変更届」（住民異動届）を提出します。各市区町村によって書式はちがいます。

届出人 新たに世帯主になる本人または同一世帯の者、代理人（※委任状が必要）

提出先 居住地の市区町村役場

入手先 市区町村役場、または市区町村役場のホームページからダウンロード

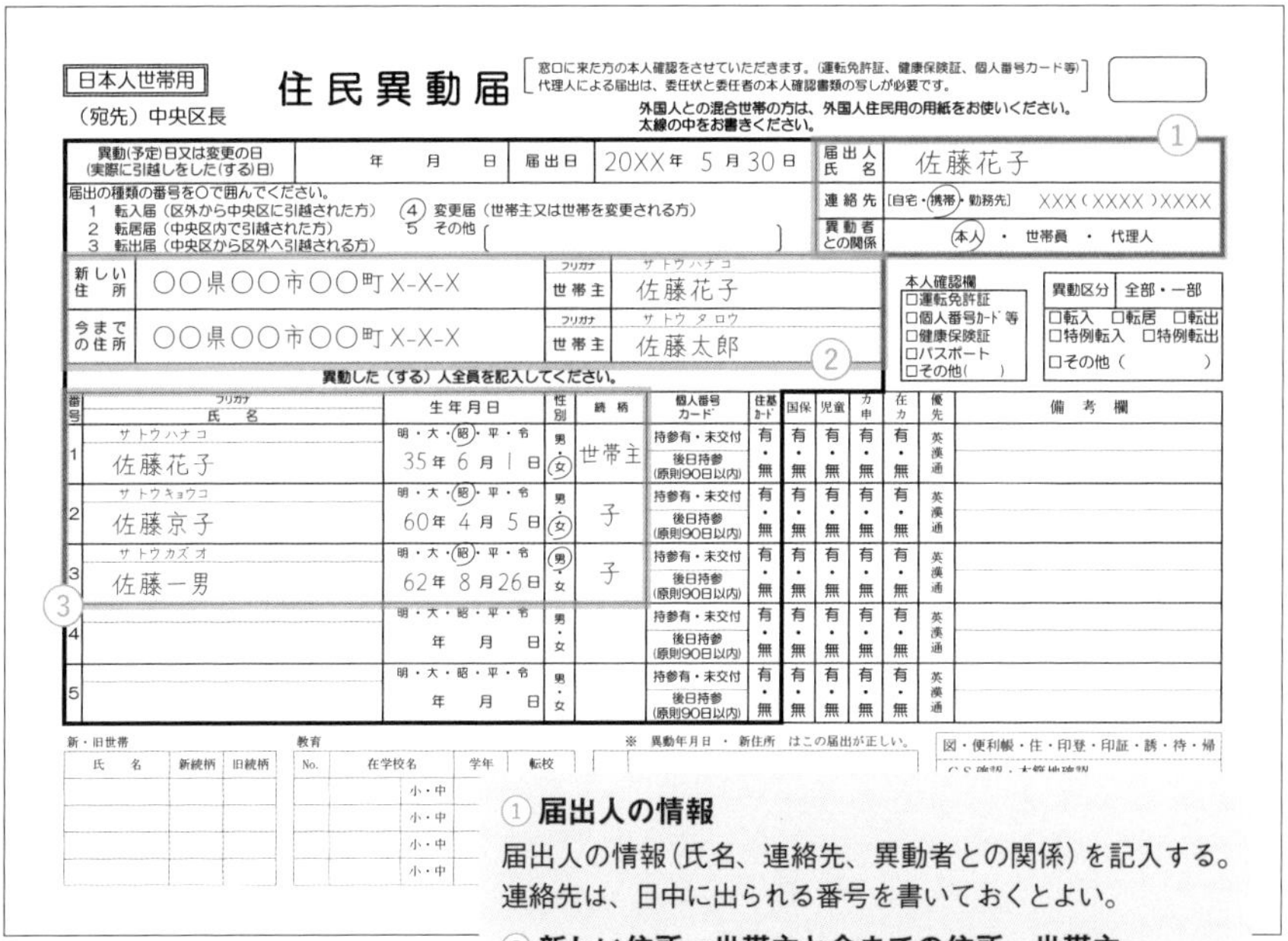

日本人世帯用

住民異動届

（宛先）中央区長

［窓口に来た方の本人確認をさせていただきます。（運転免許証、健康保険証、個人番号カード等）
代理人による届出は、委任状と委任者の本人確認書類の写しが必要です。］

外国人との混合世帯の方は、外国人住民用の用紙をお使いください。
太線の中をお書きください。

異動(予定)日又は変更の日（実際に引越しをした(する)日）	年　月　日	届出日	20XX年 5月30日	届出人氏名	佐藤花子
				連絡先	［自宅・(携帯)・勤務先］ XXX（XXXX）XXXX
				異動者との関係	(本人)・世帯員・代理人

届出の種類の番号を○で囲んでください。
1 転入届（区外から中央区に引越された方）
2 転居届（中央区内で引越された方）
3 転出届（中央区から区外へ引越される方）
(4) 変更届（世帯主又は世帯を変更される方）
5 その他（　）

	住所		フリガナ／氏名
新しい住所	○○県○○市○○町X-X-X	世帯主	サトウハナコ／佐藤花子
今までの住所	○○県○○市○○町X-X-X	世帯主	サトウタロウ／佐藤太郎

本人確認欄
□運転免許証
□個人番号カード等
□健康保険証
□パスポート
□その他（　）

異動区分 全部・一部
□転入 □転居 □転出
□特例転入 □特例転出
□その他（　）

異動した（する）人全員を記入してください。

番号	フリガナ／氏名	生年月日	性別	続柄	個人番号カード	住基カード	国保	児童	カ申	在カ	優先	備考欄
1	サトウハナコ／佐藤花子	明・大・(昭)・平・令 35年6月1日	男・(女)	世帯主	持参有・未交付／後日持参（原則90日以内）	有・無	有・無	有・無	有・無	有・無	英漢通	
2	サトウキョウコ／佐藤京子	明・大・(昭)・平・令 60年4月5日	男・(女)	子	持参有・未交付／後日持参（原則90日以内）	有・無	有・無	有・無	有・無	有・無	英漢通	
3	サトウカズオ／佐藤一男	明・大・(昭)・平・令 62年8月26日	(男)・女	子	持参有・未交付／後日持参（原則90日以内）	有・無	有・無	有・無	有・無	有・無	英漢通	
4		明・大・昭・平・令 年 月 日	男・女		持参有・未交付／後日持参（原則90日以内）	有・無	有・無	有・無	有・無	有・無	英漢通	
5		明・大・昭・平・令 年 月 日	男・女		持参有・未交付／後日持参（原則90日以内）	有・無	有・無	有・無	有・無	有・無	英漢通	

新・旧世帯

氏名	新続柄	旧続柄

教育

No.	在学校名		学年	転校
		小・中		
		小・中		
		小・中		
		小・中		

※ 異動年月日 ・ 新住所 はこの届出が正しい。

図・便利帳・住・印登・印証・誘・待・帰

① 届出人の情報

届出人の情報（氏名、連絡先、異動者との関係）を記入する。連絡先は、日中に出られる番号を書いておくとよい。

② 新しい住所・世帯主と今までの住所・世帯主

新しい世帯主の住所・氏名と死亡した世帯主の住所・氏名を記入する。住所に変更がない場合は、同じ住所を記入する。

③ 世帯員

新しい世帯主を含めて、世帯を構成する人全員の必要事項を記入する。マイナンバーカードなどの持参の有無について記載を求められることもある。

プラス
アルファ

家族でも委任状が必要なことも

高齢の親の代わりに子どもが世帯主変更の手続きを進める場合でも、住所が異なれば別世帯となるため手続きには委任状が必要になるので気をつけましょう。ほかにも夫婦2人のみの世帯でどちらかが亡くなった場合や、子どもが15歳未満で保護者の一方が亡くなって1人という場合のように新たに世帯主になる人が明らかなときは届出の必要がありません。いざというときに慌てないように事前に確認をすることが大切です。

03

遺族年金の手続き

遺族年金はいつ・誰が・いくらもらえる？

遺された家族を守るための遺族年金

一家の大黒柱だった人が亡くなると、遺された家族は生活を維持することが難しくなります。そのような状況に置かれた家族を支援する制度が遺族年金です。

遺族年金には遺族基礎年金と遺族厚生年金の2種類があります。どちらの支給が受けられるかは亡くなった人が加入していた年金の種類によります。**自営業など国民年金加入者は遺族基礎年金、会社員・公務員など厚生年金加入者は遺族基礎年金と遺族厚生年金の両方**がもらえます。どちらも**支給には一定の要件を満たしている必要**があります。概要を下表にまとめていますので、確認しましょう。

遺族年金支給要件を確認する

遺族年金の支給要件は大まかに国民年金加入者と厚生年金加入者でちがいがあります。

	自営業（国民年金）	会社員・公務員（厚生年金）
支給される年金の種類	遺族基礎年金	遺族基礎年金 遺族厚生年金
年金を受け取れる人＝亡くなった人により生計を維持されていた者	①18歳未満の子どものいる配偶者（年収850万円未満） ②子ども*1	①妻、②子ども*1、③夫*2、④父母*2、⑤孫*1、⑥祖父母*2 ※①〜⑥のうち、優先順位が高い人（年収850万円未満）が受け取れる
注意点	・子どものいない配偶者には支給されない ・子どもが18歳の年度末を迎えると子の加算分が終了、最後の1人が18歳の年度末を過ぎるとすべての支給が終わる	・遺族基礎年金は子どものいない配偶者には支給されない ・遺族厚生年金は子どもの有無にかかわらず、一生涯もらえる（子のない30歳未満の妻は５年間のみ）
年間支給額（2023年４月現在）	67歳以下➡基礎部分79万5,000円＋子の加算分 68歳以上➡基礎部分79万2,600円＋子の加算分	死亡した人が受け取るはずだった老齢厚生年金の４分の３
支給例（2023年４月現在） ※夫が死亡。46歳の母親と18歳未満の子ども3人の場合	基礎年金79万5,000円＋子の加算額22万8,700円×2人＋3人目以降の子の加算額7万6,200円＝132万8,600円	132万8,600円（遺族基礎年金）に加えて下記が支給される 【夫・平均標準報酬月額40万円、1998年4月入社、勤続25年の場合】*3 （40万円×7.125/1,000×60＋40万円×5.481/1,000×240）×3/4=（171,000+526,176）×3/4=52万2,882円

＊1　18歳まで。2級以上の障害がある場合は20歳まで
＊2　死亡当時に55歳以上
＊3　計算式：（平均標準報酬月額×7.125／1,000×平成15（2003）年3月までの被保険者期間の月数＋平均標準報酬月額×5.481／1,000×平成15（2003）年4月以後の被保険者期間の月数）×3／4

加入していた年金の種類や子どもの有無で変わる

遺族年金は、故人が加入していた年金の種類や子どもの有無によって変わります。

子ども（18歳未満）がいる場合

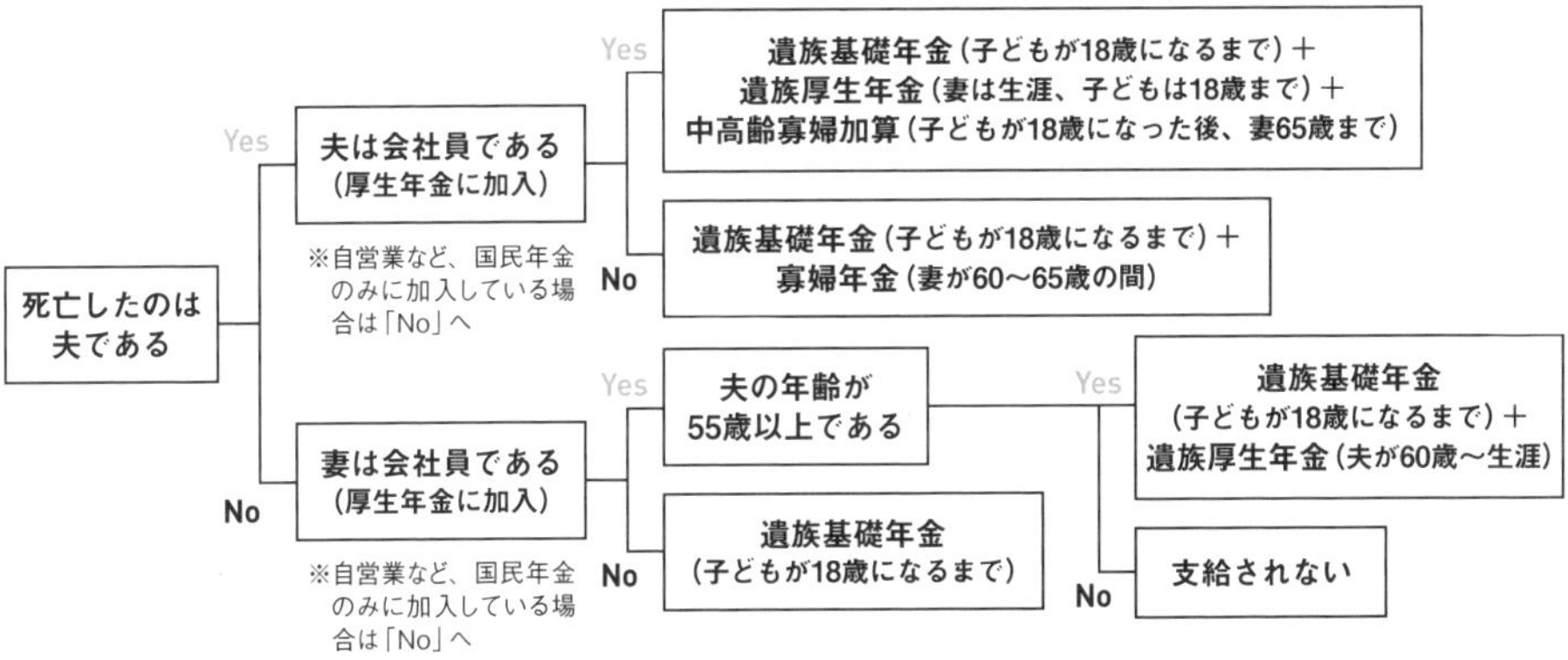

子どもがいない場合

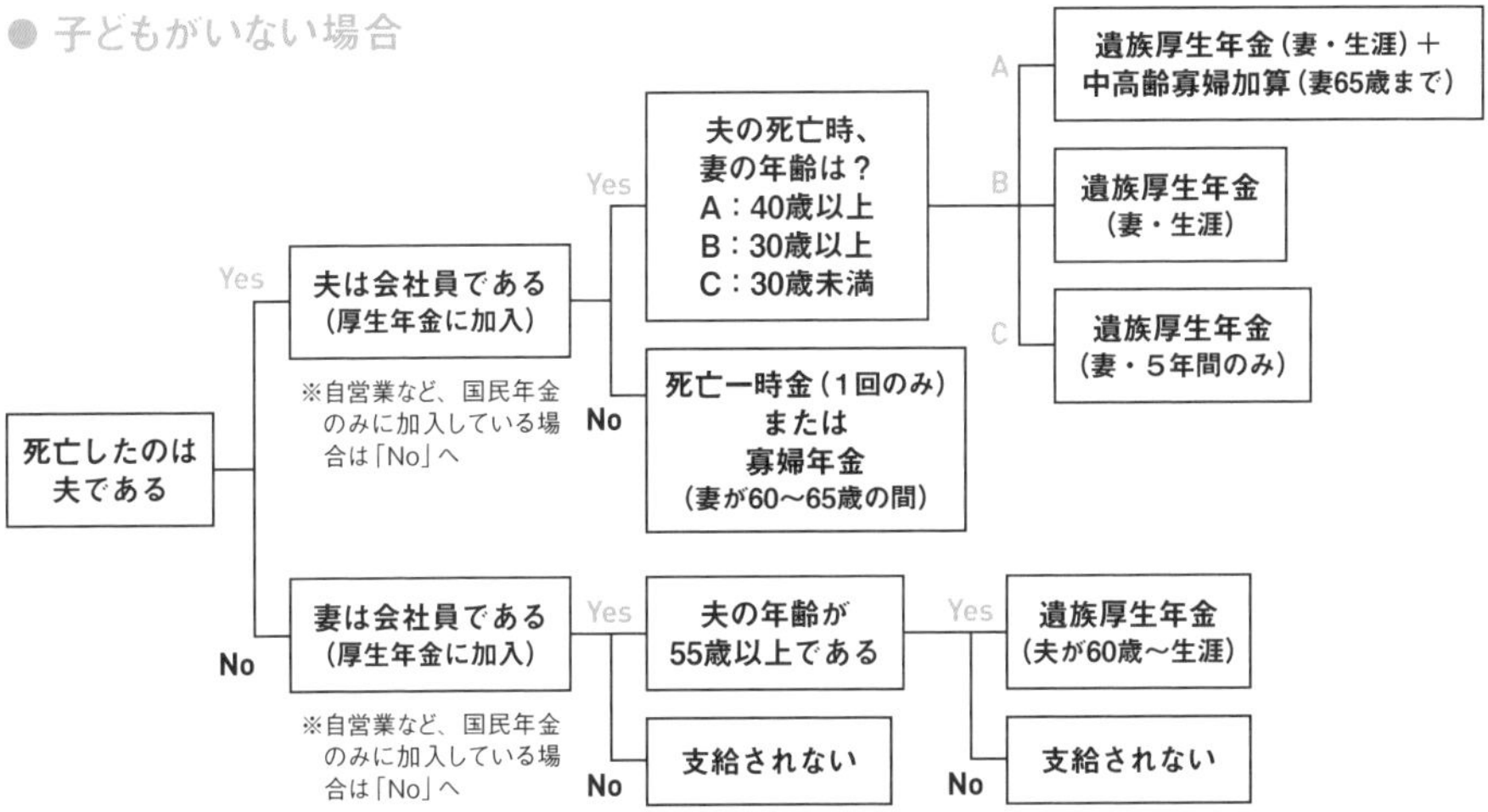

中高齢寡婦加算	遺族厚生年金に加算される金額で、夫の死亡時に年齢が40～64歳で、子どものいない妻に支給される。子どもがいても遺族厚生年金を受け取っていた場合は、子どもが18歳になって遺族基礎年金を受け取れなくなったときには遺族厚生年金に加算される。
寡婦年金	死亡した人が受け取るはずだった老齢基礎年金の一部をその妻に支給する制度。夫が国民年金の第1号被保険者で保険料納付期間が10年以上などの要件を満たすと支給される。
死亡一時金	自営業者（第1号被保険者）であった人が老齢基礎年金や障害基礎年金をもらうことなく亡くなった場合、一定の要件を満たすと支給される。

遺族年金は一生涯にわたっていくら支給される？

遺族年金の受給額は家計を支えていた故人が加入していた年金の種類や年数、子どもの有無によって変わります。国民年金加入者の自営業の夫のケースと、厚生年金加入者の会社員の夫のケースを見てみましょう。

● 自営業の夫が亡くなった場合

ケース1 国民年金に加入していた自営業の夫が50歳で亡くなった。遺された家族は48歳妻と障害のない3人の子ども（長男15歳、次男13歳、長女9歳）。このケースでは、遺族基礎年金＋子の加算分が支給され、子どもが18歳になった年の3月末で順に対象から外れる。最後の子どもが18歳になった3月末で支給が終了する。

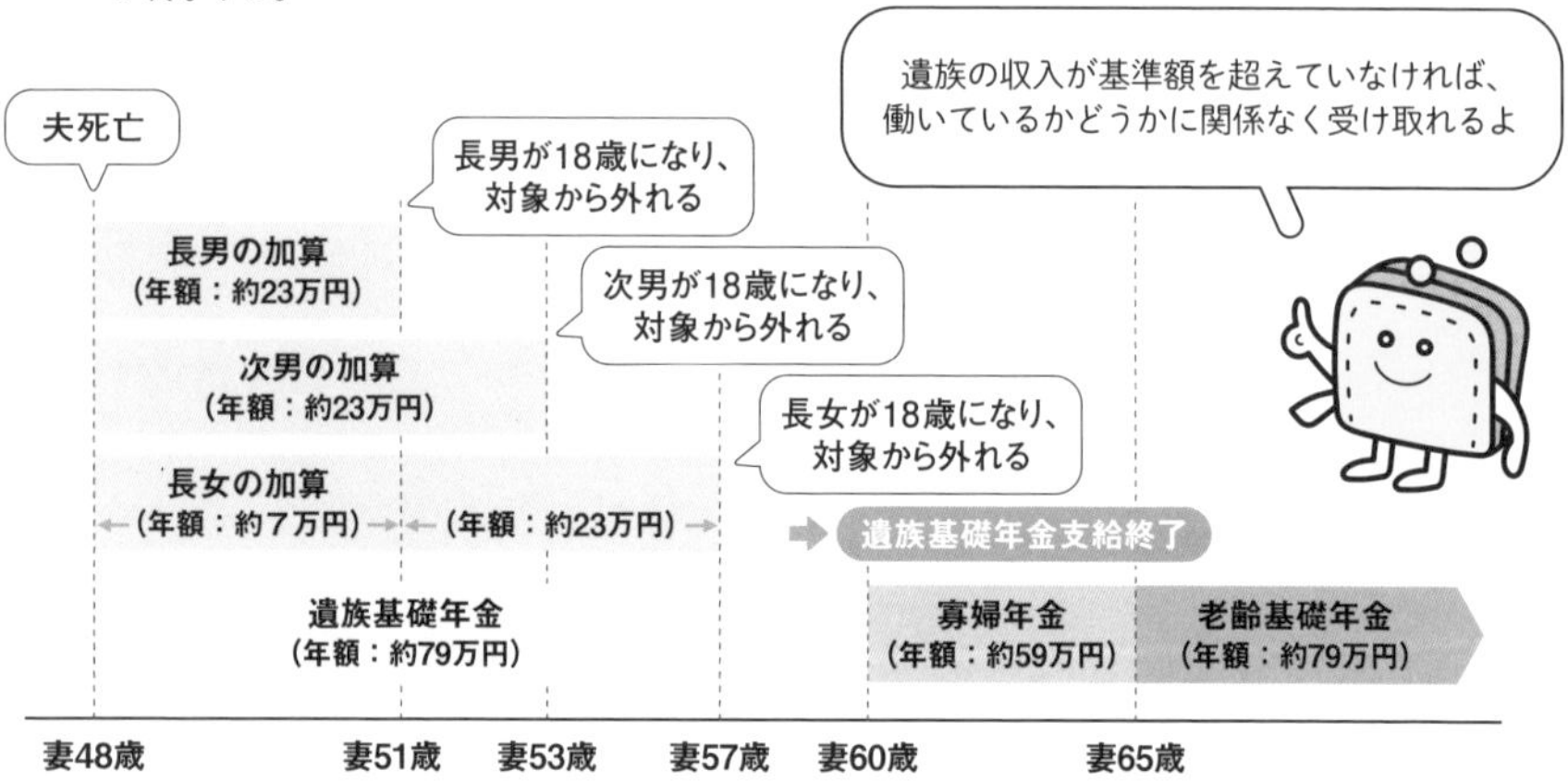

● 会社員の夫が亡くなった場合

ケース2 会社員の夫が48歳で亡くなった。厚生年金の加入期間は1998年4月～2023年3月の25年間（300カ月）。平均標準報酬月額は40万円。遺された家族は48歳妻と障害のない3人の子ども（長男15歳、次男13歳、長女9歳）。このケースでは遺族基礎年金＋子の加算分に加えて、遺族厚生年金が支給される。計算方法は118ページ参照。

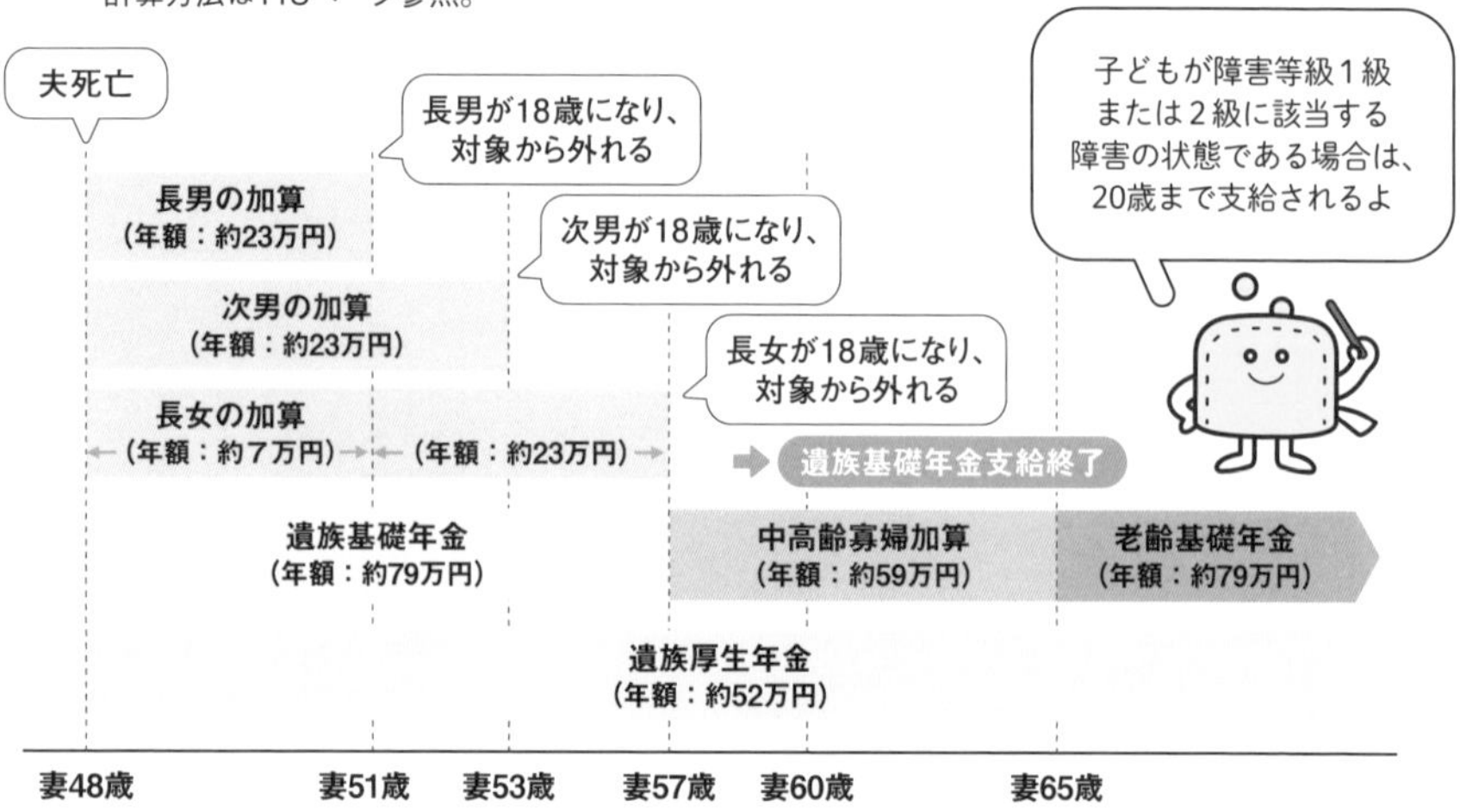

自分の年金と遺族年金は両方もらえる？

遺族年金を受給している人が、自分自身が年金に加入して保険料を支払っている場合、年金受給年齢に達したときに遺族年金と併せて老齢年金の一部または全部を受給できます。金額は以下の3つのパターンにあてはめて計算し、もっとも高いものが採用されます。

①
老齢基礎年金
＋
老齢厚生年金

②
老齢基礎年金
＋
遺族厚生年金

③
老齢基礎年金
＋
老齢厚生年金の1/2（※配偶者のみ）
＋
遺族厚生年金の2/3

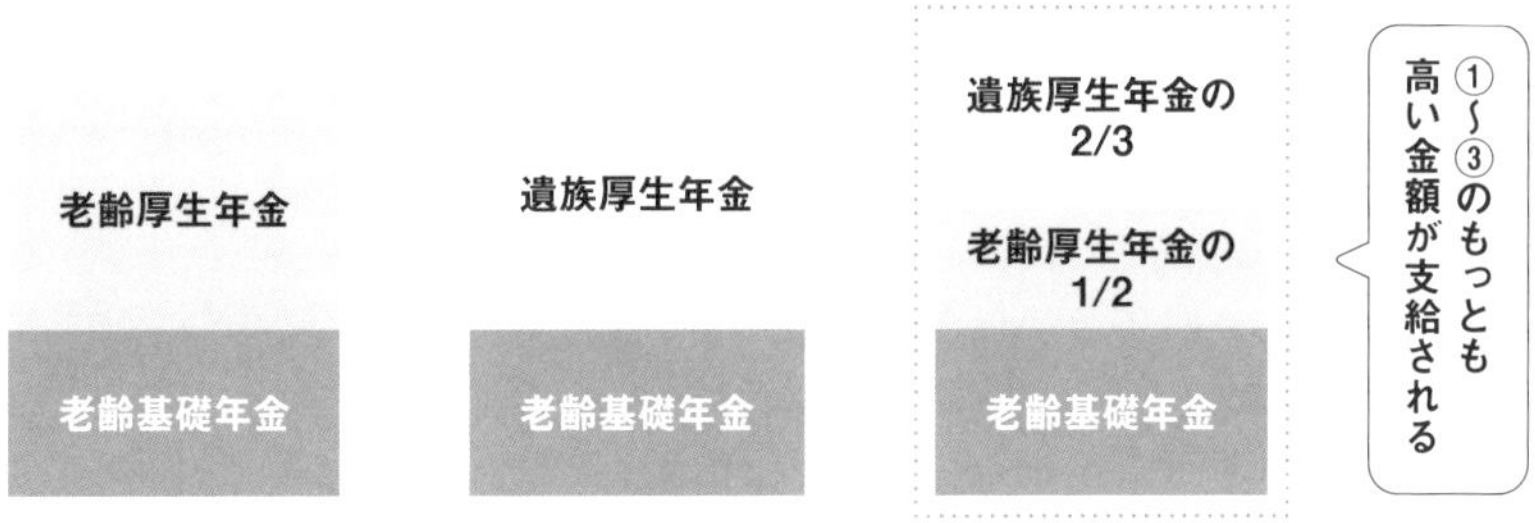

年金をもらう人が窓口で手続きする

遺族年金を受給するためには、受給者本人が手続きをする必要があります。窓口が複数に分かれる場合もありますので、事前に流れを確認しておきましょう。

● 遺族年金受給手続きの流れ

① 必要書類を確認し、取得する

↓

② 年金事務所・年金相談センター窓口で年金請求書を取得し、記載する

↓ ※遺族基礎年金のみを受給する場合は、故人の住所地の市区町村役場でも取得できる
※日本年金機構のホームページからもダウンロードできる

③ 年金請求書と必要書類を合わせて窓口に提出する

↓ ※遺族基礎年金のみを受給する場合と遺族厚生年金では窓口が異なる

④ 年金証書が自宅に届く（書類提出から1～2カ月程度）

↓

⑤ 年金の振込が開始される（年金証書を受け取ってから1～2カ月程度）

必要書類

- 亡くなった人の住民票の除票　・戸籍謄本
- 死亡診断書のコピーまたは死亡届の記載事項証明書
- 世帯全員の住民票の写し
- 請求者、子の収入証明
- 受取金融機関を確認できる書類（通帳など）
- 基礎年金番号を確認できる書類　・印鑑

04

遺言書の確認

遺言書がある場合は家庭裁判所の検認が必要

偽造や改ざんを防ぐため裁判所の検認を受ける

遺言書による相続には厳密な手続きがあります。まず、**自筆証書遺言が見つかった場合は絶対に開封しないこと。**開封すると法律違反となり、罰金の対象となります。なお誤って遺言書を開封しても、遺言書が無効になったり、相続できなくなるということはありません。ただし**破ったり隠したりすると「欠格」として相続の権利を失う**こともあります。

「公正証書遺言」や、自筆後に法務局で保管されていた「自筆証書遺言」以外の遺言書は、**家庭裁判所で「検認」を受ける必要があります。**

検認とは、遺言書の存在と内容を相続人全員に知らしめるための手続き。偽造や改ざんを防ぐために行います。

遺言書を勝手に開封するとトラブルの元に

自筆証書遺言を発見した人が勝手に開封すると、その人が内容を改ざんや加筆をしたのではないかという疑いが生じます。そうしたトラブルを避けるために見つけても絶対に開封せず、まずは家庭裁判所へ検認の申し立てをしましょう。

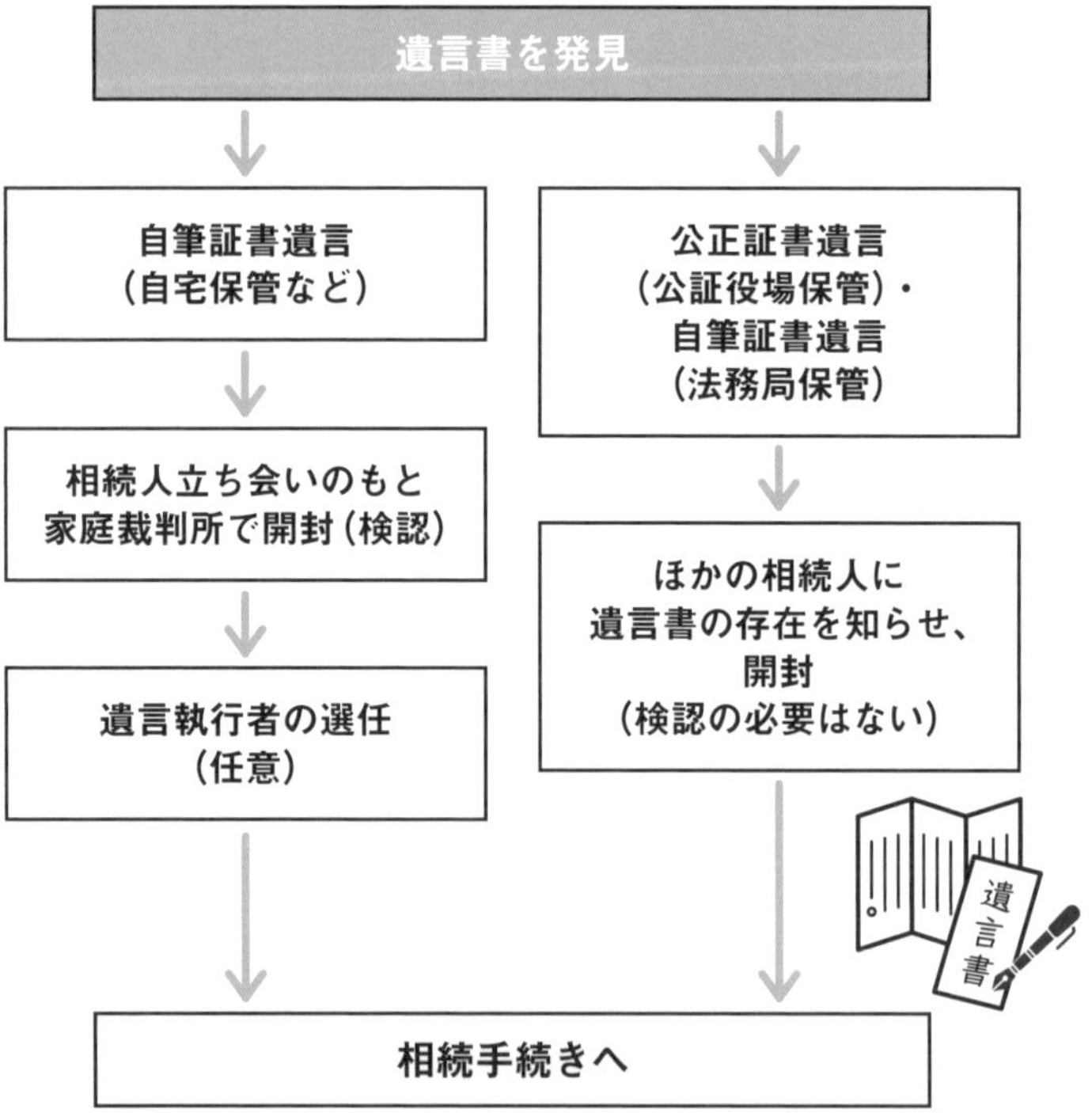

家庭裁判所に検認の申し立てをする

申立人になれるのは、遺言書の保管者または遺言書を発見した相続人です。申し立てから約2週間～1カ月後に検認を行う日時が裁判所から相続人全員に通知されます。全員立ち会いのもとで遺言書を開封し、内容を確認します。

申立人

- 遺言書を発見した相続人
- 遺言書の保管者

申立先

- 故人の住所地の家庭裁判所

費用

- 遺言書1通につき
  収入印紙800円分+150円分
  (検認済証明書の申請)
- 書類郵送費

必要書類

- 遺言書
- 申立書
- 遺言者の戸籍謄本(出生から死亡まで)
- 相続人全員の戸籍謄本
- 申立人の印鑑

● 家庭裁判所の検認の流れ

申立人が家庭裁判所に検認の申し立てをする

↓

必要書類を揃える

↓

家庭裁判所から検認を行う日が通達される

(申し立てから通達まで：2週間～1カ月)

↓

裁判官による遺言書の開封

↓

遺言書の返還・「検認済証明書」の発行を申請

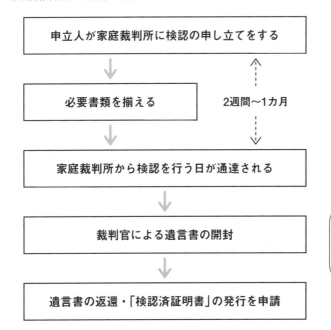

検認の必要がなくなる「自筆証書遺言書保管制度」は76ページで詳しく解説しているよ

● 遺言書の検認申立書の記入例

申立人 遺言書を発見した相続人、遺言書の保管者

申立先 遺言者の最後の住所地を管轄する家庭裁判所

入手先 各裁判所、または裁判所のホームページからダウンロード

「遺言書の検認」と記入する

受付印	**家事審判申立書　事件名(** 遺言書の検認 **)**
収入印紙　円 予納郵便切手　円 予納収入印紙　円	(この欄に申立手数料として1件について800円分の収入印紙を貼ってください。) 印紙 (貼った印紙に押印しないでください。) (注意)登記手数料としての収入印紙を納付する場合は,登記手数料としての収入印紙は貼らずにそのまま提出してください。

収入印紙800円分を貼る
押印はしない

準口頭		関連事件番号　平成・令和　　年(家　　)第

遺言保管者または遺言書を発見した相続人の名前を記入する

○○　家庭裁判所 御中 令和　○　年　○　月　○　日	申立人 (又は法定代理人など) の記名押印	田中　一郎　印

添付書類	(審理のために必要な場合は,追加書類の提出をお願いすることがあります。)

申立人	本籍 (国籍)	(戸籍の添付が必要とされていない申立ての場合は,記入する必要はありません。) ○○　都道府(県)　○○市○○町○丁目○番地
	住所	〒 ○○○ − ○○○○　電話 ○○○(○○○)○○○○ ○○県○○市○○町○丁目○番○号 (　　方)
	連絡先	〒　−　電話　(　) (　　方)
	フリガナ 氏名	田中《タナカ》　一郎《イチロウ》　(昭和)平成令和 ○ 年 ○ 月 ○ 日生 (○○ 歳)
	職業	会社員
遺言者	本籍 (国籍)	(戸籍の添付が必要とされていない申立ての場合は,記入する必要はありません。) ○○　都道府(県)　○○市○○町○丁目○○番地
	最後の 住所	〒　−　電話　(　) 申立人の住所と同じ (　　方)
	連絡先	〒　−　電話　(　) (　　方)
	フリガナ 氏名	田中《タナカ》　太郎《タロウ》　(昭和)平成令和 ○ 年 ○ 月 ○ 日生 (○○ 歳)
	職業	

「遺言者」と記入する

(注)　太枠の中だけ記入してください。
※の部分は,申立人,法定代理人,成年被後見人となるべき者,不在者,共同相続人,被相続人等の区別を記入してください。
別表第一(1/2)

申　立　て　の　趣　旨
遺言者の自筆証書による遺言書の検認を求めます。

秘密証書遺言の場合は、「遺言書の秘密証書による……」と記入する

申　立　て　の　理　由
1　申立人は、遺言者から、平成〇年〇月〇日に遺言書を預かり、申立人の自宅金庫に保管していました。
2　遺言者は、令和〇年〇月〇日に死亡しましたので、遺言書（封印されている）の検認を求めます。なお、相続人は別紙の相続人目録のとおりです。

申し立てに至るまでの経緯（発見の方法、発見場所、保管場所、開封の有無など）を記入する

相続人全員の情報を別紙の当事者目録に記入し添付する

（別紙）

※ 相続人	本　籍	（戸籍の添付が必要とされていない申立ての場合は，記入する必要はありません。） 〇〇 都道府（県） 〇〇市〇〇町〇丁目〇番地	
	住　所	〒〇〇〇－〇〇〇〇 〇〇県〇〇市〇〇町〇丁目〇番〇号　〇〇アパート〇〇号室 （　　　方）	
	フリガナ 氏　名	田中《タナカ》　二郎《ジロウ》	大正 （昭和） 平成 令和　〇年　〇月　〇日生 （　〇〇　歳）
※ 相続人	本　籍	（戸籍の添付が必要とされていない申立ての場合は，記入する必要はありません。） 〇〇 都道府（県） 〇〇郡〇〇町〇〇××番地	
	住　所	〒〇〇〇－〇〇〇〇 〇〇県〇〇郡〇〇町〇〇××番地 （　　　方）	
	フリガナ 氏　名	山田《ヤマダ》　万里子《マリコ》	大正 （昭和） 平成 令和　〇年　〇月　〇日生 （　〇〇　歳）
※	本　籍	（戸籍の添付が必要とされていない申立ての場合は，記入する必要はありません。） 都道	

05

遺言の執行

遺言執行者を選任すると手続きがスムーズに

遺言執行者は第三者が選任されることも

遺言の内容を実現するにはさまざまな手続きが必要ですが、その**手続きを実行するのが遺言執行者**です。遺言書に執行者が指定されている場合はその人が役割を担います。相続人のうちの1人がなることもできますが、相続人同士の争いを最小限に抑えるためにも、**利害関係のない第三者を選任**するのも選択肢の一つです。

遺言執行者には未成年者、破産者以外の誰でもなることができますが、**手続きに詳しい弁護士など専門家に任せることが多い**です。遺言書に遺言執行者の指定がない場合は、家庭裁判所に選任してもらうこともできます。

遺言の内容にしたがって手続きする

遺言執行者は、次の事項を単独で実行することができます。

被相続人
選任
遺言執行者
相続人のうちの1人がなることが多いが、弁護士や行政書士などの第三者の専門家が指定される場合もある

遺言執行者が行う主な手続き

- 相続人の調査
- 相続財産の分配
- 相続財産目録の作成
- 預貯金の解約・名義変更手続き
- 有価証券の名義変更
- 遺言による子の認知
- 遺産の調査
- 法定相続人への連絡
- 不動産の相続登記、名義変更
- 貸金庫の開扉・解約
- 相続人の廃除・取り消し
- 遺贈の履行

など

遺言執行者とは

遺言の内容を実現するために、相続人全員の代理として必要な手続きを行う人のこと。選任は任意であるが、子の認知や相続人の廃除・取り消しは遺言執行者のみが行える手続きである。

遺言執行者が必要なケースもある

相続手続きの中には遺言執行者にしか対応できない手続きがあるほか、相続人全員の協力が得られない場合など、遺言執行者がいないと相続が実現できないケースがあります。

**遺言執行者にしか
できない手続きがあるとき**

**相続人全員の協力が
得られないとき**

子の認知

相続人の廃除・取り消し

遺言執行者は家庭裁判所に選任してもらえる

遺言に遺言執行者の指定がなく、誰に頼んでよいかわからないときは裁判所に申し立てて選任してもらうことができます。

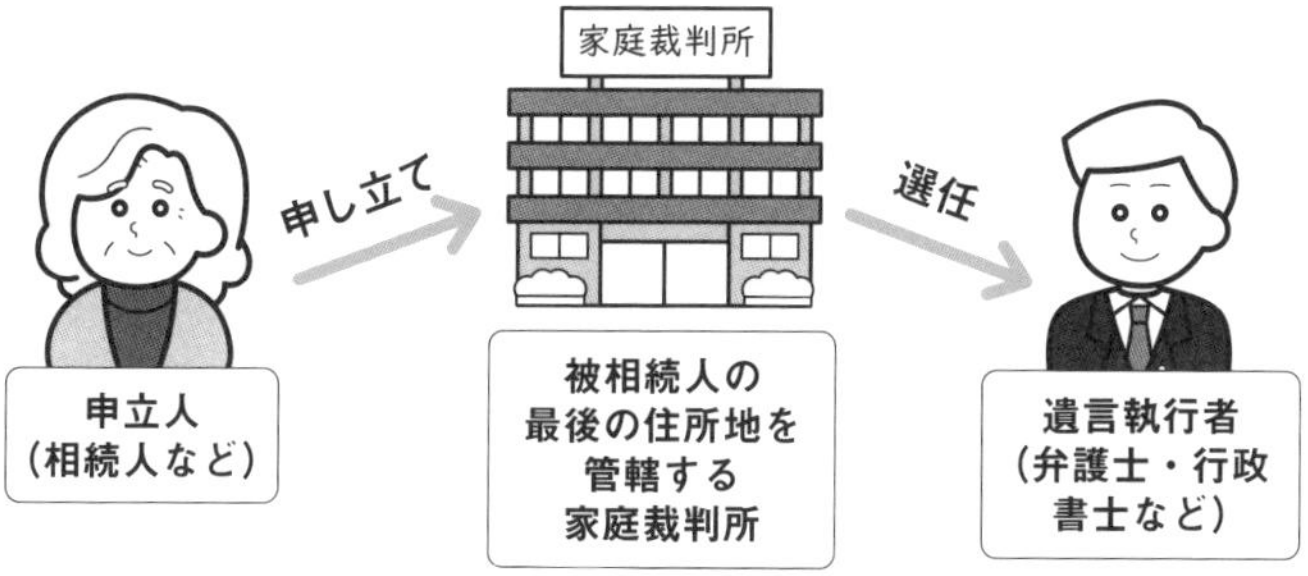

必要書類

- 申立書
- 被相続人の死亡の記載のある戸籍謄本
- 遺言書のコピー
  または遺言書の検認調書謄本のコピー
- 遺言執行者候補者の住民票または戸籍附票
- 被相続人との利害関係を証明する資料（戸籍謄本など）

費用

- 遺言書1通につき
  収入印紙800円
- 連絡用の郵便切手

06

遺産の調査①

亡くなった人の口座や残高を確認する

通帳やキャッシュカード郵便物などからチェック

適正に遺産相続を行うには被相続人が保有する全財産を把握しなくてはなりません。まずは、保有口座のすべてと残高を確認します。ただ、親族でもすべて把握しているとは限りません。遺品整理をする際に注意して**通帳やキャッシュカードを探しましょう**。通帳のないネット銀行などは**郵便物やメールの履歴などが手がかり**になります。

被相続人名義の預貯金は一般的には遺族が銀行に被相続人の死亡を届け出てはじめて取引停止されるので、口座の存在を知る人に資金移動されるリスクを避けるためにも、早めに手続きをし、残高証明書を取得しましょう。

遺品整理をして見つかることも

故人がメインで使用していた銀行のほかに、口座を作っている場合もあります。そのため、さまざまな手がかりを見逃さないようにしましょう。

● 口座や残高を調べるポイント

① **遺品整理をして通帳やキャッシュカードを探す**

② **銀行名の入ったノベルティーを手がかりにする**

③ **金融機関からの郵便物やメールの履歴を探す**

④ **自宅や会社の近くにある各銀行に直接問い合わせる**

⑤ **生前に確定申告をしていた場合は、申告書類に口座情報が残っている場合がある**

何らかの理由で
銀行が死亡を知った場合は、
銀行から遺族に確認のうえ、
届出を待たずに
口座が凍結されることもあるよ

残高証明書は相続時に必要な場合もある

残高証明書は被相続人が亡くなった日の預金の残高を証明する書類です。相続税申告の際に必要となるだけでなく、遺産分割協議の際に相続人同士の話し合いがしやすくなるので、早めに取得しましょう。

● 銀行口座凍結から払い戻しまでの手続き

① 口座のある銀行に死亡の連絡をする
→ ② 預金残高証明書を発行してもらう
→ ③ 必要書類を準備する（詳細は金融機関に確認）
→ ④ 書類を提出する
→ ⑤ 払い戻し等の手続きをする

連絡後、口座が凍結され入出金が停止する

● 残高証明書の取得方法

取得できる人

必要書類

- 遺言書（ある場合）
- 戸籍謄本（被相続人の死亡記載と届出人が相続人であることの証明）
- 届出人の本人確認書類
- 実印、印鑑証明書
- 被相続人の通帳と届出印・キャッシュカード
- 委任状（代理人が取得する場合）　など

● 主な金融機関の手続き方法

金融機関名	申請先	通帳の有無	受取方法	委任状の有無	手数料
ゆうちょ銀行	窓口	必要	店頭	必要（指定書式）	1,100円/通
三菱UFJ銀行	窓口	不要	店頭・郵送	不要	770円/通
三井住友銀行	窓口	必要*1	郵送	不要	880円/通
みずほ銀行	窓口	不要	郵送	不要	880円/通
りそな銀行	窓口	不要	郵送	不要	440〜2,200円/通
住信SBI	窓口	不要	郵送	不要	880円*2
SBI証券	窓口	不要	郵送	不要	1,100円/通
楽天証券	窓口	不要	郵送	不要	1,100円/通

*1　取引内容がわかるものであれば、ほかに証書やキャッシュカードでも代用できる
*2　webサイトから閲覧・印刷する場合は無料
※ネット銀行の確認方法についてはP57参照

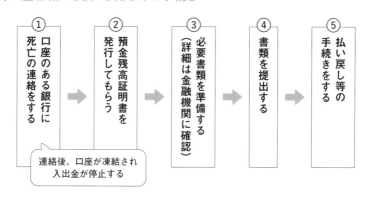

07

遺産の調査②

家や土地の価格を調べる

固定資産税納税通知書や登記資料を確認する

被相続人が所有していた家や土地などの不動産を把握するには、まず**所轄の役所から毎年郵送される固定資産税納税通知書を確認**します。自宅のほかに複数の土地や建物を所有している場合は、**所有者ごとに不動産を一覧できる名寄《なよせ》帳を取得**します。ただ、別の市区町村が所轄する区域に所有する不動産がある場合は、それぞれの役所に申請して取得する必要があります。取りこぼしのないよう**自宅に不動産の権利証や登記資料**がないか探しましょう。

所有する不動産の全体が把握できたら評価額を割り出します。土地の評価額の計算方法は複雑なので専門家に相談するのがおすすめです。

故人所有の不動産の全体像を把握

所有する土地や家屋はほとんどが法務局に登記されているので、下記の資料を手がかりに確認します。

① 固定資産税納税通知書

毎年、所轄の役所の担当部署から送られてくる固定資産税納税通知書には、故人が所有している不動産が記載されています。

② 不動産の権利証・登記資料

土地や建物などの不動産は、取得時に登記するため登記資料があることがほとんど。保管されている場所を探してみましょう。

③ 名寄帳を取得する

名寄帳とは、役所の所轄エリアに１人の所有者が所有する不動産を一覧にまとめたもの。複数のエリアに土地を所有している場合は、それぞれの役所に申請して取得しましょう。

固定資産税納税通知書には、
固定資産税を算出する基準となる
不動産の評価額や納付額、
支払い期限などが記載されていて、
毎年4～6月に役所から送られてくるよ

家屋の評価額は役所の資料で確認できる

家屋については、固定資産税納税通知書に記載された評価額をそのまま適用します。

家屋と構造上一体となっている設備は、
家屋の評価額に含める。
[例] ガス設備、給排水設備、電気設備など
家屋の評価額＝固定資産税評価額×1.0
※建築中の場合は、
評価額＝費用現価の額×0.7
※貸家の場合は、固定資産税評価額×
（1－借家権割合*×賃貸割合）
門、塀などの設備の評価額＝
（再建築価額－経過年数に応じた減価額）×0.7

固定資産税評価額とは

総務省が定めた「固定資産評価基準」に基づいて、各市町村（東京23区は都）が個別に決める評価額のこと。固定資産税などの税額を計算する場合に用いられる。

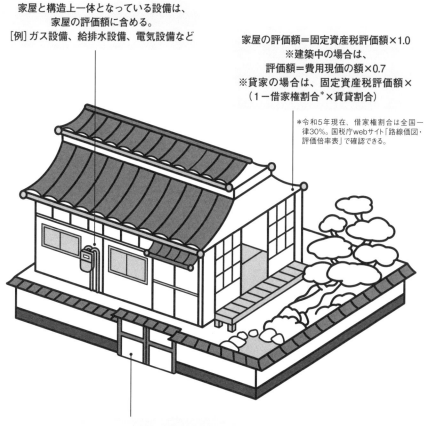

土地の評価額は路線価などから計算する

相続財産の価値を割り出す際、現金や預金残高であれば数字がはっきり出ていますが、土地の価値は立地条件や景気によって変化するため単純には決められません。そこで**相続財産の評価方法を示した「財産評価基本通達」に沿って計算する**必要があります。

土地の相続税評価額の計算方法には、**「路線価方式」と「倍率方式」**の**2つ**があります。**路線価とは、主に市街地の道路に面した土地**に設定されています。国税庁が毎年7月ごろに公表する価格がその年に相続した土地の評価基準額となります。一方で路線価の設定されていない郊外などの土地は、**固定資産税評価額に一定の倍率をかけて評価する「倍率方式」**を使います。対象となる土地がどちらの方式となるかは、「財産評価基準書」でも確認することができます。

土地の評価方法は2つある

土地の評価額は基本的に路線価に基づいて計算します。相続する土地が市街地にあれば路線価を調べることができますが、相続する土地が郊外にある場合、路線価が設定されていないことがあります。その場合は倍率方式を使って計算します。

路線価とは

土地が面している道路を基準にした土地の価格の指標で、路線（道路）に付けられている1㎡単位の価格が公表されている。毎年7月に更新され、国税庁のサイトでそれぞれの区域の路線価を調べることができる。路線価の設定されていない道路のみに面している宅地の価額を評価するために設定された路線価を「特定路線価」という。

路線価がある（主に市街地） → **路線価方式** で計算

1㎡当たり路線価×土地面積×各種補正率＝相続税評価額

路線価がない（主に郊外） → **倍率方式** で計算

固定資産税評価額×評価倍率＝相続税評価額

「財産評価基準書」は、所轄の税務署や国税庁のwebサイトで確認できるよ

● 路線価方式の計算方法

計算式

相続税評価額＝1㎡当たり路線価×土地面積×各種補正率

補正率は土地の活用がしやすい、または
しにくい条件がある場合にあてはめる

● 路線価図の見方（→P.135）

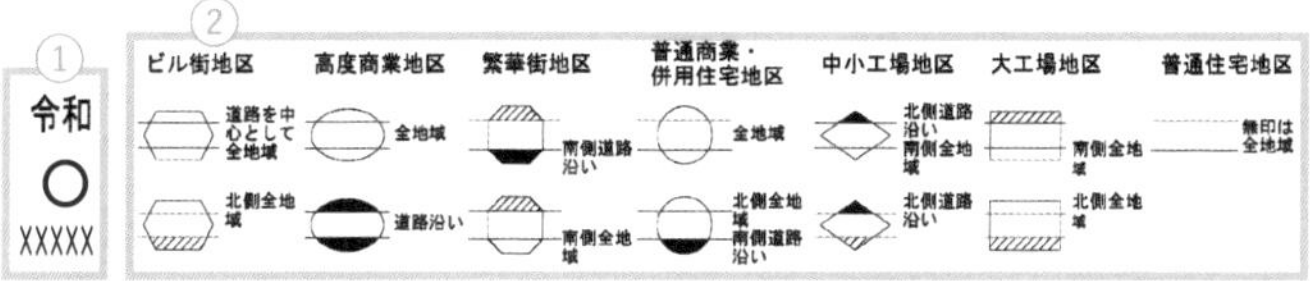

③

記号	借地権割合	記号	借地権割合
A	90%	E	50%
B	80%	F	40%
C	70%	G	30%
D	60%		

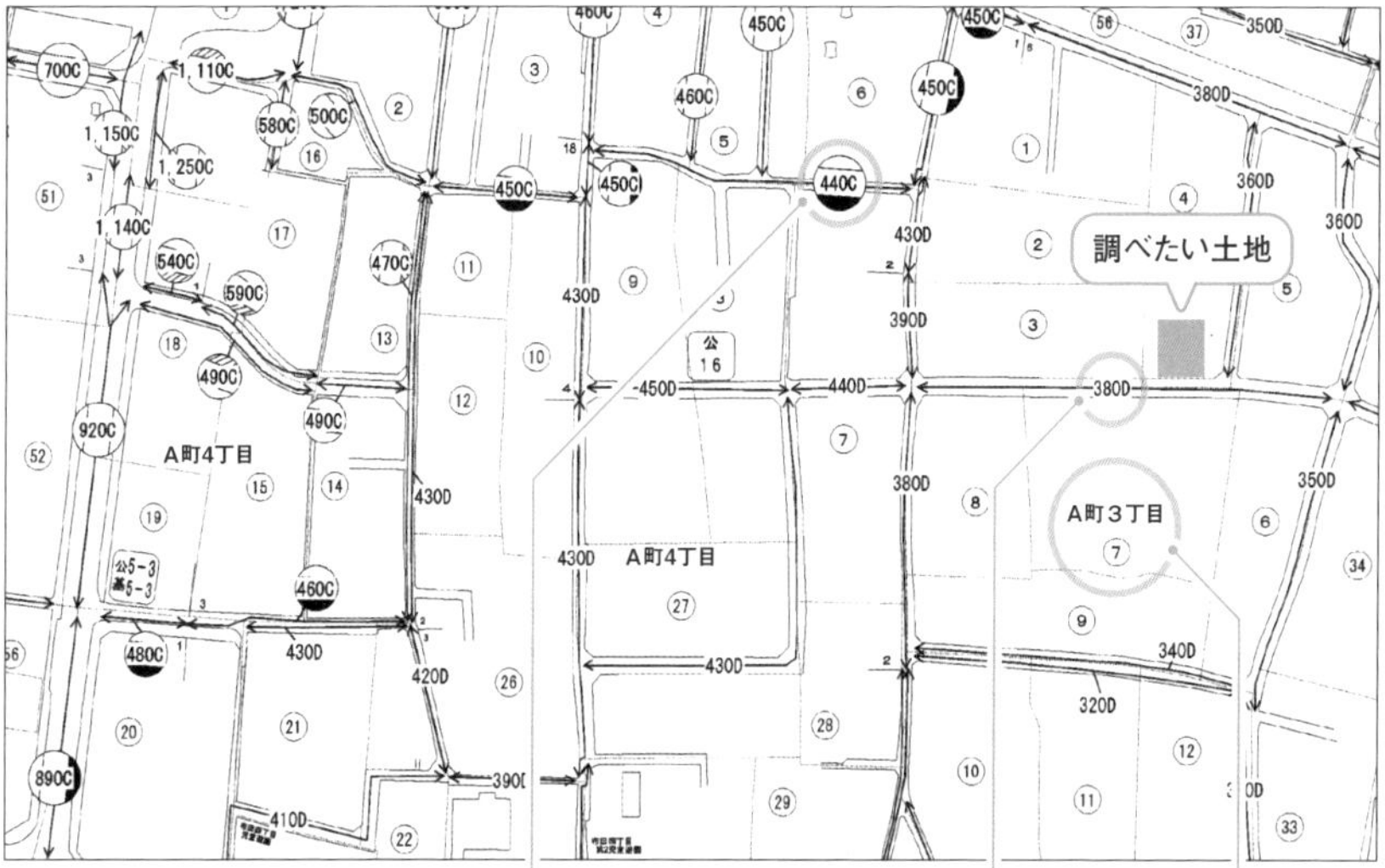

数字を囲んでいる図形は地区区分を表している。この場合は、「南側道路沿い、普通商業・併用住宅地区」ということを示している。

その道路に面する土地1㎡当たりの価格を千円単位で表している。「380D」の場合は1㎡当たり38万円、借地権割合は60%ということを示す。

町丁名、街区番号を表す。この場合は「A町3丁目7番地」であることを示している。

① 路線価図の年度およびページを示しています。相続開始日の年度と一致しているかどうかを確認しましょう。

② 楕円形やひし形などの図形は地区区分を表し、黒色や斜線は地区区分の適用範囲を表しています。斜線になっている部分は適用しないことを表しています。補正率の計算をする場合に必要になります。

③ 地図に表示された路線価の右側のアルファベット記号に対応する借地権割合を示しています。調べたい土地が借地の場合は確認する必要があります。

例 上図で示した場所に150㎡の土地を所有していた場合

おおよその評価額：380,000（円）×150（㎡）＝5,700（万円）

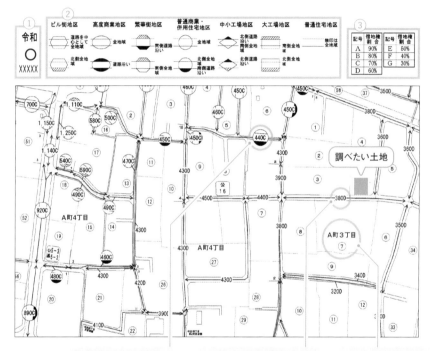

● 路線価が補正されるケース

路線価は土地の形状や立地条件などによって活用しやすいと増額補正、活用しにくいと減額補正が適用されます。

増額補正の例（評価額が上がる）

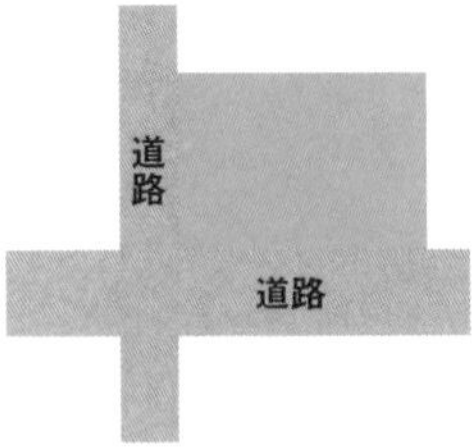
道路
道路

2面が道路に接する
角地にある

道路
道路

表側と裏側両方が
道路に面している

複数の道路に
接している土地は、
利便性が高いと判断され、
評価額が上がるんだよ

減額補正の例（評価額が下がる）

道路

間口が狭くて
出入りしにくい

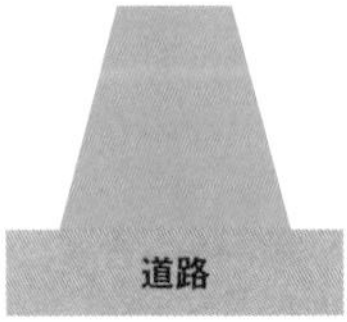
道路

形がいびつ
（台形、三角形など）

道路

奥行きが長すぎる
または短かすぎる

がけ地にある

● 倍率方式の計算方法

路線価が設定されていない土地には、倍率方式が適用されます。倍率は、国税庁が定める評価倍率表（国税庁のwebサイトで公表）で確認できます。

計算式

相続税評価額＝固定資産税評価額×評価倍率

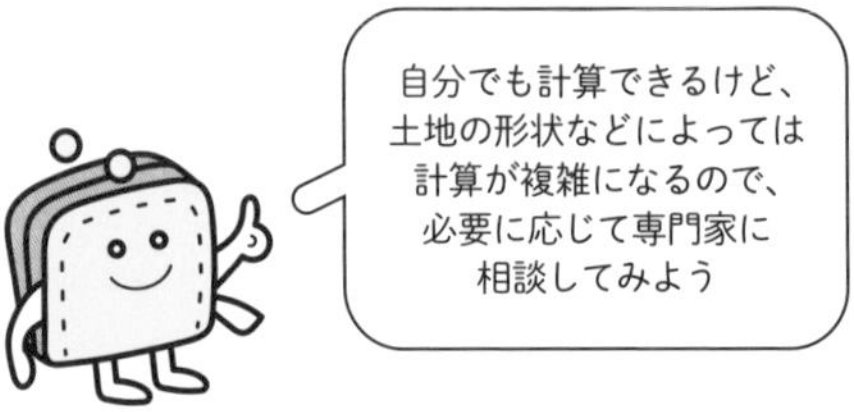
自分でも計算できるけど、
土地の形状などによっては
計算が複雑になるので、
必要に応じて専門家に
相談してみよう

路線価の調べ方

路線価の調べ方には、主に国税庁のwebサイトで調べる方法と
全国地価マップで調べる方法の２通りがあります。

① 国税庁webサイト「路線価図・評価倍率表」で調べる

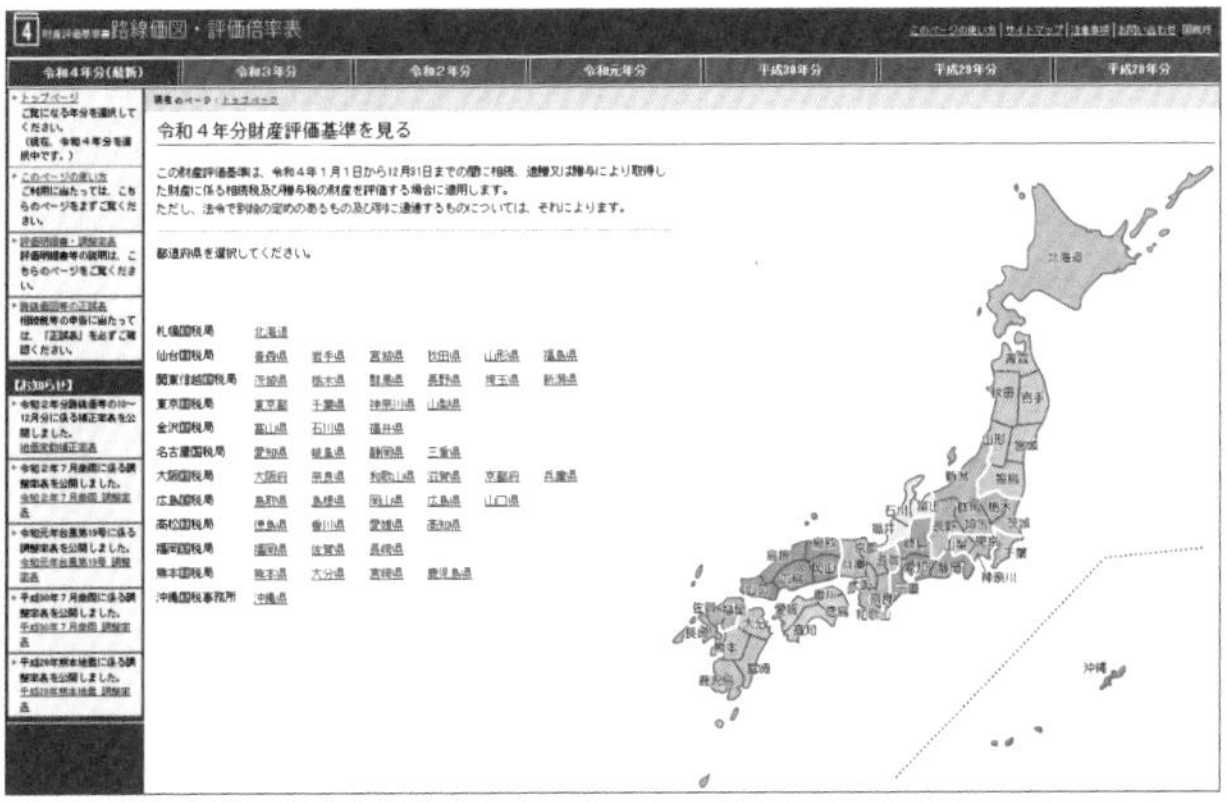

国税庁webサイトにアクセスし、年度を確認したら都道府県を選択して該当地域のページ番号を選択すると路線価図が表示される。ページ番号が複数ある場合は、どれを選んでも問題ない。

② 全国地価マップで調べる

一般財団法人資産評価システム研究センターが運営する「全国地価マップ」にアクセスし、「相続税路線価等」をクリック。利用許諾に同意して調べたい住所地の郵便番号を入力すると路線価図が表示される。

エリア別
相続税路線価の目安

いくつかの都市や郊外の特定の住所をもとにエリア別の路線価をご紹介します。一般的に、地方よりも都市部、郊外よりも繁華街のほうが路線価は高い傾向にあります。

宮城県仙台市　繁華街
路線価：約54万円
1坪当たり：約178万7,400円
100㎡当たり（一軒家程度）：約5,400万円

埼玉県さいたま市　南部JR駅近辺
路線価：約41万円
1坪当たり：約135万7,100円
100㎡当たり（一軒家程度）：約4,100万円

神奈川県横浜市　住宅地区
路線価：約26万円
1坪当たり：約86万600円
100㎡当たり（一軒家程度）：約2,600万円

愛知県名古屋市　住宅地区
路線価：約10万5,000円
1坪当たり：約34万7,550円
100㎡当たり（一軒家程度）：約1,050万円

大阪府大阪市　住宅地区
路線価：約19万5,000円
1坪当たり：約64万5,450円
100㎡当たり（一軒家程度）：約1,950万円

※路線価＝路線（道路）に面する標準的な宅地の1㎡当たりの価額のこと。
※1坪3.31㎡として計算。
※土地の面積は、路線価方式の土地に限り、倍率方式の土地は除く。

北海道札幌市　北部地下鉄駅近辺
路線価：約18万5,000円
1坪当たり：約61万2,350円
100㎡当たり（一軒家程度）：約1,850万円

実際には土地の形状や
面している道路、
土地の利用区分などによっても
変わってくるので、
正確な相続税評価額を
知りたい場合は
専門家へ相談しよう

秋田県横手市　郊外
路線価：約1万8,000円
1坪当たり：約5万9,580円
100㎡当たり（一軒家程度）：約180万円

兵庫県神戸市　ローカル駅近辺
路線価：約14万5,000円
1坪当たり：約47万9,950円
100㎡当たり（一軒家程度）：約1,450万円

広島県広島市　単線のローカル駅近辺
路線価：約13万円
1坪当たり：約43万300円
100㎡当たり（一軒家程度）：約1,300万円

福岡県福岡市　住宅地区
路線価：約17万円
1坪当たり：約56万2,700円
100㎡当たり（一軒家程度）：約1,700万円

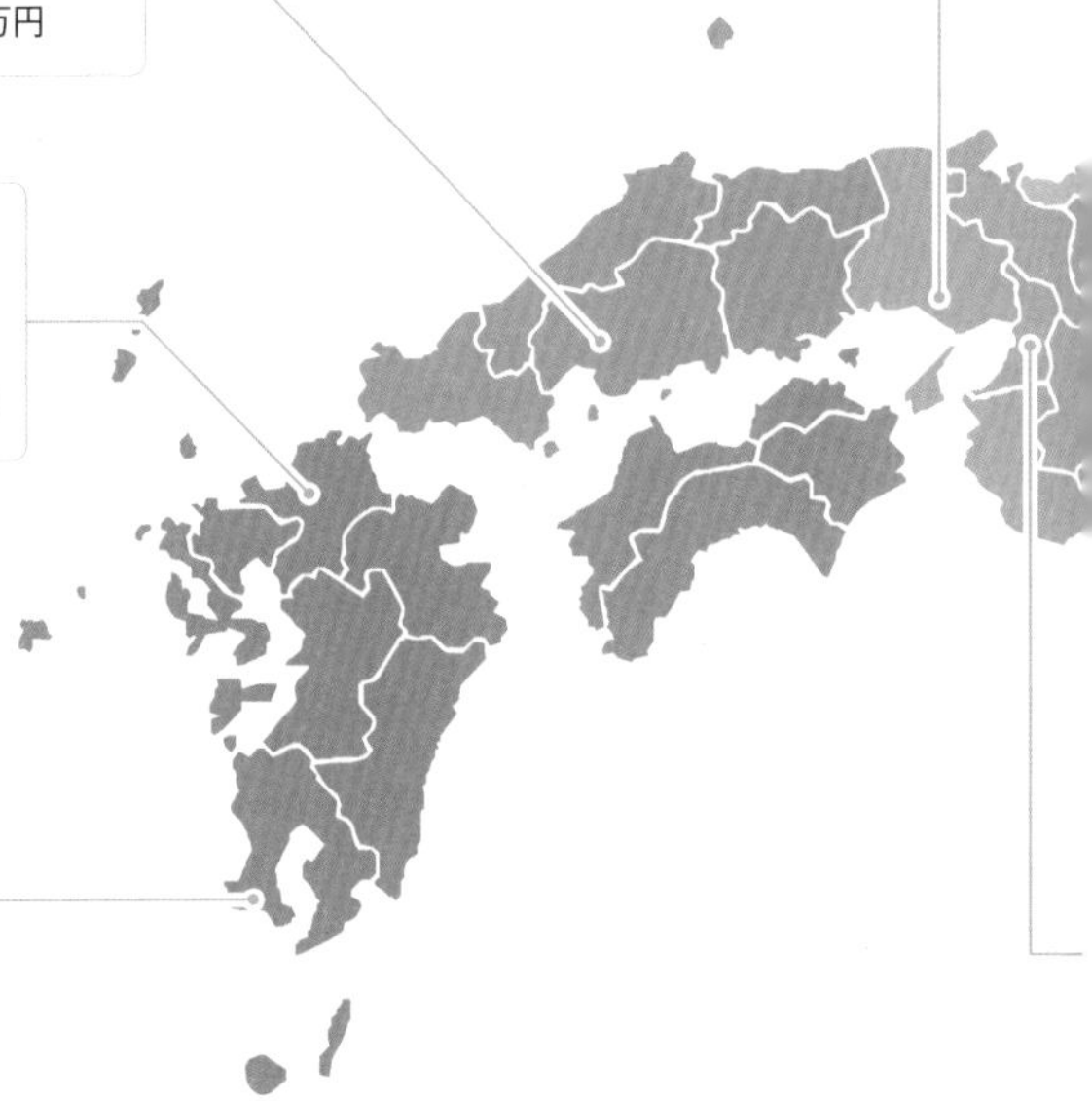

鹿児島県枕崎市　港町
路線価：約2万5,000円
1坪当たり：約8万2,750円
100㎡当たり（一軒家程度）：約250万円

08

遺産の調査③ 株式や投資信託の相続はどうすればいい？

口座開設書類やメールなど手がかりをすべて洗い出す

昨今、株式や投資信託の取引はネット上で行われることも多いため、故人が金融商品を保有していたかどうかわからない場合もあるでしょう。金融商品の有無を調べるには、まず金融機関に**口座を開設した際の書類**がないか探してみましょう。その他、**通帳の入金履歴**、**メール**、**ブラウザのブックマーク**、メモ帳や資産管理アプリ、金融機関からのＤＭなども手がかりになります。

見つかったら証券会社や信託銀行に連絡を取り、**残高証明書**を発行してもらいます。相続税の申告後に金融商品の存在が明らかになると、追加納税が必要となるので、しっかり確認しましょう。

まずは故人保有の金融商品を調べる

相続財産に株式や投資信託、債券が含まれているかどうかを確認する場合、以下のようなポイントをもとに自宅を調べてみましょう。

● 株式などの金融商品の有無を調べる方法

口座を開設したときの控え書類を探す

株式など金融商品の取引は、通常、証券会社や金融機関を通して行う。それらの口座を開設したときの書類がないか調べる。

四半期報告書を確認する

保有株について四半期ごとに交付される「四半期報告書」（2024年度廃止。以降は「半期報告書」が義務化）がないか確認する。

通帳の取引履歴を確認する

通常使用している銀行口座を配当金などの受取口座に設定している場合もあるので、履歴を確認する。配当金と思われる入金がある場合は、それが手がかりとなる。

ネットやメールの履歴を確認する

インターネットで取り引きを行っていた場合は、スマホやパソコンのブラウザのブックマークに窓口となる証券会社などが登録されている場合があるので、確認する。メールで証券会社から案内が届いている場合もある。

情報開示請求を行う

ほふり（証券保管振替機構）に情報開示請求を行う。

相続人の名義に変更するか、売却して現金化する

故人が保有する金融商品が見つかった場合は、窓口となっている証券会社や金融機関に残高証明書を発行してもらいましょう。遺産分割協議や相続税を納税する際に必要な書類となります。

手続きの流れ

故人が取引していた証券会社や金融機関の窓口へ連絡する

↓

残高証明書を発行してもらう

↓ ※金融機関によって必要書類は異なるので窓口で確認する

金融商品を引き継ぐ人を決定するか、現金化して相続人の間で分ける

- 遺言書がある場合　金融商品を引き継ぐ人が指定されているかを確認する
- 遺言書がない場合　遺産分割協議書を作成し、相続方法を決定する

↓ 引き継ぐ人がいる場合

引き継ぎ（名義変更）に必要な書類を準備して提出する。必要書類は取引先によって異なるため、詳細は窓口で確認する

↓

相続人の口座を開設し、名義変更する

↓ 現金化して相続人で分ける場合

代表者相続人の口座を開設する

↓

名義変更後、売却・現金化する

金融商品の評価方法

上場株式（証券取引所に上場されている株式）の場合

被相続人の死亡日を基準に、下記４つの方法で算出した中でもっとも低い価格を評価額とする。

①死亡日の最終価格　②死亡月の最終価格の平均額
③死亡前月の最終価格の平均額　④死亡前々月の最終価格の平均額

投資信託などの場合

被相続人が亡くなった日（相続開始日）に解約請求または買い取り請求をしたと仮定した場合に、証券会社から支払われる価格が評価額となる。

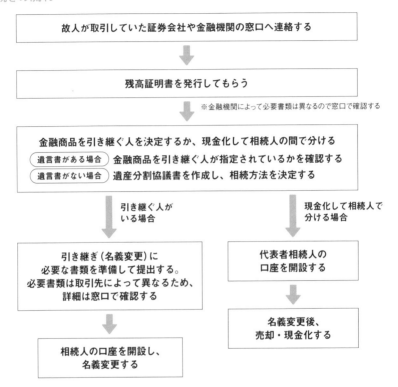

09

遺産の調査④
美術品・骨とう品は専門家に鑑定を依頼

素人には評価が難しい プロに見てもらおう

被相続人が所有していた美術品や骨とう品の価値は素人には見当がつきません。美術品や骨とう品は購入したときの価格ではなく、**時価で評価されるため、専門家による鑑定が必要**となります。

鑑定の結果、1点につき5万円以下の物は、申告の際は「家財一式50万円」のようにまとめることができます。1点5万円を超える物は1点ずつ申告します。**高価な品があった場合は鑑定士に有料で評価鑑定書を発行**してもらい、遺産分割協議で引き継ぐ人を決めます。相続開始後、相続税の申告期限までに美術館などに寄付をすると、その寄付をした財産には相続税はかかりません。

鑑定の結果1点5万円以下の場合は家財扱い

鑑定の結果5万円以下の物は家財としてまとめて申告し、5万円以上の物は1点ずつ個別に申告します。いずれも相続財産です。

● 1点5万円超の物

個別に評価・計上する

例
- 車　100万円
- 宝飾品　50万円
- 絵画　20万円

● 1点5万円以下の物

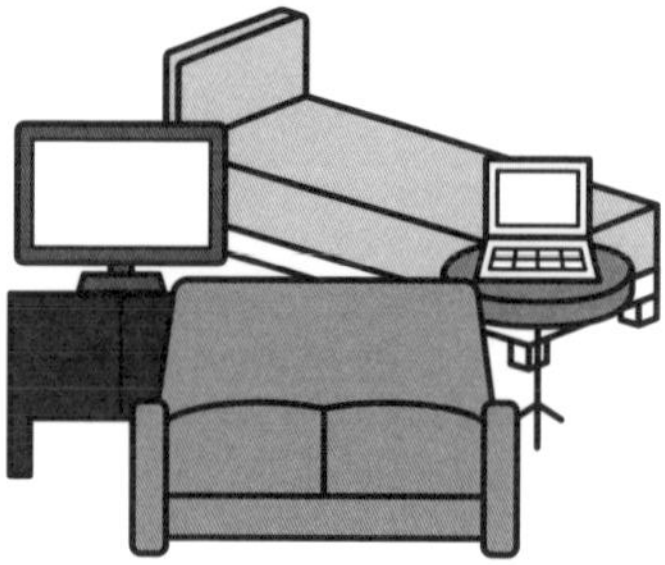

「家財一式」として一括で評価・計上する

例
- 家財一式50万円

相続した時点での価格で評価

美術品や骨とう品は、時代や流行によって価格が変動します。購入した時点ではなく相続した時点の時価が評価額となるため、鑑定が必要となる場合があります。

鑑定が必要なケース

- 価値がわからない品物がある。
- 生前に被相続人本人が高額だといっていた品物がある。
- 美術館などに貸し出している品物がある。
- 相続人の中で欲しがる人が複数いる品物がある。

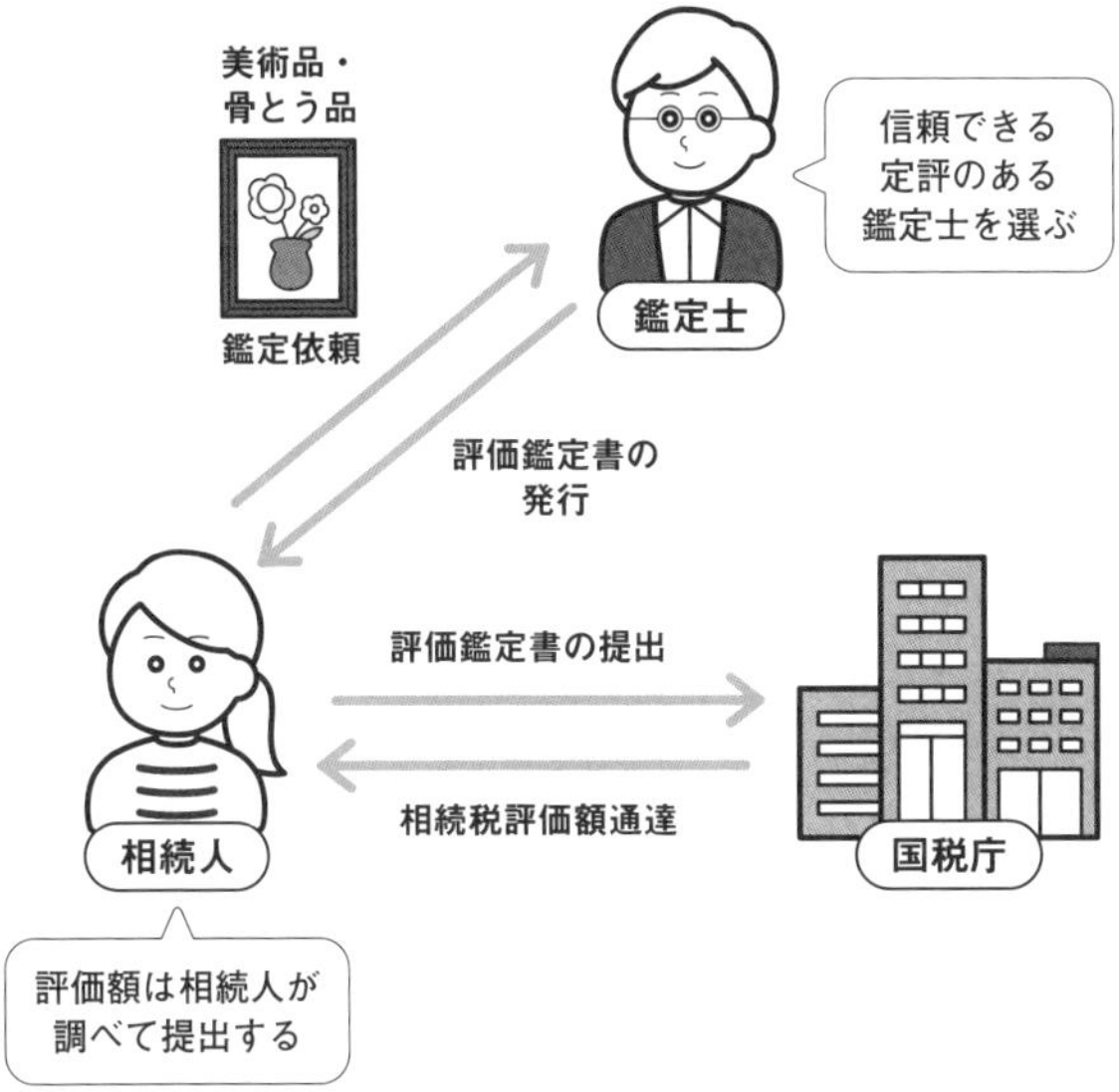

POINT

無料見積もりに注意！

無料で見積もりする買い取り専門業者もありますが、買い取りが前提の低い評価額が提示される可能性が高いです。あくまで相続のための鑑定を目的としていることを伝えましょう。

鑑定費用は自己負担

鑑定費用は全額相続人の自己負担となります。評価額より鑑定費用が高くなるケースもあることを心得ておきましょう。

鑑定の結果、価値が高いことがわかったら

相続する

相続後、品物を売却して現金化することはできるが、被相続人が購入した時より高値で売却した場合は譲渡所得となり所得税が課される。

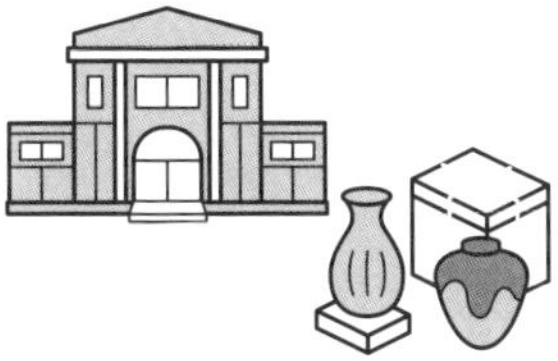

寄付する

美術的価値の高いものであれば、相続税の申告期限までに、自治体が運営する美術館などに寄付すると相続税の対象にならない。

10

遺産の調査⑤

負債が多いなら相続放棄を検討

負の遺産を引き継がない方法

故人がプラスの財産を上回る負債を抱えていた場合などは、相続放棄の選択を検討します（44ページ）。

故人が連帯保証人だった場合でも相続放棄をすることで返済義務がなくなります。いったん相続をしてしまうと、後で多額の負債があることがわかっても相続放棄はできません。**相続手続きに入る前に信用情報機関に故人の信用情報開示を請求するなどして、しっかり確認する**ことが大切です。相続放棄を実行するには、**相続開始があったことを知った日から3カ月以内に故人の最後の住所地を管轄する家庭裁判所に申し立てをする**必要があるので、期限を過ぎないよう注意しましょう。

信用情報を調べる

故人に借金や未払金などの負債がなかったかを調べるには、下記のような方法があります。

① 信用情報機関へ情報開示請求を行う

信用情報機関は下記の３つ。銀行や金融業者、信販会社のほとんどがどれかに加盟しており、個人ごとの借入・返済の状況が登録されている。本人が亡くなった場合は相続人が情報開示請求することができる。

機関名	主な対象	問合せ先（TEL）
CIC（株式会社シー・アイ・シー）	主に消費者金融や信販会社（クレジットカード会社）等からの借入やショッピング利用状況について調査	0570-666-414
JICC（株式会社日本信用情報機構）	主に消費者金融等からの借入について調査	0570-055-955
全銀協（一般社団法人全国銀行協会、全国銀行個人信用情報センター）	主に銀行や信用金庫等からの借入について調査	0120-540-558

手数料　1件につき500～1,500円

主な必要書類
- 信用情報開示申込書（各社ホームページからダウンロード可能）
- 戸籍謄本（発行から３カ月以内のもの）
- 開示請求する人の本人確認書類（身分証のコピーなど）
- 手数料分の定額小為替など
- 開示対象者（亡くなった人）の電話番号または運転免許証番号
- 返送資料送付用の封筒および切手

② 自宅に契約書や督促状がないか調べる

通帳履歴に貸金業者からの借入金を示す記録がないか、ローンの契約書や個人間での借金の念書などがないかを調べる。

● 相続放棄申述書の記入例

届出人　放棄する相続人（※未成年者・成年被後見人の場合は特例代理人（➡150ページ））

提出先　被相続人の最後の住所地を管轄する家庭裁判所

入手先　家庭裁判所、または裁判所のホームページからダウンロード

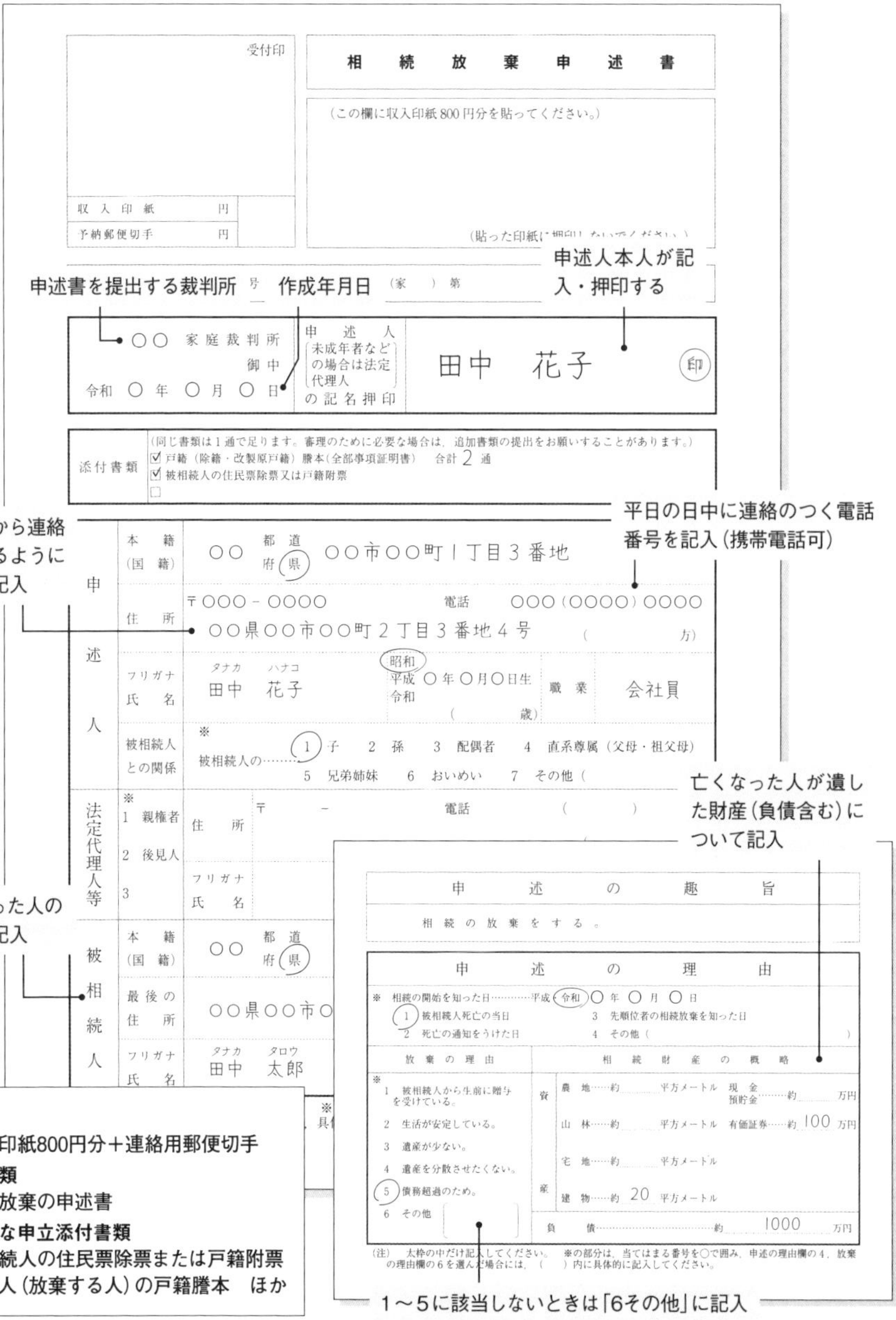

相続放棄申述書

受付印

（この欄に収入印紙800円分を貼ってください。）

収入印紙　円
予納郵便切手　円

（貼った印紙に押印しないでください。）

準口頭　関連事件番号　平成・令和　年（家　）第　号

○○　家庭裁判所　御中
令和　○　年　○　月　○　日

申述人（未成年者などの場合は法定代理人）の記名押印　田中　花子　㊞

添付書類　（同じ書類は1通で足ります。審理のために必要な場合は，追加書類の提出をお願いすることがあります。）
☑ 戸籍（除籍・改製原戸籍）謄本（全部事項証明書）　合計 2 通
☑ 被相続人の住民票除票又は戸籍附票
☐

申述人
本籍（国籍）　○○　都道府(県)　○○市○○町１丁目３番地
住所　〒○○○－○○○○　電話　○○○（○○○○）○○○○
○○県○○市○○町２丁目３番地４号　（　方）
フリガナ 氏名　田中《タナカ》　花子《ハナコ》　(昭和)・平成・令和　○年○月○日生（　歳）　職業　会社員
被相続人との関係　※ 被相続人の……　(1) 子　2 孫　3 配偶者　4 直系尊属（父母・祖父母）　5 兄弟姉妹　6 おいめい　7 その他（　）

法定代理人等　※ 1 親権者　2 後見人　3
住所　〒　－　電話　（　）
フリガナ 氏名

被相続人
本籍（国籍）　○○　都道府(県)
最後の住所　○○県○○市○
フリガナ 氏名　田中《タナカ》　太郎《タロウ》

申述の趣旨
相続の放棄をする。

申述の理由
※ 相続の開始を知った日…………平成・(令和) ○ 年 ○ 月 ○ 日
(1) 被相続人死亡の当日　3 先順位者の相続放棄を知った日
2 死亡の通知をうけた日　4 その他（　）

放棄の理由	相続財産の概略	
※ 1 被相続人から生前に贈与を受けている。 2 生活が安定している。 3 遺産が少ない。 4 遺産を分散させたくない。 (5) 債務超過のため。 6 その他（　）	資産	農地……約　平方メートル　現金 預貯金………約　万円 山林……約　平方メートル　有価証券……約 100 万円 宅地……約　平方メートル 建物……約 20 平方メートル
	負債………………約 1000 万円	

（注）太枠の中だけ記入してください。※の部分は，当てはまる番号を○で囲み，申述の理由欄の4，放棄の理由欄の6を選んだ場合には，（　）内に具体的に記入してください。

申述書を提出する裁判所
作成年月日
申述人本人が記入・押印する
平日の日中に連絡のつく電話番号を記入（携帯電話可）
裁判所から連絡がとれるように正確に記入
亡くなった人の情報を記入
亡くなった人が遺した財産（負債含む）について記入
1〜5に該当しないときは「6その他」に記入

費用
- 収入印紙800円分＋連絡用郵便切手

必要書類
- 相続放棄の申述書

標準的な申立添付書類
- 被相続人の住民票除票または戸籍附票
- 申述人（放棄する人）の戸籍謄本　ほか

11

相続の方法

負債額がわからない場合に有効な限定承認

手続きを進めるには相続人全員の合意が必要

被相続人にどれくらいの負債があるかわからない場合は、限定承認という選択肢があります（44ページ）。

限定承認とは、**相続人が相続によって得た財産を限度に被相続人の負債の負担を引き継ぐ制度**です。相続財産のうち負債のほうが多かった時、相続で得た金額を返済にあて、超過したマイナス分は支払わなくて済みます。家庭裁判所への申し述べ期限は相続放棄と同じく**相続開始があったことを知った日から3カ月以内**です。期限を過ぎてしまうと無条件に相続することになるので注意しましょう。また、限定承認は**相続人全員が共同で手続き**する必要があることも覚えておきましょう。

プラスの財産の範囲内でマイナス分を引き継ぐ

限定承認を選択する場合、相続人全員が合意し共同で手続きする必要があります。相続人が複数いる場合、一部の人だけで手続きするわけにはいきません。

● 限定承認

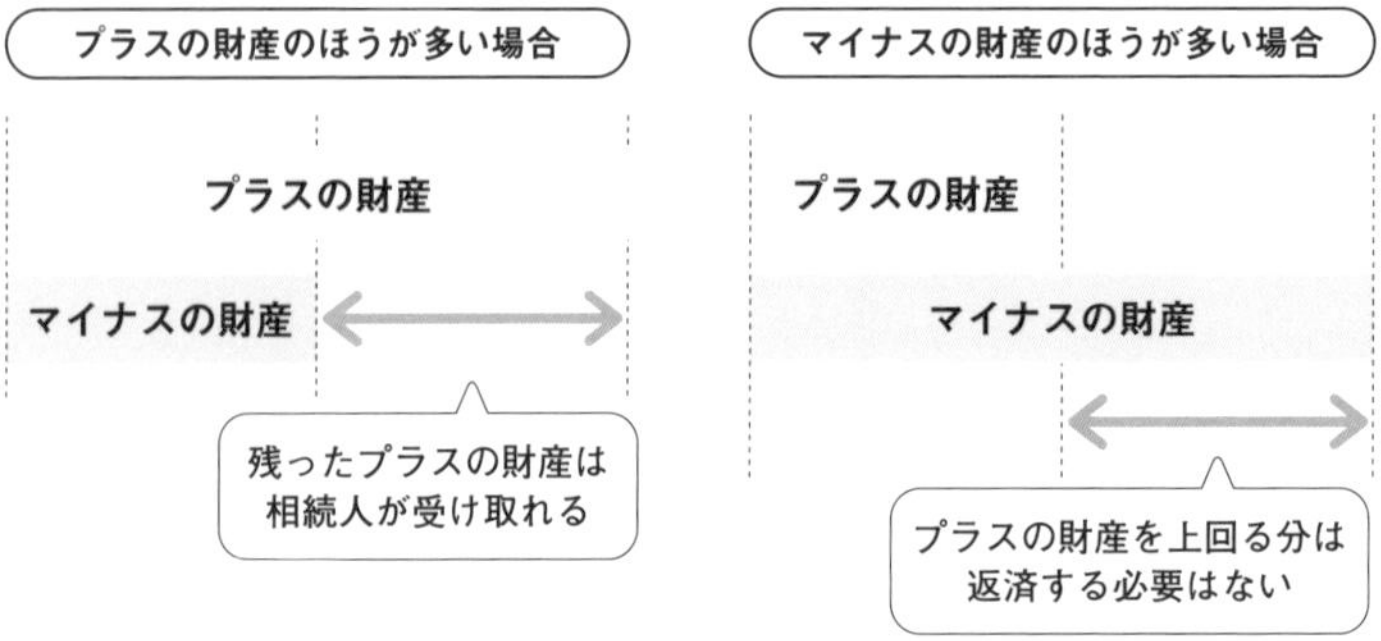
プラスの財産のほうが多い場合
プラスの財産
マイナスの財産
残ったプラスの財産は
相続人が受け取れる
マイナスの財産のほうが多い場合
プラスの財産
マイナスの財産
プラスの財産を上回る分は
返済する必要はない

限定承認を選択するとよいケース

- プラスとマイナスどちらの財産が多いかわからないとき
- マイナスの財産がプラスの財産を上回る場合でも限定承認では先買権（優先して買い受ける権利）が使えるため、自宅などの引き継ぎたい財産があるとき

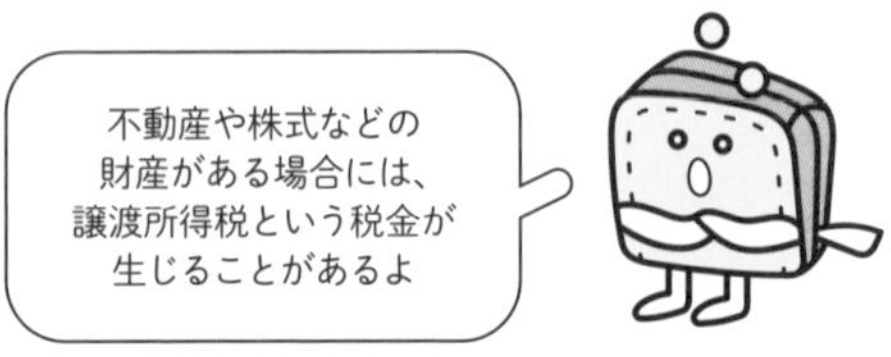
不動産や株式などの
財産がある場合には、
譲渡所得税という税金が
生じることがあるよ

● 相続の限定承認申立書の記入例

届出人　相続人全員（※未成年者・成年被後見人の場合は特別代理人（➡150ページ））

提出先　被相続人の最後の住所地を管轄する家庭裁判所

入手先　家庭裁判所、または裁判所のホームページからダウンロード

「家事審判申立書」を使用する

「相続の限定承認」と記入する

受付印

家事審判申立書　事件名（ 相続の限定承認 ）

（この欄に申立手数料として1件について800円分の収入印紙を貼ってください。）

印紙

（貼った印紙に押印しないでください。）

（注意）登記手数料としての収入印紙を納付する場合は，登記手数料としての収入印紙は貼らずにそのまま提出してください。

収入印紙	円
予納郵便切手	円
予納収入印紙	円

準口頭		関連事件番号　平成・令和　　年（家　　）第　　号

申立書を提出する裁判所

作成年月日

○○ 家庭裁判所 御中 令和 ○ 年 ○ 月 ○ 日	申立人（又は法定代理人など）の記名押印	佐藤一郎 印 佐藤次郎 印

添付書類（審理のために必要な場合は，追加書類の提出をお願いすることがあります。）

添付する書類の種類を記入する。必要な添付書類は裁判所のホームページで確認できる

二重線を引き「申述人」と記入し、訂正印を押す

申~~立~~述人

本籍（国籍）	（戸籍の添付が必要とされていない申立ての場合は，記入する必要はありません。） ○○ 都道府(県) ○○市○○町○丁目○番地
住所	〒○○○－○○○○　電話 ○○○（○○○○）○○○○ ○○県○○市○○町○丁目○○番地○○号（　　方）
連絡先	〒　－　電話　（　）
フリガナ 氏名	佐藤《サトウ》
職業	会社員

申述人全員の本籍・住所・氏名などを記入する

住所で確実に連絡ができる場合は連絡先の記入は不要

申述人

本籍（国籍）	（戸籍の添付が必要…… ○○
住所	〒○○○－ ○○県○○
連絡先	〒　－
フリガナ 氏名	佐藤《サトウ》
職業	会社員

（注）　太枠の中だけ記入してください。

申立ての趣旨

被相続人の相続につき、限定承認します。

相続の開始を知った正確な時期を記入する

申立ての理由

1 申述人らは、被相続人の子であり、相続人は申述人らだけです。

2 被相続人は、令和○年○月○日死亡してその相続が開始し、申述人らはいずれも被相続人の死亡当日に相続の開始を知りました。

3 被相続人には別添の遺産目録記載の遺産がありますが、相当の負債もあり、申述人らはいずれも相続によって得た財産の限度で債務を弁済したいと考えますので、限定承認をすることを申述します。

（申述人が複数の場合）

なお、相続財産管理人には、申述人の佐藤一郎を選任していただくよう希望します。

申述人が複数人いる場合には、相続財産管理人として希望する者の名前を記入する

費用

- 収入印紙800円分＋連絡用郵便切手

必要書類

- 申述書

標準的な申立添付書類

- 被相続人の出生時から死亡時までのすべての戸籍（除籍、改製原戸籍）謄本
- 被相続人の住民票除票または戸籍附票
- 申述人全員の戸籍謄本　ほか

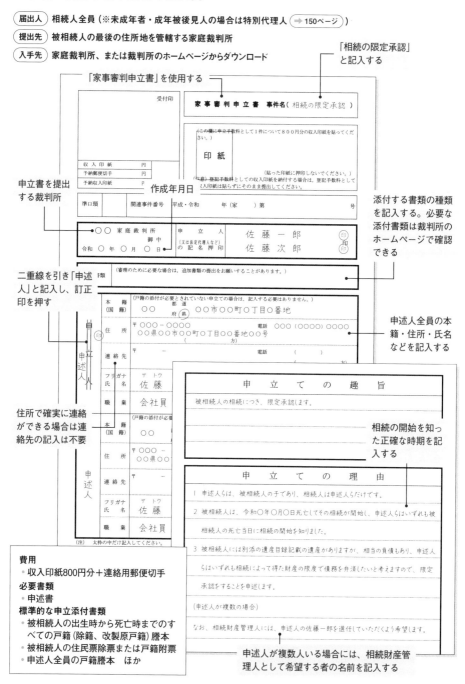

12

手続き期限に間に合わない場合

相続放棄・限定承認の期限は延ばせる

3カ月以内に決められない事情があった時

相続放棄や限定承認を選択する場合、自分が相続人となる相続があることを知った時から**3カ月以内に家庭裁判所に申し立て**をしなければなりません。この3カ月を熟慮期間といいます。

ただ、3カ月かけて被相続人の財産状況を調べ相続人同士で話し合っても、単純承認、相続放棄、限定承認のいずれかを選択するか決断を下せないこともあるでしょう。その場合は、家庭裁判所に申し立てることによって**熟慮期間を延長（伸長）**することができます。また、連絡が取れなくなっていた相続人が被相続人の死を遅れて知ったという事情がある場合も同様です。

家庭裁判所に申し立てる方法

3カ月の熟慮期間中に相続の方法を決められない時は、被相続人（故人）の最終住所地を管轄する家庭裁判所に申し立てることで期間を延長できます。

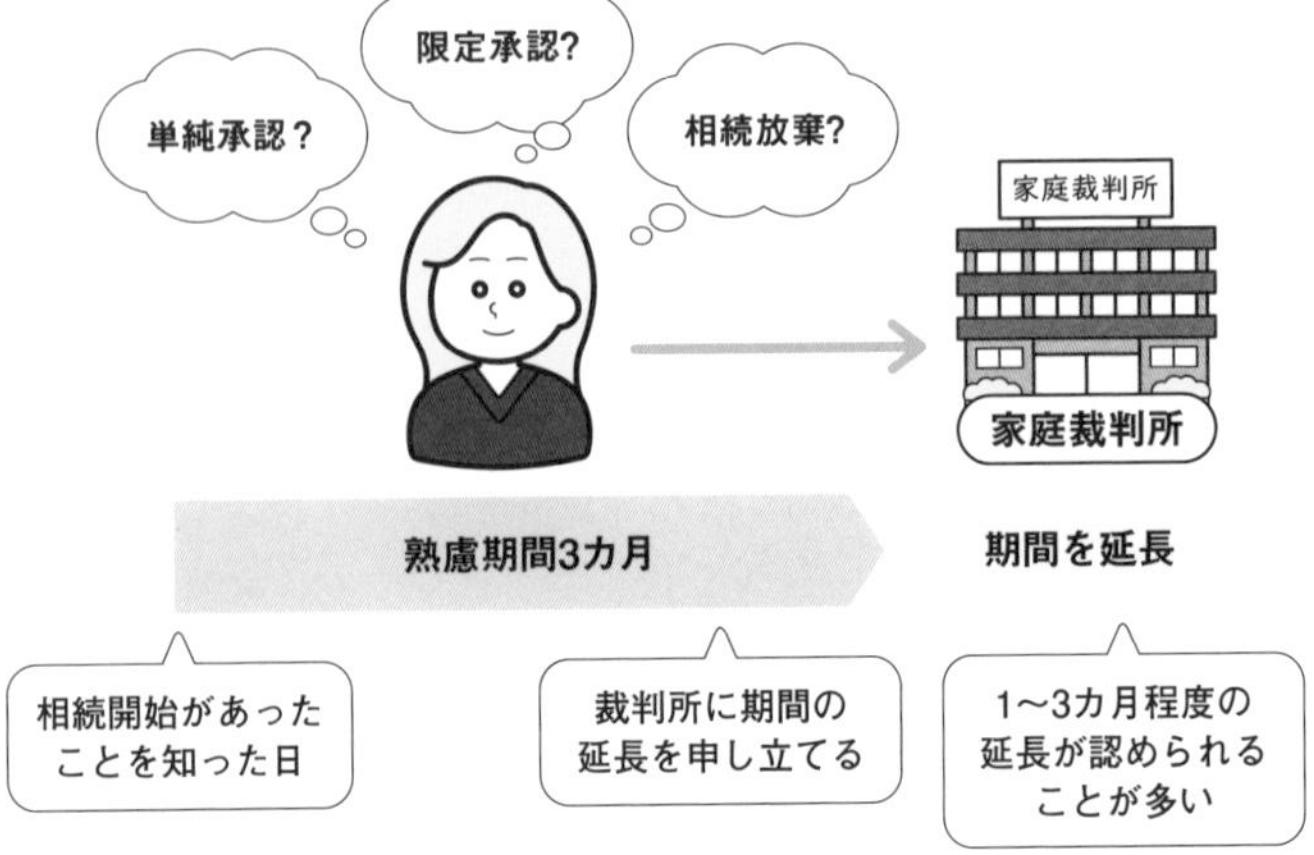

● 熟慮期間延長手続き

申立人	利害関係者（相続人を含む）、検察官
費　用	収入印紙800円分＋連絡用郵便切手
必要書類	・申立書 〈標準的な申立添付書類〉 ・被相続人の住民票除票または戸籍附票 ・利害関係者からの申し立ての場合、利害関係を証明する資料（親族の場合、戸籍謄本など） ・伸長を求める相続人の戸籍謄本ほか

● 相続の承認・放棄の期間伸長申立書の記入例

届出人 相続人、その他利害関係者、検察官

提出先 被相続人の最後の住所地を管轄する家庭裁判所

入手先 家庭裁判所、または裁判所のホームページからダウンロード

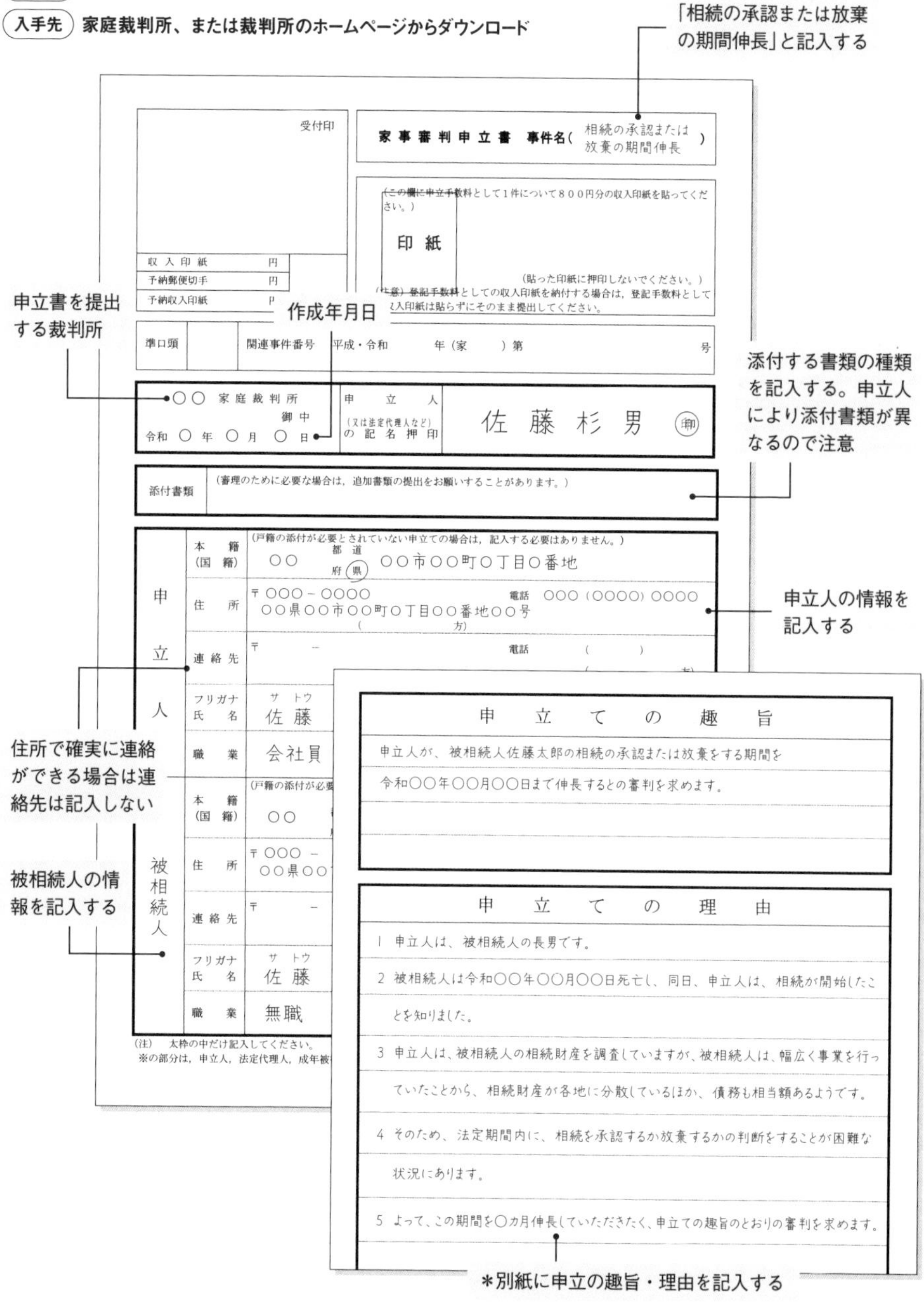

受付印

収入印紙	円
予納郵便切手	円
予納収入印紙	円

家事審判申立書　事件名（相続の承認または放棄の期間伸長）

（この欄に申立手数料として1件について800円分の収入印紙を貼ってください。）

印紙

（貼った印紙に押印しないでください。）

（注意）登記手数料としての収入印紙を納付する場合は，登記手数料としての収入印紙は貼らずにそのまま提出してください。

準口頭		関連事件番号　平成・令和　　年（家　　）第　　号

○○ 家庭裁判所 御中 令和 ○ 年 ○ 月 ○ 日	申立人（又は法定代理人など）の記名押印	佐藤杉男 ㊞

添付書類	（審理のために必要な場合は，追加書類の提出をお願いすることがあります。）

申立人	本籍（国籍）	（戸籍の添付が必要とされていない申立ての場合は，記入する必要はありません。） ○○ 都道府㊧県 ○○市○○町○丁目○番地
	住所	〒○○○－○○○○　電話 ○○○（○○○○）○○○○ ○○県○○市○○町○丁目○○番地○○号（　　方）
	連絡先	〒　－　電話（　）
	フリガナ 氏名	佐藤《サトウ》
	職業	会社員
被相続人	本籍（国籍）	（戸籍の添付が必要 ○○
	住所	〒○○○－ ○○県○○
	連絡先	〒　－
	フリガナ 氏名	佐藤《サトウ》
	職業	無職

（注）　太枠の中だけ記入してください。

※の部分は，申立人，法定代理人，成年被

申立ての趣旨

申立人が、被相続人佐藤太郎の相続の承認または放棄をする期間を令和○○年○○月○○日まで伸長するとの審判を求めます。

申立ての理由

1 申立人は、被相続人の長男です。

2 被相続人は令和○○年○○月○○日死亡し、同日、申立人は、相続が開始したことを知りました。

3 申立人は、被相続人の相続財産を調査していますが、被相続人は、幅広く事業を行っていたことから、相続財産が各地に分散しているほか、債務も相当額あるようです。

4 そのため、法定期間内に、相続を承認するか放棄するかの判断をすることが困難な状況にあります。

5 よって、この期間を○カ月伸長していただきたく、申立ての趣旨のとおりの審判を求めます。

「相続の承認または放棄の期間伸長」と記入する
申立書を提出する裁判所
作成年月日
添付する書類の種類を記入する。申立人により添付書類が異なるので注意
申立人の情報を記入する
住所で確実に連絡ができる場合は連絡先は記入しない
被相続人の情報を記入する
＊別紙に申立の趣旨・理由を記入する

13

遺産分割できない場合①

音信不通の相続人がいたらどうなる？

不在者財産管理人を選任する

相続人の中に、従来の住所を去ったまま連絡が取れず、生死も所在もわからない「不在者」がいる場合は、遺産分割協議が進められません。そのような場合は**不在者に代わって遺産分割協議に参加する不在者財産管理人を立てるか、失踪＝死亡したものとみなして手続きを進めるか**ということになります。手続きを進めるには次の3つの対応が考えられます。

- 不在者の財産管理人が遺産分割協議に参加する（あらかじめ不在者自身が依頼しているとき）
- 不在者財産管理人を選任する（不在者の意思表示がないとき）
- 失踪宣告をする（7年以上所在不明の時）

所在不明者に代わって手続き

不在者の財産管理をすべて任せている人がいればその人物が、いない場合は裁判所に不在者財産管理人の選任を申し立てます。

不在者財産管理人とは

家庭裁判所の許可を得て、不在者に代わって遺産分割協議に参加する人のこと。

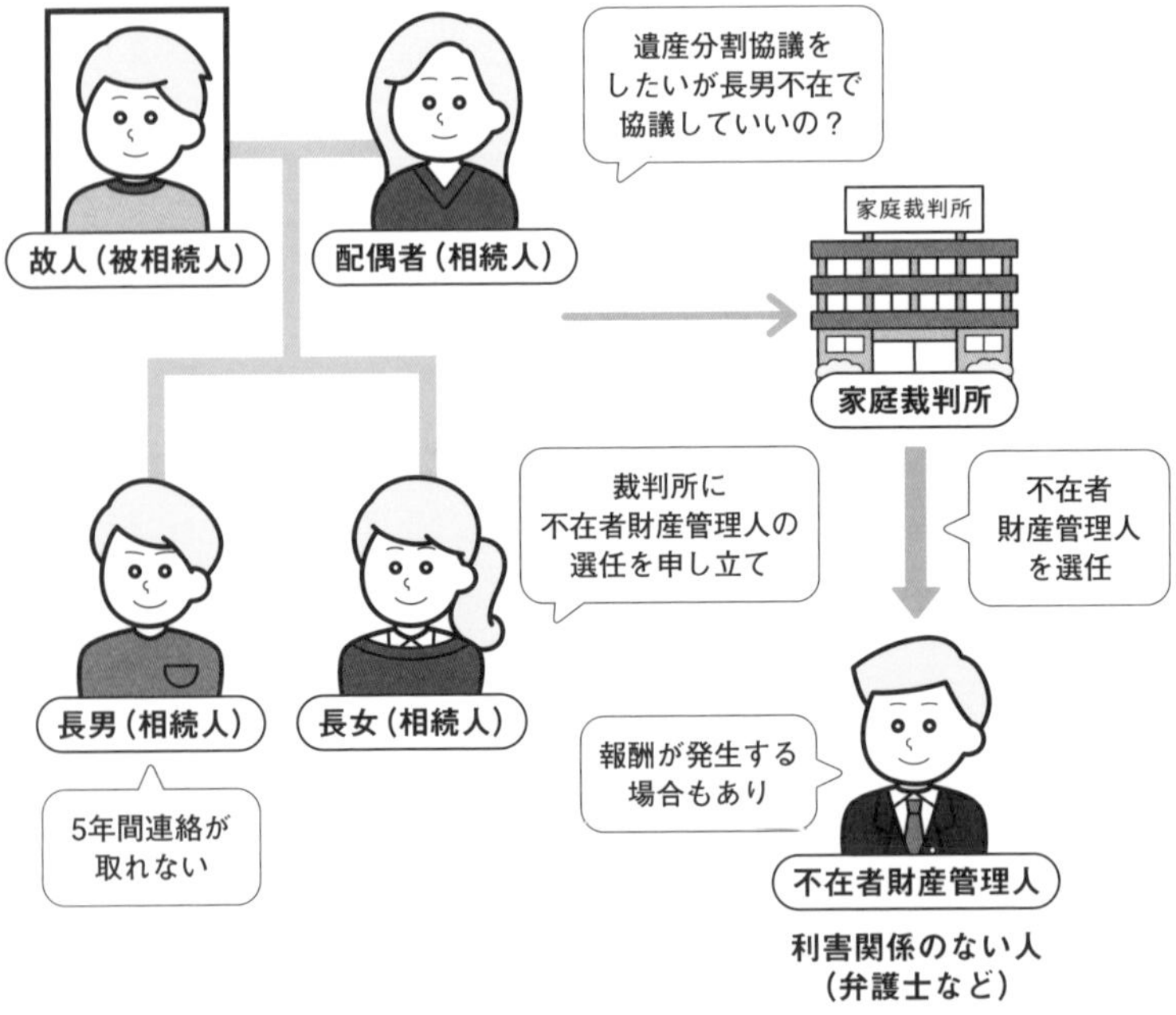

所在不明者がいる場合の対応

相続人の中に所在不明者がいる場合は、次の3つの対応が考えられます。

①不在者の財産管理人が遺産分割協議に参加

不在者自身があらかじめ親族などに財産管理人として財産管理を依頼している場合は、家庭裁判所から許可を得たうえで、その人が遺産分割協議に参加する。

②不在者財産管理人を選任

財産管理を任された人がいない場合は、家庭裁判所に不在者財産管理人の選任を申し立てる。申立者になれるのは不在者の配偶者や相続人にあたる者、債権者などの利害関係者。選任された管理人は不在者に代わって遺産分割協議に参加する。

● 不在者財産管理人選任の申立手続き

申立人	利害関係者（不在者の配偶者、相続人となる者、債権者など）、検察官
申立先	不在者の従来の住所地または居所地の家庭裁判所
必要書類	● 不在者財産管理人選任の申立書 〈標準的な申立添付書類〉 ● 不在者の戸籍謄本、戸籍附票 ● 財産管理人候補者の住民票または戸籍附票 ● 不在の事実を証明する資料 ● 不在者の財産に関する資料（不動産登記事項証明書など） ● 申立人の利害関係を証明する資料　ほか
費　用	収入印紙800円分＋連絡用郵便切手

③失踪宣告をする

不在者が死亡したものとみなして、失踪者の利害関係者などが失踪宣告を行う。そのうえで不在者の法定相続人が遺産分割協議に参加する。ただ、生死不明となってから7年を経過していなければ着手できず、手続きに1年程度かかる。

14

遺産分割できない場合②

相続人に未成年者がいる場合は？

相続人以外の特別代理人を立てる

相続人の中に未成年者がいる場合は、**特別代理人が必要**となります。通常、未成年者が法律上の判断を行うには親権者が法定代理人の役割を担いますが、相続に関しては、**親権者も相続人である場合、特別代理人にはなれません**。なぜなら、相続人同士で利害が対立し、親権者に有利な判断をすることが可能になり不公平になるからです。

ただし、親権者が相続放棄をし、未成年の子のみが相続人になる場合は、親権者が1人の未成年者の法定代理人となることができます。**未成年者が複数人いる場合は、それぞれに特別代理人を立てなければなりません**。

未成年者には特別代理人が必要

特別代理人には特に資格要件はありません。該当の未成年者との関係や利害関係の有無を考慮して選任されます。選任は家庭裁判所への申し立て手続きが必要です。

● 特別代理人が必要なケース

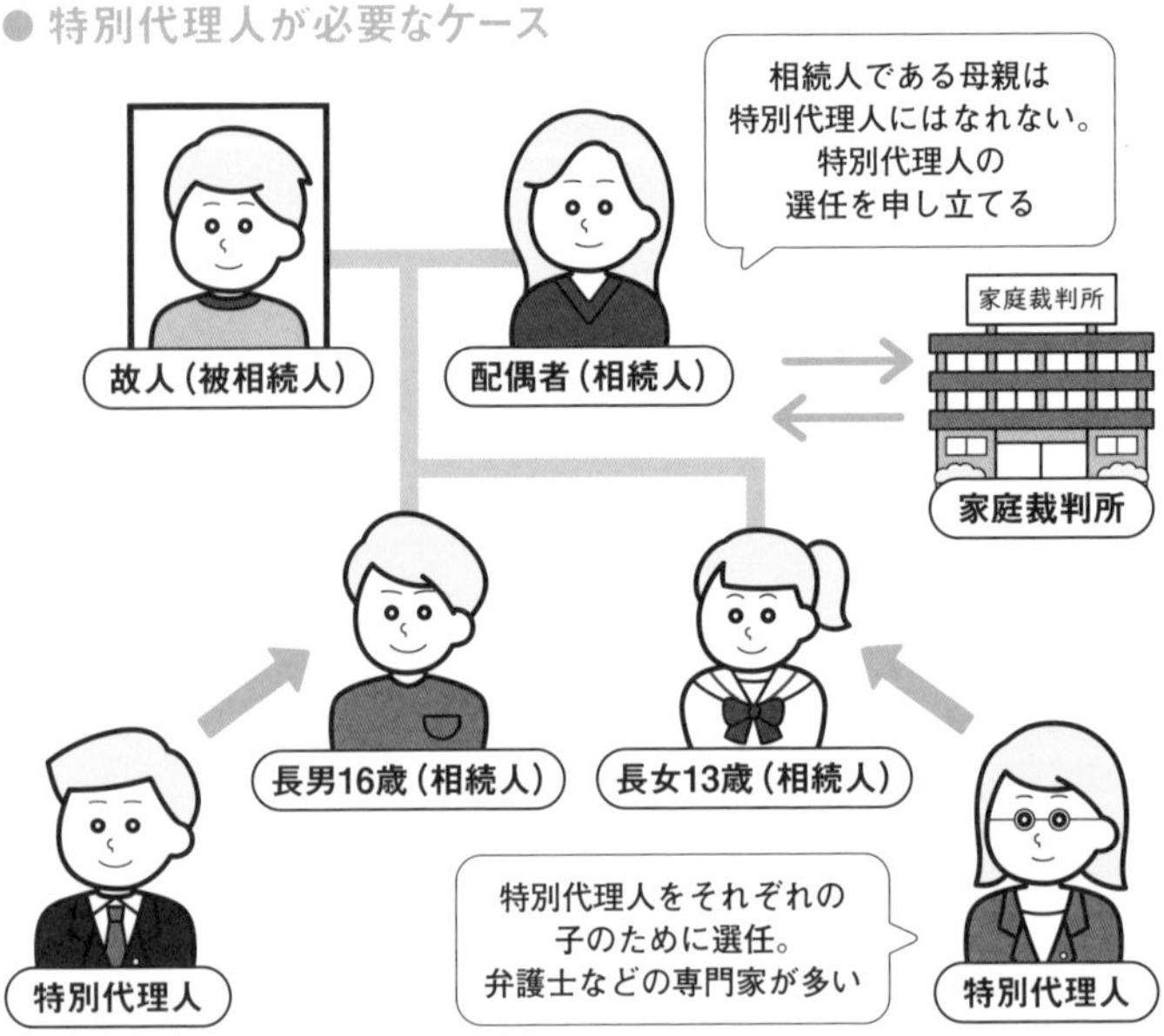

特別代理人の主な役割

- 遺産分割協議に参加する
- 遺産分割内容が未成年の相続人にとって不利にならないように配慮する
- 相続全般に関する手続きを代行する（書類の記入、署名・捺印など）

特別代理人が不要な場合もある

親権者が相続放棄をした、または相続権がない場合などで未成年者が1人であれば、特別代理人の選任が不要なケースもあります。

ケース1

親権者が相続を放棄した場合

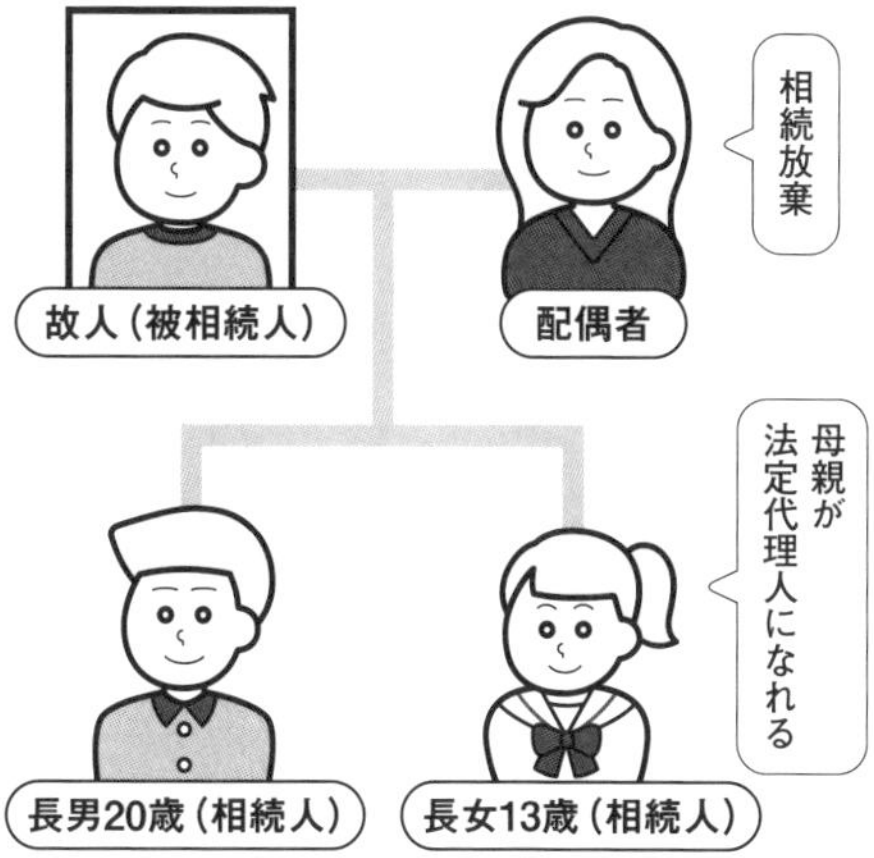

子どものうち未成年者は1人で、相続放棄している母親がその子の代理人になれるので、選任の必要はない。

ケース2

親権者に相続権がない場合

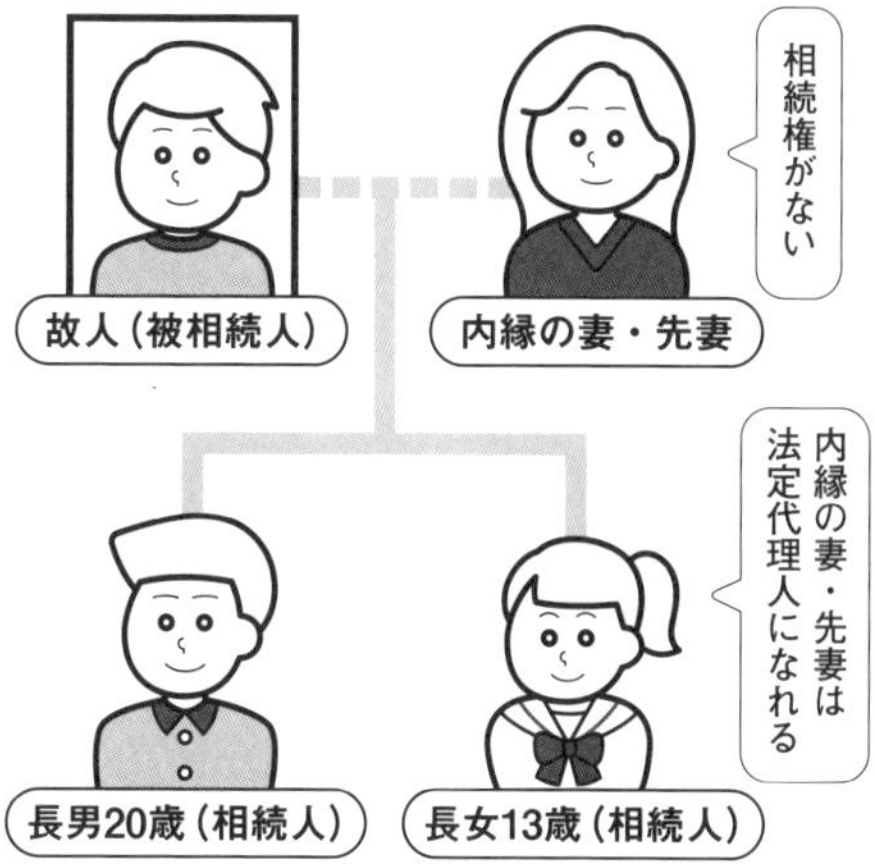

子どものうち未成年者は1人で、かつ内縁の妻や先妻は相続権がなくその子の代理人になれるので、選任の必要はない。

子どもの住所地を管轄する家庭裁判所へ申し立てを行う

特別代理人が必要な場合は、親権者か利害関係者が子どもの住所地を管轄する家庭裁判所へ申し立てます。

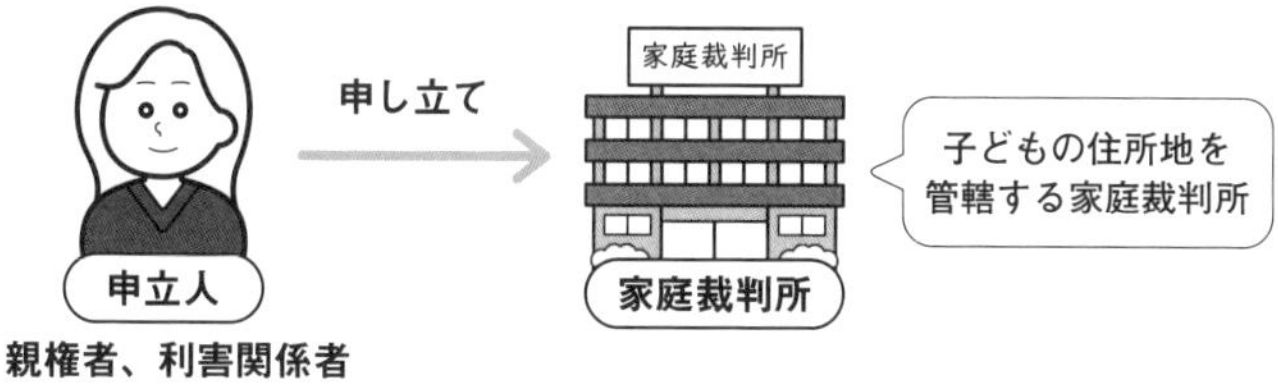

必要書類

- 特別代理人選任申立書
〈標準的な申立添付書類〉
- 未成年者の戸籍謄本
- 親権者または未成年後見人の戸籍謄本
- 特別代理人候補者の住民票または戸籍附票
- 利益相反に関する資料（遺産分割協議書案など）

費用

子1人につき
収入印紙800円分＋連絡用郵便切手

15

遺産分割できない場合③

判断能力が不十分な相続人がいる場合は？

成年後見人をつけて必要な手続きを代行する

認知症などの影響で判断能力が衰えると、預貯金や不動産などの財産管理、契約の締結などの法律行為を行うのが難しくなります。そのような人が相続人の中にいる場合には、**成年後見人**をつけます。

成年後見とは、裁判所に選任された**後見人が本人に代わって財産の管理や法律行為を行う制度**のことで、選任された後見人は遺産分割協議にも参加できます。本人または親族などが、本人の住所地を管轄する家庭裁判所に申し立てて、適格者が選任されます。決まった資格要件はありませんが、親族以外を選任する場合は弁護士や福祉の専門家などが担うことが多いようです。

法定後見と任意後見の2つがある

成年後見制度には法定後見と任意後見の2つがあります。法定後見はすでに判断能力を欠いている人をサポートするため、任意後見は本人に判断能力があるうちに将来判断能力が衰えるリスクに備えるしくみです。

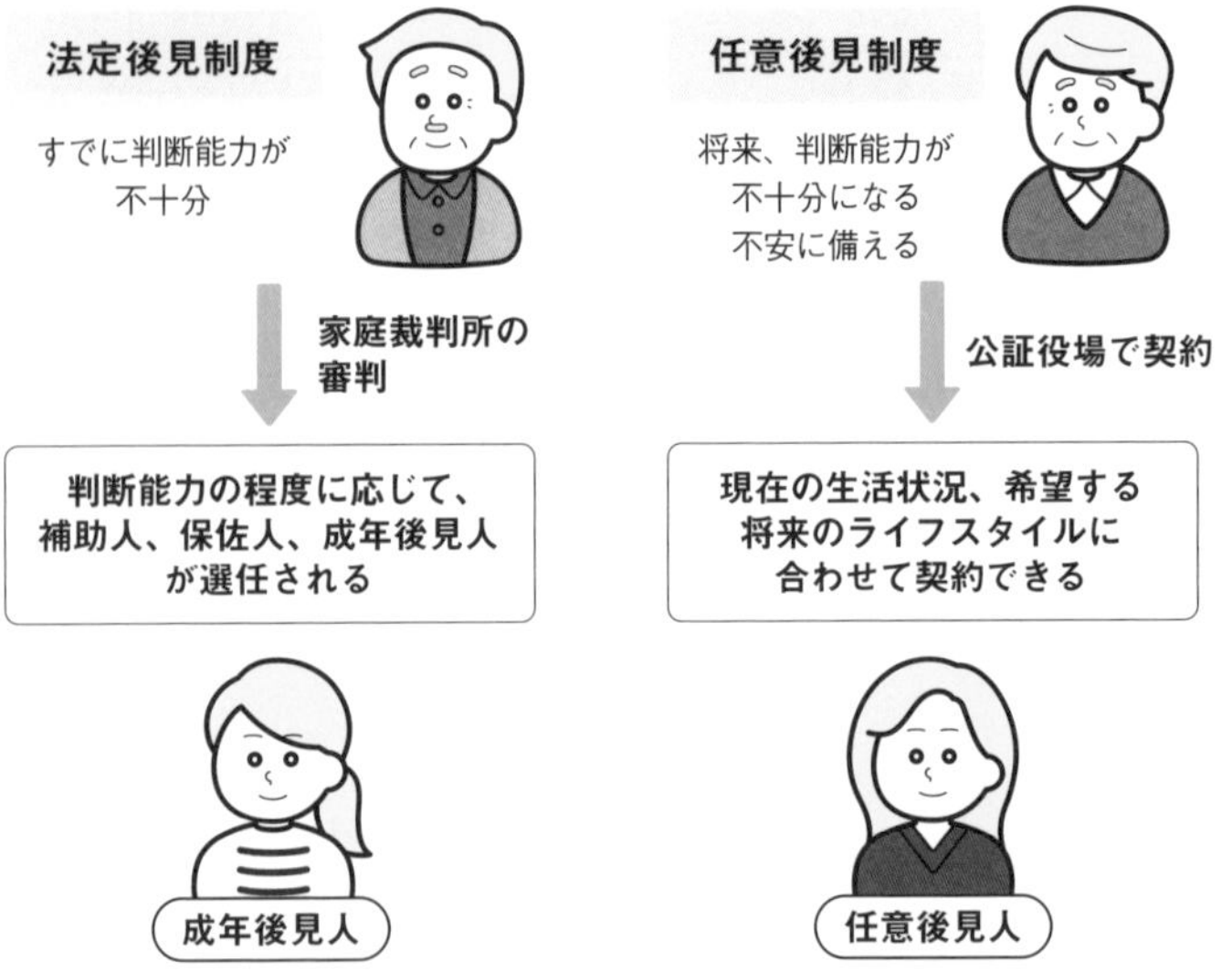

● 成年後見のメリット・デメリット

メリット

- 不要な契約を取り消すことができる
- 身近な人による財産の使い込みを防げる
- 介護サービスなどの契約を代行できる

デメリット

- 申立費用と手間がかかる
- 後見人への報酬がかかる
- 相続税対策ができなくなる

相続人本人に代わって財産を管理する

法定後見制度には「補助」「保佐」「後見」の3種類があります。本人の判断能力の程度によって区別されます。

	補助	保佐	後見
対象者	 判断能力が不十分な人（被補助人）	 判断能力が著しく不十分な人（被保佐人）	 判断能力がまったくない人（成年被後見人）
申し立てできる人	本人・配偶者・4親等内の親族など		
本人の同意	必要	不要	不要
補助人、保佐人、後見人の同意が必要な行為	申し立ての範囲内で裁判所が定める行為（本人の同意が必要）	借金、訴訟行為、相続の承認・放棄、新築・改築・増築などの行為	なし
補助人、保佐人、後見人が取消可能な行為			日常の買い物などの生活に関する行為以外の行為
補助人、保佐人、後見人に与えられる代理権	申し立ての範囲内で裁判所が定める行為（本人の同意が必要）		財産に関するすべての法律行為

審判の確定までに3～5カ月かかる

成年後見人の申し立てをして選任・後見を開始するまでには、本人の陳述採取、成年後見人等の候補者の適格性の調査など慎重に審理を進めるため、一般的に3～5カ月かかります。

申し立てから審判まで一般的に3～5カ月

申し立て → **審理** → **法定後見の開始の審判・成年後見人の選任** → **審判の確定（法定後見の開始）**

- 申し立て：申立人になれるのは、本人・配偶者・4親等内の親族など
- 審理：本人の陳述採取 成年後見人等の候補者の適格性の調査など

費用
収入印紙3,400円分＋連絡用郵便切手
※内訳：申立手数料800円、登記手数料2,600円

必要書類
- 後見開始の申立書

【本人】戸籍謄本、住民票または戸籍附票、診断書、成年後見登記事項証明書、財産に関する資料
【成年後見人候補者】住民票または戸籍附票

遺産分割協議書を残して後々のトラブル回避

合意の内容を書面に残す
合意しないときは審判書

　遺言書がない場合や遺言書に書かれている以外の財産がある時は相続人全員で遺産分割協議をして分割の方法を決めます。話し合って意見が一致したと思っても、実は思い違いをしていた、後で意見が変わったなどの事態もあり得ます。そうした**トラブルを防ぐために遺産分割協議書を作成し、相続人全員が署名、実印を押し、1通ずつ保管**します。

　遺産分割協議書は法定相続分と異なる割合で相続する場合、手続きの実行や相続税の更正の請求（超過分の還付）に必要になります。相続人全員の合意が得られない場合は、家庭裁判所が作成する**審判書**が遺産分割協議書の代わりとなります。

相続人全員の合意が必要

相続人全員の合意なく一部の相続人だけで勝手に相続手続きを実行することはできません。

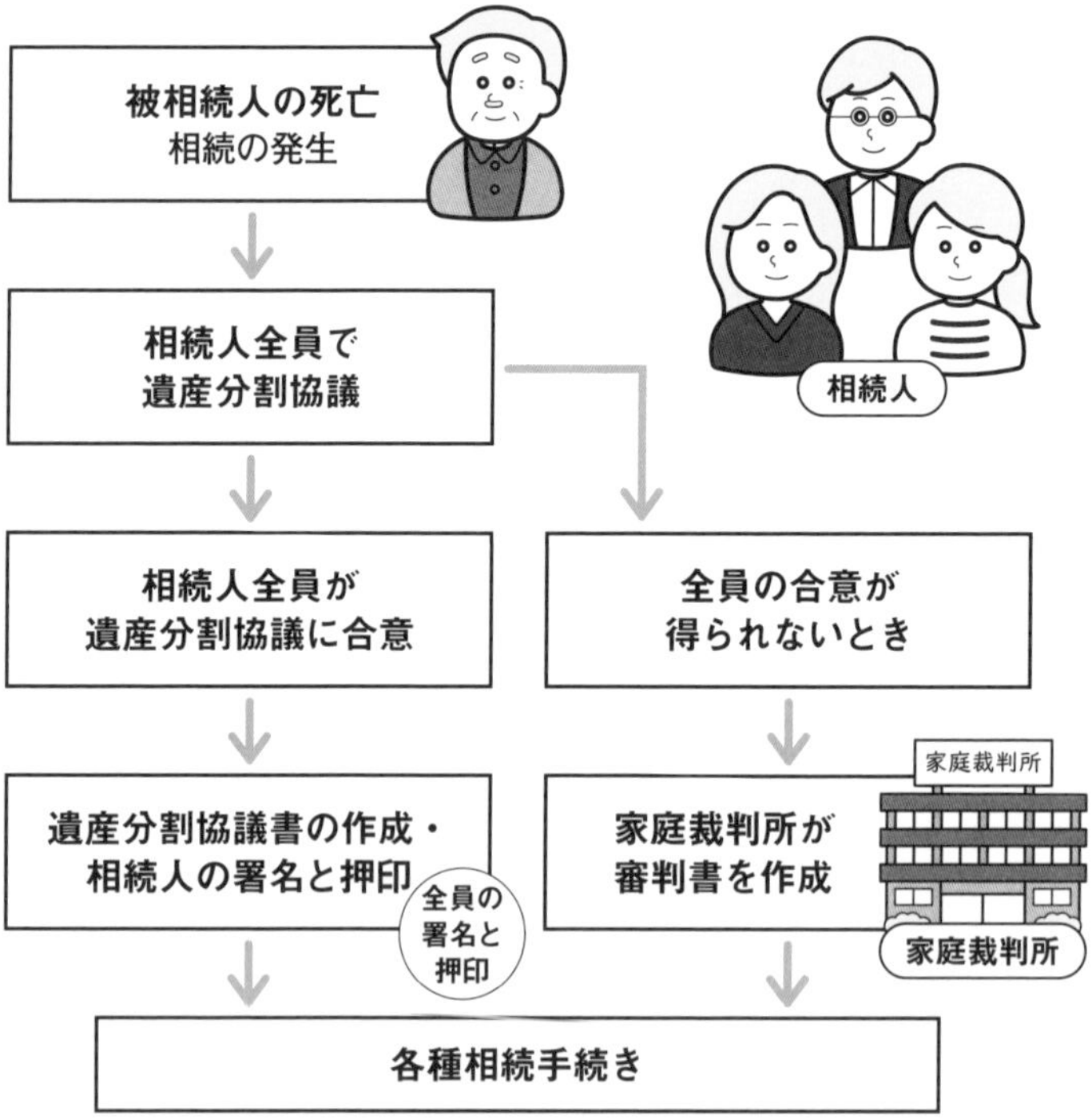

遺産分割協議書の書き方のポイント

遺産分割協議書には特に決まった書式はなく、手書きでもパソコンでもどちらでも構いません。相続人の人数分作成し、各自が1通ずつ保管することをおすすめします。

被相続人の名前と死亡日を記載

遺産分割協議書

相続人が決定に合意していることを示す内容を記載

令和○年○月○日、○○市○○町○番地 山田太郎の死亡によって開始した相続の共同相続人である山田花子、山田一郎および山田正子は、本日、その相続財産について、次のとおり遺産分割の協議を行い合意した。

相続財産のうち、下記の不動産は、山田一郎（持分２分の１）および山田正子（持分２分の１）が相続する。

この協議を証するため、本協議書を３通作成して、それぞれに署名、押印し、各自１通を保有するものとする。

令和○年○月○日

○○市○○町○丁目○番地　山田花子　印
△△市△△町△丁目△番地　山田一郎　印
□□市□□町□丁目□番地　山田正子　印

相続人全員の名前・住所を記載し実印を押印

記

不動産
所　在　○○市○○町○丁目
地　番　○番
地　目　宅地
地　積　123.45m²

所　在　○○市○○町○丁目
家屋番号　○番
種　類　居宅
構　造　木造かわらぶき２階建
床面積　１階　43.00m²
　　　　２階　21.34m²

相続財産の具体的な内容を記載

以上

17

所得税の準確定申告

亡くなった年の所得に対して税金を払う

故人の所得税の申告は相続人が行う

収入のある被相続人が亡くなった場合、その年の確定申告はしなくてはいけないのでしょうか？

所得税は該当の年の1月1日から12月31日の間に得た所得に応じて課税されますが、本人が年の途中で亡くなった場合は、**相続人が死亡した日までの所得をもとに税額を計算して相続の開始があったことを知った日の翌日から4カ月以内に申告・納税しなければなりません**。これを**準確定申告**といいます。相続人が2人以上いる場合は、基本は各相続人が連署により準確定申告書を提出します。ただし、ほかの相続人に知らせたうえで、代表が全員の氏名を付記して提出することもできます。

自営業の場合は申告は必須

故人が会社員・派遣社員・パートなどの給与所得者であれば、給与支払者である会社が年末調整を行うので、医療費控除などの還付を受けたい場合などを除いて申告の必要はありません。自営業者だった場合は相続人が申告する必要があります。

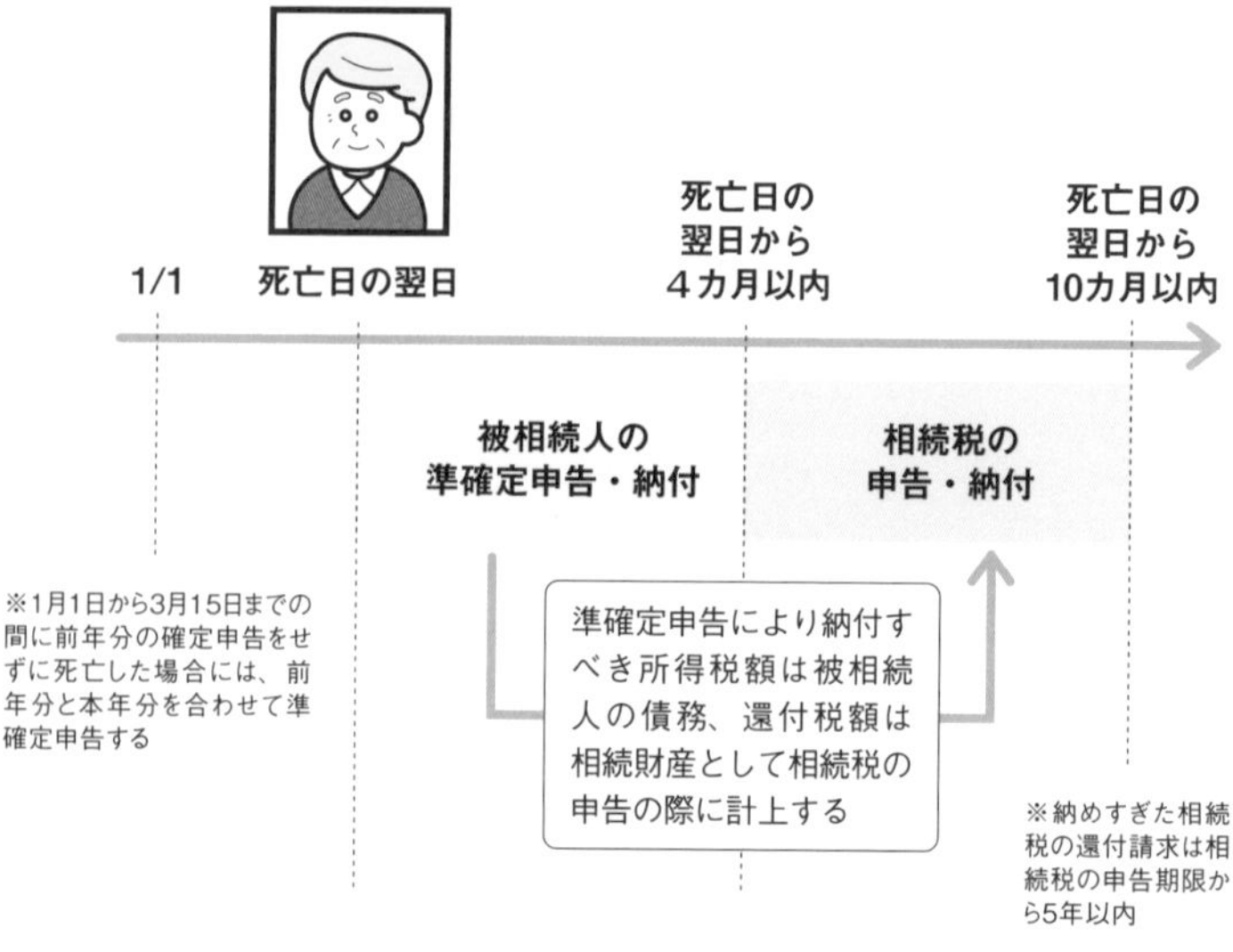

1/1
死亡日の翌日
死亡日の翌日から4カ月以内
死亡日の翌日から10カ月以内
被相続人の準確定申告・納付
相続税の申告・納付
※1月1日から3月15日までの間に前年分の確定申告をせずに死亡した場合には、前年分と本年分を合わせて準確定申告する
準確定申告により納付すべき所得税額は被相続人の債務、還付税額は相続財産として相続税の申告の際に計上する
※納めすぎた相続税の還付請求は相続税の申告期限から5年以内

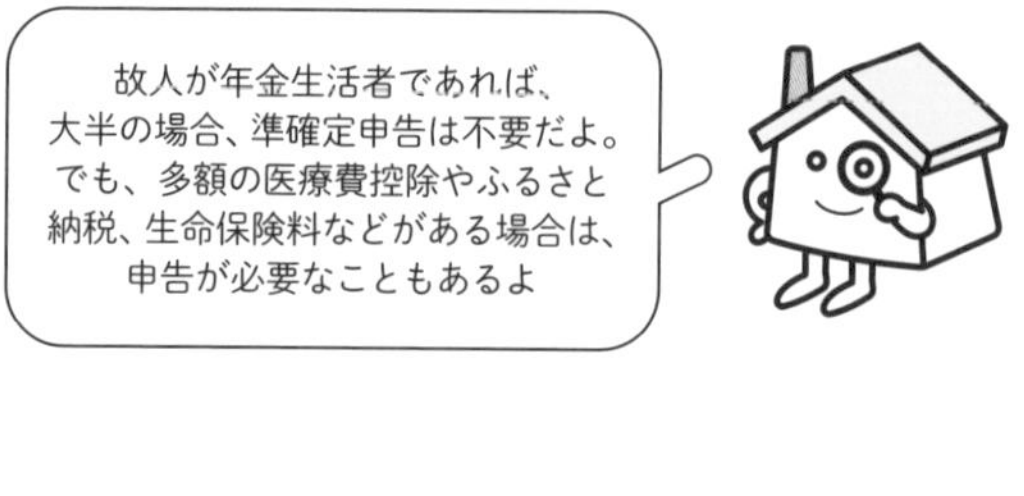

故人が年金生活者であれば、大半の場合、準確定申告は不要だよ。でも、多額の医療費控除やふるさと納税、生命保険料などがある場合は、申告が必要なこともあるよ

● 準確定申告書の記入例

届出人 相続人

提出先 被相続人の最後の住所地を所轄する税務署

入手先 税務署、または国税庁のホームページからダウンロード

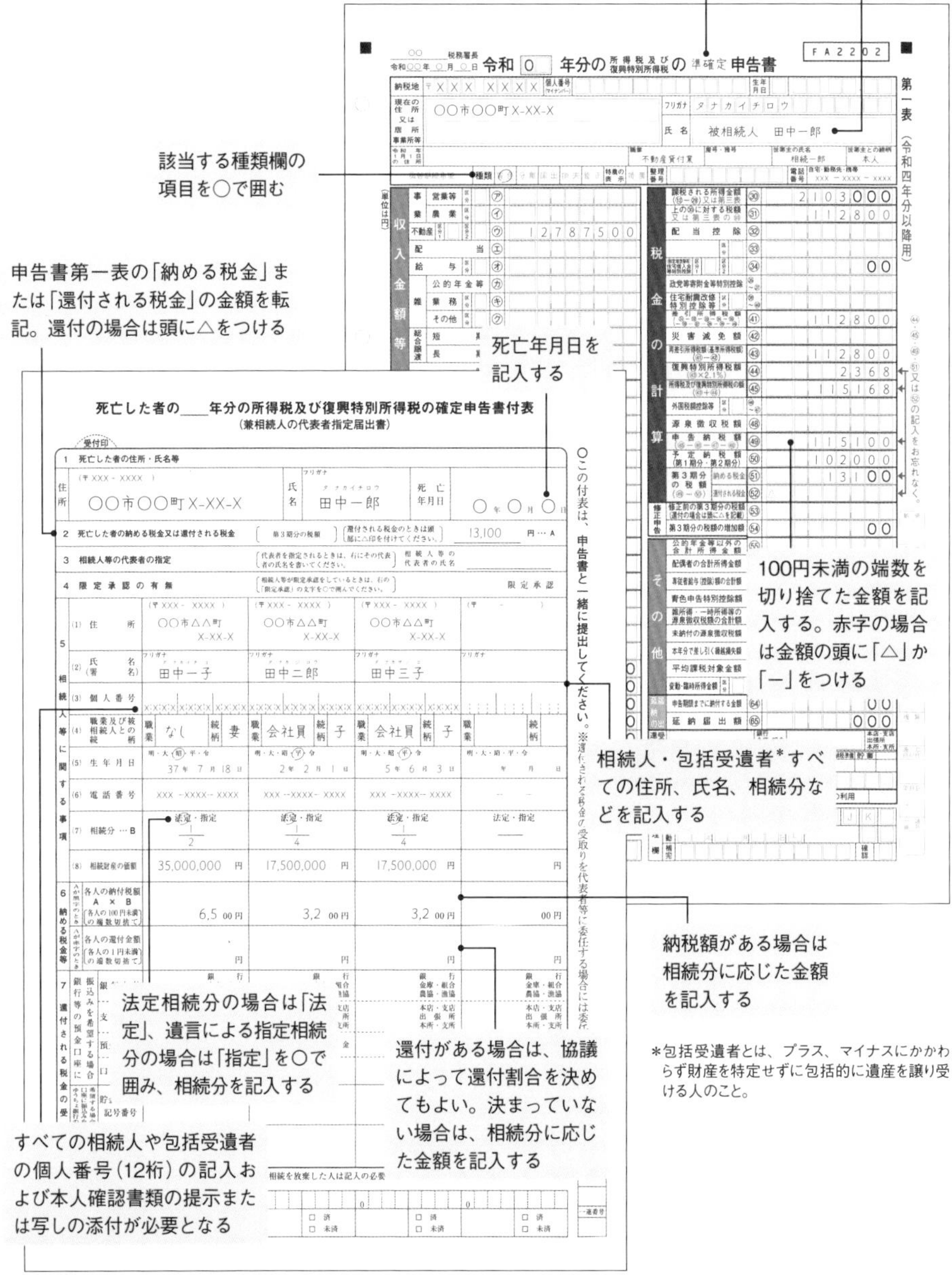
「準確定」と記入する
被相続人の住所、氏名を記入する。押印は不要

該当する種類欄の項目を○で囲む
申告書第一表の「納める税金」または「還付される税金」の金額を転記。還付の場合は頭に△をつける
死亡年月日を記入する
100円未満の端数を切り捨てた金額を記入する。赤字の場合は金額の頭に「△」か「ー」をつける
相続人・包括受遺者*すべての住所、氏名、相続分などを記入する
納税額がある場合は相続分に応じた金額を記入する
法定相続分の場合は「法定」、遺言による指定相続分の場合は「指定」を○で囲み、相続分を記入する
還付がある場合は、協議によって還付割合を決めてもよい。決まっていない場合は、相続分に応じた金額を記入する
すべての相続人や包括受遺者の個人番号（12桁）の記入および本人確認書類の提示または写しの添付が必要となる

*包括受遺者とは、プラス、マイナスにかかわらず財産を特定せずに包括的に遺産を譲り受ける人のこと。

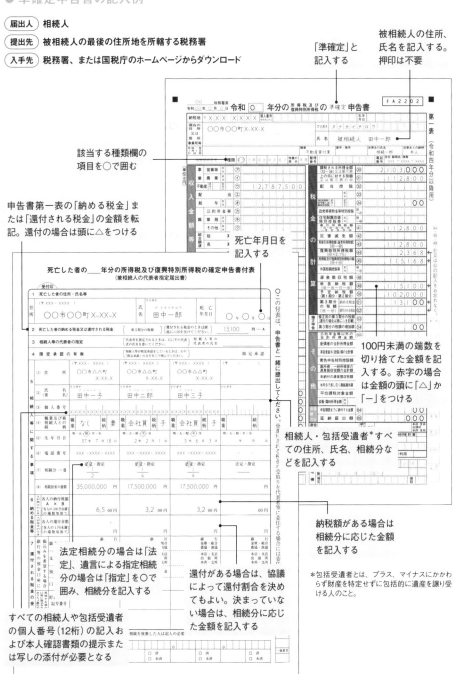

18

生命保険金

死亡保険金の請求期限は3年が一般的

保険の証書を確認 すみやかに保険会社に連絡

被相続人が被保険者として生命保険に加入していたら、死亡時に死亡保険金が給付されます（98ページ）。まずは保険証書がないか、探して見つかれば記載事項を確認のうえ、保険会社の窓口へ連絡しましょう。**死亡保険金の請求をできるのは保険証書に記載された受取人のみ**です。契約後に受取人が変更されている場合もあるので、併せて保険会社に確認しましょう。

証書が見つからない場合は、心当たりの保険会社に問い合わせて確認することもできます。手続きに必要な書類を揃えて死亡保険金受取を請求すると一般的に5営業日以内に保険金が支払われます。

期限までに請求しないと受け取れない

一般的に生命保険は被保険者の死後3年が経過すると時効となり請求できなくなる可能性が高いので、早めに請求しましょう。

● まずは加入している保険会社を確認

被相続人が生命保険に加入していたかどうかを確認するには次の方法が手がかりとなる。

• 保険証書を確認する

保険証書は大切に保管されていることが多い。
心当たりを探してみよう。

• 通帳の引き落とし履歴を見る

保険証書が見つからないときは通帳の引き落とし履歴を見て毎月の保険料引き落としがないかを確認する。

• 保険会社から届く郵便物を確認する

保険会社から定期的に届く契約内容を記載した郵便物がないか確認する。

生命保険の時効

- 死亡後の保険金の請求時効は3年
- 時効を過ぎてからの請求は支払いを拒否される可能性も
  ➡ 保険内容をしっかりと把握することが大切

保険金の請求は受取人が行う

保険金の請求ができるのは証書に記載された受取人だけなので、受取人本人が手続きしなければなりません。ただし、証書に記載されている受取人名は契約時のもので、その後変更されている場合もあるので、保険会社に確認しましょう。

● 手続きの流れ

保険事故が発生
被保険者の死亡

↓

保険金受取人が保険会社に連絡

↓

（約5日）

必要書類を揃えて提出

↓

保険会社による支払い可否判断

↓

保険金の支払い

保険会社から確認されること

- 保険証券番号
- 被保険者（死亡した人）の氏名
- 死亡日
- 死因（病気・事故など）
- 受取人の氏名と連絡先
- 死亡前の入院や手術の有無　ほか

必要書類

- 保険会社規定の請求書
- 死亡診断書（死体検案書）のコピー
- 被保険者（死亡した人）の住民票
- 受取人の戸籍抄本
- 本人確認書類のコピー（運転免許証など）　ほか

証書に記載されている
受取人名は変更されている
場合もあるので、
保険会社に確認するといいよ

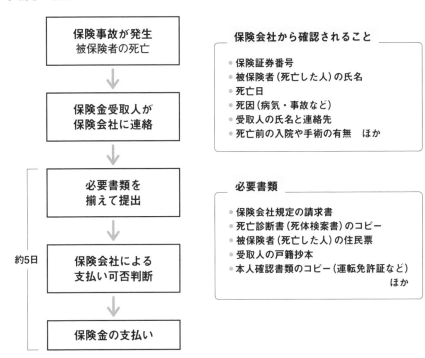

19

不動産の相続登記

不動産を相続したらまずは登記をする

所有者の名義変更を法務局に届ける

土地などの**不動産を相続したら、必ず所有権移転の登記**をします。相続した際は不動産の所有権が被相続人から相続人に移るので、所有者の名義を相続人に変更しなければなりません。これを**相続登記**といいます。**手続きは該当の不動産の所在地を管轄する法務局で行います**。書留郵便やインターネットでの申請も可能です。申請方法や必要な書類などは法務局の窓口で確認しましょう。手続きが完了すると**登記識別情報**が通知され、これが従来の権利証の代わりの書類となるので大切に保管します。個人で手続きするには負担が大きいので、専門家へ相談することも検討してみましょう。

手続きはオンラインでも可能

相続登記は法務局で行いますが、オンライン申請もできるので法務局まで出向く時間のない時や対象の住所地から遠くに住んでいる場合に活用できます。

申請人	不動産の相続、または遺贈を受けた人など
申請先	登記する不動産の所在地を管轄する法務局
一般的な必要書類	・登記申請書 ・被相続人のすべての戸籍謄本 ・被相続人の住民票の除票 ・相続人の戸籍謄本 ・相続人全員の住民票の写し ・協議分割の場合は、遺産分割協議書、各相続人の印鑑証明書など
費用	登録免許税（収入印紙で添付） ※電子申請はオンライン納付

オンライン申請の流れ

【URL】 https://www.touki-kyoutaku-online.moj.go.jp/

オンライン申請では必要書類のスキャンデータを送信した後で、原本を法務局へ持参するか送付する。

※パソコンのみ対応。スマホ未対応

webサイト上に動画による説明もあるので参考にするといいよ

● 相続登記申請書の記入例

登記申請書

登記の目的　所有権移転
原因　令和○年○月○日相続
相続人　（被相続人　田中　一郎）
　○○市○○町X-XX-X
　（住民票コード12345678901）
　（申請人）　持ち分２分の１　田中　一子　印
　　○○市△△町X-XX-X
　（申請人）　持ち分２分の１　田中　二郎　印
　連絡先の電話番号　XX-XXXX-XXXX

添付情報　登記原因証明情報　住所証明情報
□登記識別情報の通知を希望しません。（注８）

令和○年○月○日申請　××法務局（または地方法務局）△△支局（または出張所）

課税価格　金2,000万円
登録免許税　金８万円

不動産の表示

不動産番号　1234567890123
所在　○○市○○町○丁目
地番　○番
地目　宅地
地積　123.45㎡

不動産番号　3456789012345
所在　○○市○○町○丁目
家屋番号　○番
種類　居宅
構造　木造かわらぶき２階建
床面積　１階　43.00㎡
　２階　21.34㎡

- 遺産分割協議が成立した日ではなく、被相続人が死亡した日を記載
- 被相続人（死亡した人）の氏名を記載
- 住民票コードを記載した場合、添付情報として住所証明情報（住民票の写し）の提出を省略できる（死亡者の住民票コードは使えない）
- 相続する持ち分、土地・建物を相続した人の住所および氏名を記載し、申請人が末尾に押印（認印可）。持ち分は遺産分割協議書に記載されている持ち分と一致している必要がある
- 携帯電話可
- 登記原因証明情報として必要な添付書類を記載
- 申請に係る不動産を相続することになった相続人全員の住民票の写しのこと。住民票コードを記載した場合は提出を省略できる
- 通知を希望しない場合にチェック
- 課税価格、登録免許税の計算方法は下記URL参照
https://houmukyoku.moj.go.jp/homu/content/001325692.pdf
- 登記の申請をする不動産を、登記記録（登記事項証明書）に記録されているとおりに正確に記載
- 不動産番号を記載した場合は、土地の所在、地番、地目および地積の記載を省略できる

プラスアルファ

2024年4月から相続登記の申請が義務化される

相続人が相続等によって取得した土地について登記申請を行わないことで、土地の所有者が不明になったり、所有者と連絡がつかなかったりする事例が増えていることを受けて、2024年4月1日から、相続登記や氏名変更登記の申請が義務化されます。不動産の相続の開始があったことと取得を知ってから3年以内に正当な理由なく相続登記を申請しなかった場合、10万円以下の過料が課される可能性があります。

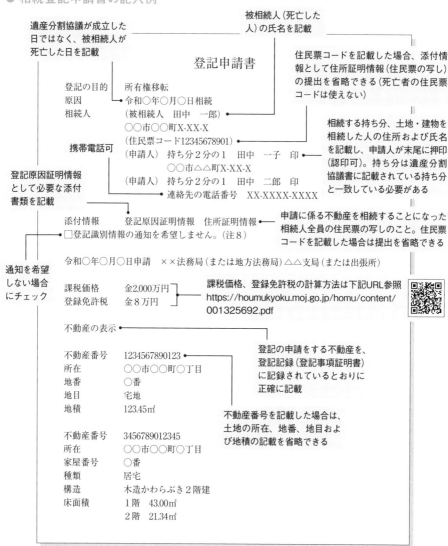

20

各種名義変更

手続きにはさまざまな書類が必要

名義人の死亡を確認後口座が凍結される

被相続人が亡くなったことを知ると金融機関は被相続人名義の口座を凍結します。親族の誰かが勝手にお金を動かすと、相続人同士のトラブルを生みかねないからです。トラブルを回避するためにも、早めに死亡の報告をしましょう。**遺産分割協議後に凍結を解除するには、必要書類を揃えて解除申請**をします。おおむね数週間で凍結解除され、解約後に相続人の指定する口座に払い戻されます。

株式を相続する場合、被相続人から相続人への名義変更が必要です。遺産分割が終わったら窓口になっている証券会社に問い合わせて手続きをしましょう。

凍結解除には相続人全員の署名が必要

遺産分割協議が決着して、口座の凍結を解除するには、金融機関それぞれの規定に沿って必要書類を提出します。一般に相続人全員の署名、戸籍謄本、印鑑証明書が求められることが多いです。

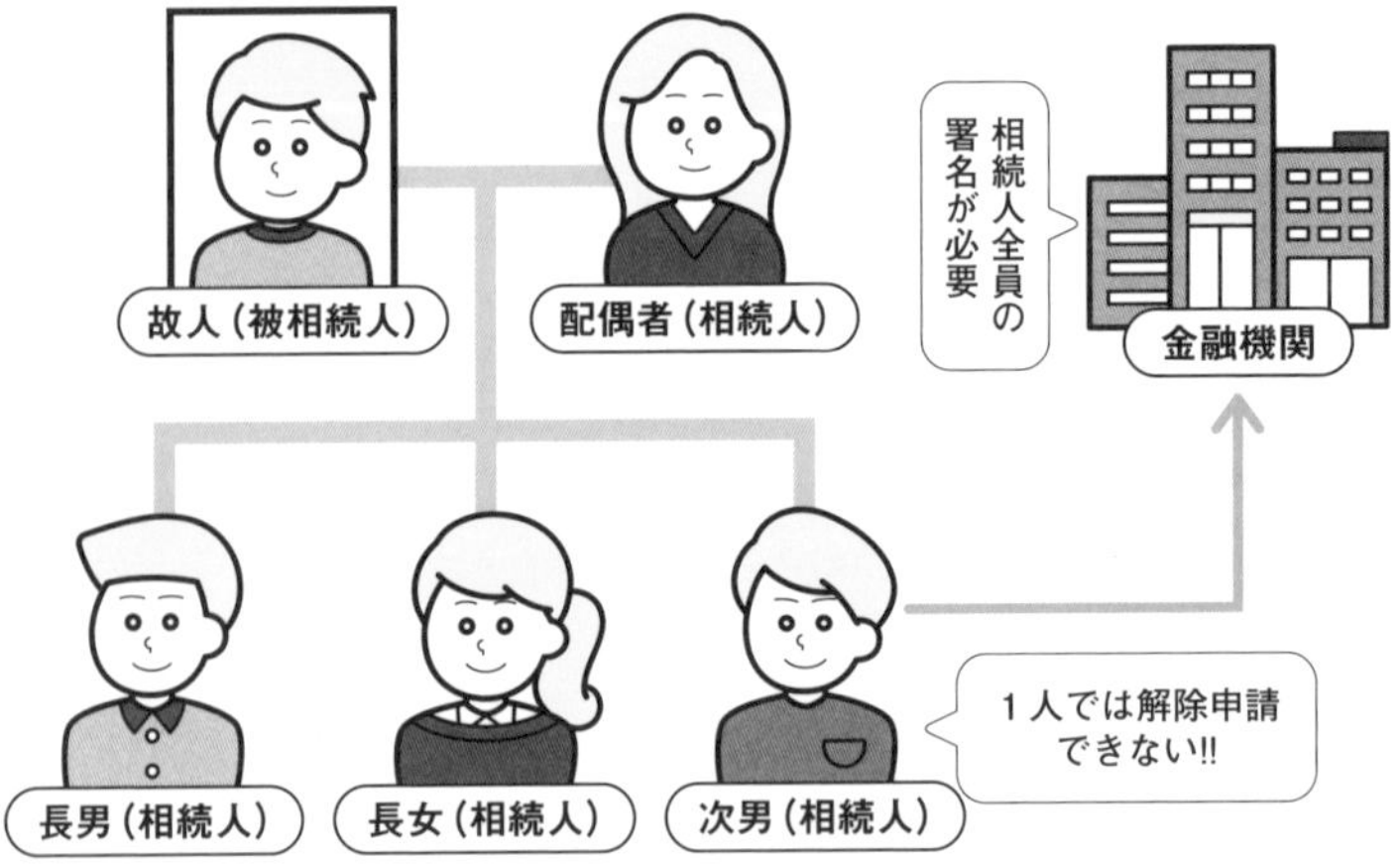

● 口座が凍結されている間に資金が必要な時の対策

葬儀費用などの支払いに故人の貯蓄を充てようとした場合に、一定の限度額分を仮払いできる制度が2019年7月から導入された。仮払いは相続人が個別に手続きでき、仮払いできる金額は、１つの金融機関につき150万円までとなっている。

$$\text{仮払い限度額} = \text{亡くなった人の死亡時の預金残高} \times \frac{1}{3} \times \text{払い戻しを受ける相続人の法定相続分}$$

● 名義変更の手続き先と必要書類

<table>
<tr><th colspan="2">財産の種類</th><th>手続き先</th><th>必要書類など</th></tr>
<tr><td colspan="2">預貯金</td><td>預入金融機関
(銀行・
ゆうちょ銀行など)</td><td>・各金融機関規定の名義書換依頼書・相続届
・被相続人の出生時から死亡時までのすべての戸籍謄本
・相続人全員の戸籍謄本
・相続人全員の印鑑証明書
・被相続人の預金通帳・キャッシュカード・証書
・遺言書または遺産分割協議書などの口座を取得する人を証明する書類　など</td></tr>
<tr><td colspan="2">株式</td><td>証券会社・株主名簿管理人(信託銀行など)</td><td>・株式名義書換請求書兼株主票
・株式名義書換請求書兼株主票(株券廃止会社用)
・株券(株券が発行されている場合)
・相続関係を示す戸籍謄本等
・相続人全員の印鑑証明書(発行後6カ月以内の原本)
・(相続人が複数の場合)相続人全員の記載のある共同相続人同意書または遺産分割協議書　など</td></tr>
<tr><td colspan="2">自動車</td><td>運輸支局、
自動車検査
登録事務所</td><td>・自動車検査証
・車庫証明書
・被相続人の死亡が確認できる戸籍謄本または除籍謄本
・相続人全員の記載がある戸籍謄本
・新たな所有者となる相続人の印鑑証明書
・新たな所有者となる相続人の実印
・遺産分割協議書　など</td></tr>
<tr><td rowspan="3">公共料金</td><td>電気</td><td>電力会社</td><td>窓口へ連絡し、領収書などに記載された契約番号を伝えて手続き</td></tr>
<tr><td>水道</td><td>水道局</td><td>窓口へ連絡し、領収書などに記載された契約番号を伝えて手続き</td></tr>
<tr><td>ガス</td><td>ガス会社</td><td>窓口へ連絡し、ガス使用量のお知らせなどに記載された契約番号を伝えて手続き</td></tr>
<tr><td colspan="2">電話加入権
※2021年以降の相続では「家庭用財産」として一括評価される</td><td>電話会社</td><td>・電話加入権等承継・改称届出書
・契約者の死亡の事実および相続関係を確認できる書類(戸籍謄本や遺言書など)
・新たな契約者となる本人の確認書類　など</td></tr>
<tr><td colspan="2">NHK受信料</td><td>NHK</td><td>特に書類の提出は不要。
支払い方法を変更する場合は、届出が必要な場合も</td></tr>
<tr><td colspan="2">ゴルフ会員権</td><td>ゴルフ場</td><td>・ゴルフ会員証書、ゴルフ会員権
・遺産分割協議書
・被相続人の死亡記載のある戸籍謄本　など</td></tr>
</table>

21

債務の相続

原則、法定相続分の割合を負担する

被相続人に借金があったときの対応

被相続人の財産に資産だけでなく、マイナスの財産（負債）があったという場合もあるでしょう。明らかにマイナスが多い場合は相続放棄を選ぶことも検討します（142ページ）が、プラスのほうが上回っている場合、債務も併せて相続することになるかもしれません。その際、**債務は原則として各相続人が法定相続分に相当する額の返済義務を負う**ことになっています。

ただし、相続人全員が遺産分割協議で、1人の相続人が債務のすべてを引き受けるなど、任意の割合で合意し、銀行などの債権者がそれを承認した場合は法定相続割合にかかわらず、決定が有効となります。

債権者の承認があれば任意の割合も可能

相続人の中に返済能力が低い人がいるなど、法定相続割合に従うことが合理的でない場合もあります。相続人の間で話し合って、最適な分割方法を決め債権者の承認を得る方法もあります。

ケース1　**被相続人にA銀行への借金2億円があった場合、法定相続割合に従うとそれぞれの返済義務は？**

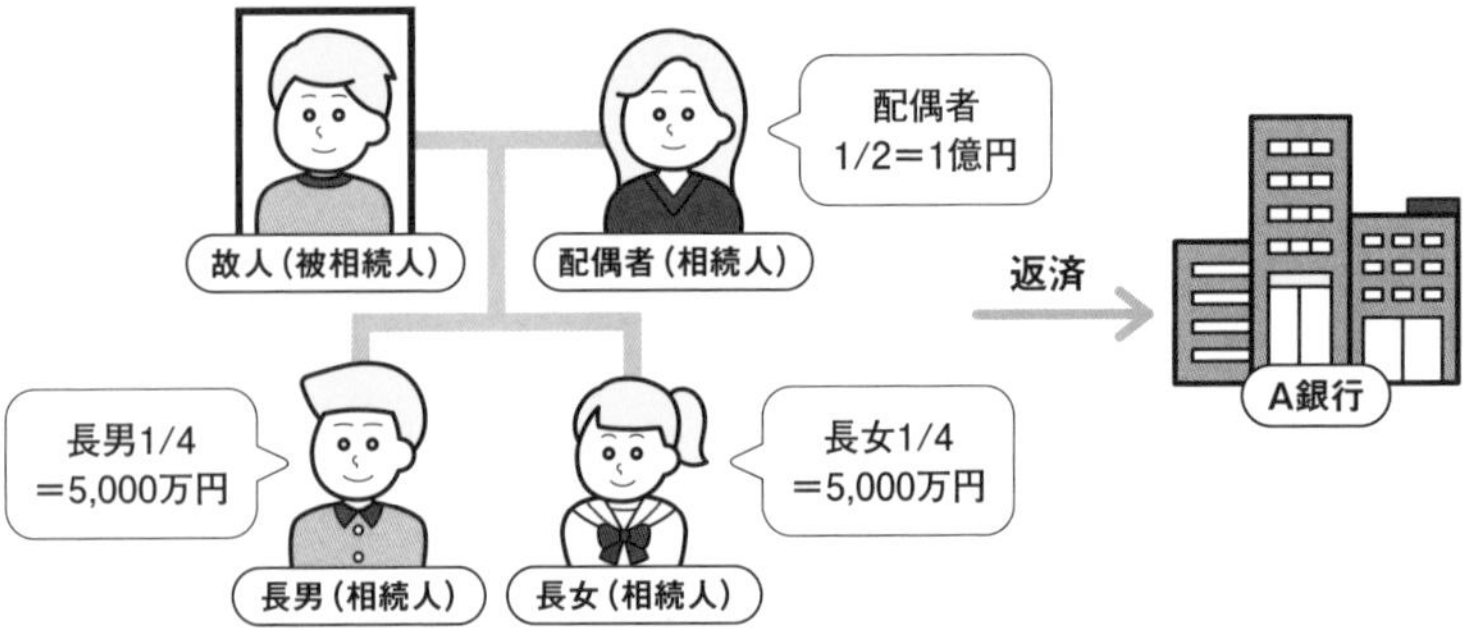

ケース2　**相続人同士で話し合った結果、任意の割合で合意し、債権者の承認が得られた場合は下記のような対応も可能**

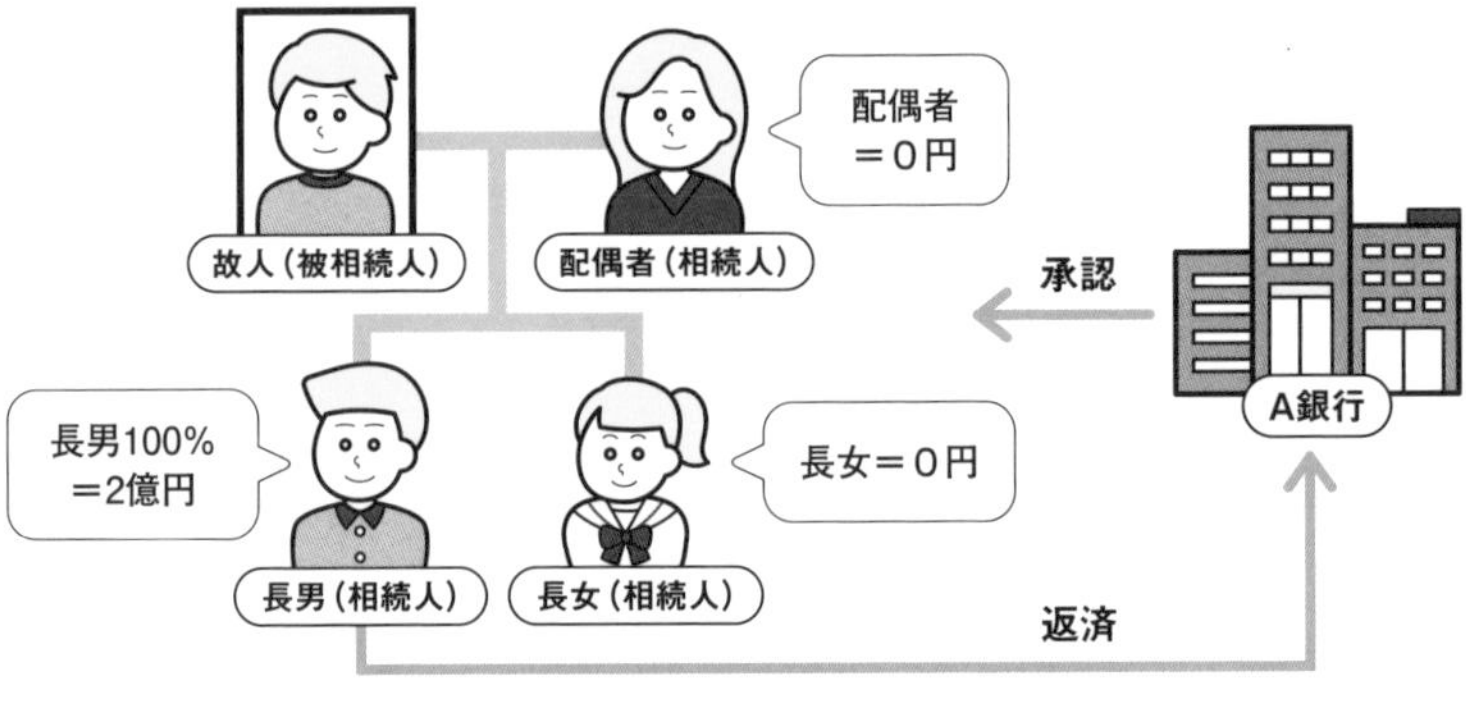

返済途中の住宅ローンはどうなる？

亡くなった人の住宅ローンの返済がまだ終わっていなかった場合は、本人が団信（団体信用生命保険）に加入していたかどうかで対応が変わります。故人が団信に加入していた場合は、団信の手続き完了後に抵当権抹消登記に必要な書類が発行されるので、相続登記と併せて手続きを行いましょう。

団信とは　住宅ローンの契約者が万が一亡くなった時などに備えて、遺された家族を守るための住宅ローンに特化した保険。

● 団信に加入している場合

未納の住宅ローンは保険会社が支払う。

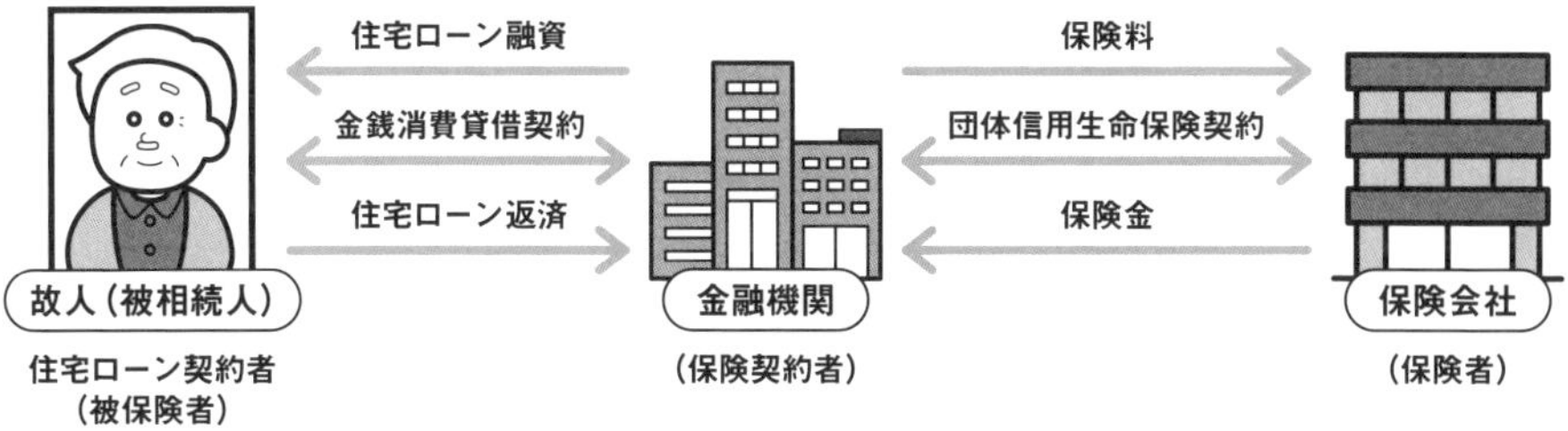

● 団信に加入していない場合

被相続人が団信に加入していない場合は、住宅ローンの未納分がそのまま相続人に引き継がれ、相続人が返済する義務を負う。次の手順で手続きする。

①所有権移転登記

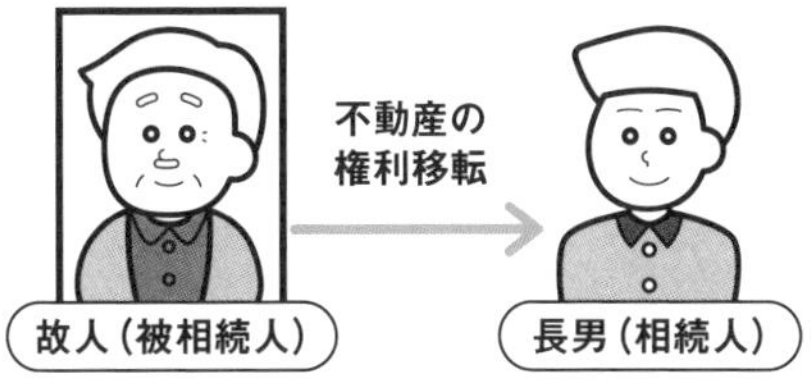

②抵当権変更登記

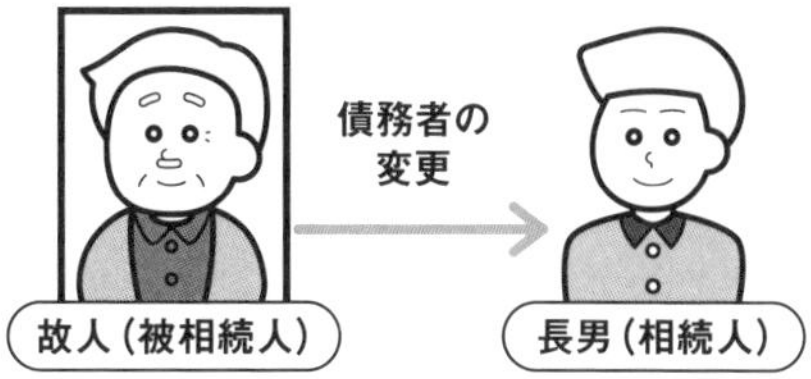

プラス
アルファ

団信に加入していても
ローンの残りが免除にならないケース

死亡の原因が下記の保険金支払いの免責事由に該当する場合は保険金は支払われません。
①保険の責任開始から1年以内の自殺
②契約時に告知した健康状態が事実と異なる場合
③保険料の支払いが一定期間滞り、保険が失効した場合

事例で学ぶ　相続のお悩みQ&A

Q 海外在住で、相続手続きのための長期間の帰国が難しい

海外在住です。父が亡くなり、葬儀のためいったん帰国しましたが、仕事も忙しく長期間日本に滞在することができません。遺言書はなく相続について弟と話し遺産分割協議は何とかまとまりそうなものの、相続するための手続きをどうすればよいかわかりません。

（35歳・女性・会社員）

A

海外在住者が相続手続きをするには、国内在住者とちがった書類が必要になります。日本で住民登録していないため印鑑証明の代わりとなる署名証明書と住民票の代わりとなる在留証明書を在住地の日本領事館で取得する必要があります。これらは本人が手続きしたとしても、日本国内にある金融機関とのやりとりや、相続税の申告と納税などの手続きは遠方からだと難しい場合があります。そんな時は委任状を書いて司法書士や税理士などの専門家に手続き代行を依頼する方法があります。手続きを効率的に行うことに慣れている専門家を選ぶとよいでしょう。

Q 遺産の大部分が不動産売却後の手取りを最大化するには？

父が亡くなり、相続人は長男である私と妹のみ。私が父と同居していた持ち家が財産の90%を占めており、妹の法定相続分を満たすためには売却するしかないのですが、どのように分割すればよいでしょうか？

（37歳・男性・会社員）

A

代償分割をしたらどうでしょう。長男は同居していたということで、長男１人が持ち家を相続した場合、敷地面積330㎡までは小規模宅地等の特例が適用され相続税の申告時に評価額を80%減額することができ、納税額を大きく抑えられます。

その後に長男が持ち家を売却した場合、マイホーム特例を利用して譲渡所得税の申告時に売却益から3,000万円を控除した額をもとに所得税を計算でき、大幅な節税となります。

Chapter

5

相続税の申告と税務調査

相続税の申告にはかなりの手間と時間がかかります。
申告にミスがないかどうか、
税務調査の対象になる可能性もあります。

01

相続の手続き①

申告や納税を個人で行うのは大変？

個人でもできるが ミスをしてしまう可能性も

相続税の対象になることがわかったら、相続税の計算や申告書類の作成、手続きなどを行います。

基本的に一般の人でも行うことができますが、書類の作成が難しく、計算方法も複雑です。計算や財産評価で、時間と手間がかかるほか、ミスも起こりやすく、**税務調査が入る可能性も高くなります**。税理士などの専門家に依頼することでこうした心配がなくなるほか、専門知識やノウハウがあるため、**個人で行うより節税できる**ことも多くあります。デメリットは、費用が発生すること。税理士に相続税申告を依頼すると一般的に財産総額の0・5～1％程度の手数料が必要になります。

期限に遅れると支払う税金が増える

相続税の申告と納税は、相続開始の翌日から10カ月以内に行う必要があります。期限に遅れると、ペナルティーが課されるので、期限内に手続きできるよう、計画を立てて進めなければなりません。

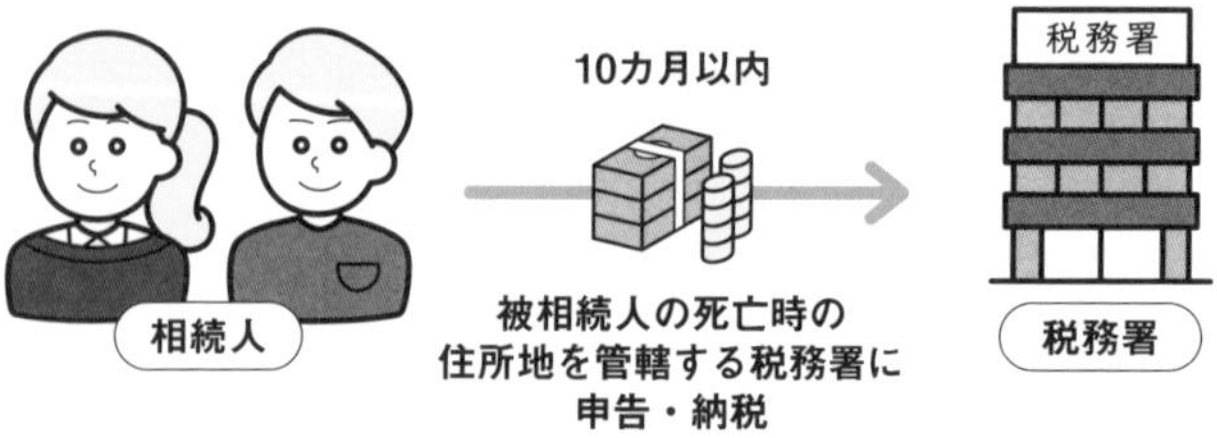
10カ月以内
税務署
相続人
被相続人の死亡時の
住所地を管轄する税務署に
申告・納税
税務署

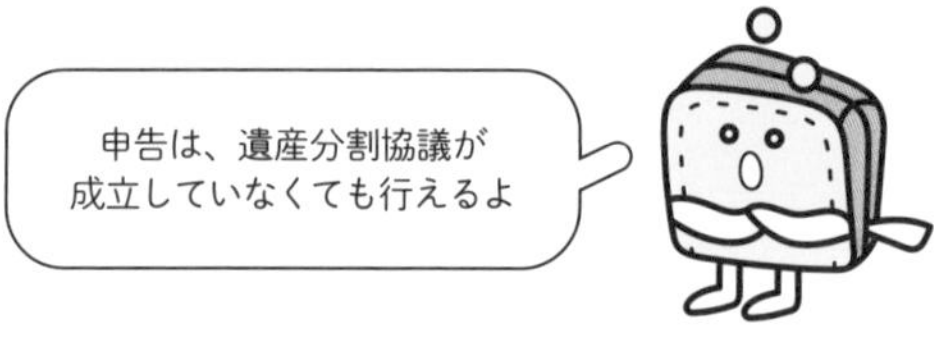
申告は、遺産分割協議が
成立していなくても行えるよ

● 期限に遅れた場合のペナルティー（追徴課税）

延滞税	納付期限以内に税金が納付されなかったとき。
過少申告加算税	申告書に記載した税額が過小だった場合。 早めに修正すれば加算されないことも。
無申告加算税	正当な理由なく期限までに申告しなかったとき。
重加算税	課税対象の財産を悪意をもって隠したりしたと 判断された場合。

個人での手続きは費用は抑えられるがデメリットも

個人で相続税の申告手続きを行った場合、専門家に支払う手数料は発生しません。ただし専門家に依頼すると節税できる可能性もあるため、単純にコストだけでは判断できません。

メリット

- 税理士に支払う手数料などの費用がかからない

デメリット

- 相続税の計算が難しい
- 節税の知識を網羅できていない
- 申告漏れの可能性が高まる
- 土地の評価を間違う可能性が高い
- 申告に不備があり、税務調査が入る可能性が高くなる
- 税務調査に自身で対応

手間と時間はかかるが、個人でも手続き可能

相続税の手続きは一般の人でも行うことができます。申告書の書式に計算や記入の仕方も記載されているほか、税務署では無料相談にも応じていますが、節税のアドバイスはしてくれません。また必要な手続きや書類が多いので、手間と時間がかかることは覚悟しておきましょう。

● 申告までの5つのSTEP

STEP1 必要な書類を揃える

相続人の戸籍や印鑑証明、銀行の預金残高証明書、登記簿謄本など、必要な書類を揃える。

↓

STEP2 法定相続人と相続財産を確定させる ➡28・80ページ

誰が相続人なのかと相続財産のすべてを明確にする。被相続人の戸籍調査が必要。

↓

STEP3 遺産分割協議を行う ➡154ページ

相続人全員で話し合って分割の方法を決める。

↓

STEP4 申告書を作成する ➡180ページ

第1～15表まであり、順番に記入すれば作成できるが、時間のかかる作業なので提出期限に間に合うよう、余裕を持って進める必要がある。

↓

STEP5 相続税を計算する ➡170ページ

遺産総額から基礎控除を差し引いた課税対象の相続財産を計算し、さらに各相続人の取り分から最終税額を導き出す。また当てはまる控除があれば差し引く。

02

相続税の手続き②

相続税の計算はどうやるの？

3つの段階で計算していく

相続税の計算は大まかに**3段階に分け、順を追って行います**。まずは、①課税対象の相続財産（課税遺産）総額の算出です。遺産分割協議の際に財産目録を作成し、それをもとに算出します。次に、②相続税の総額の算出です。**法定相続分で遺産を分割したものとして、相続税の総額を算出**します。最後が③納税額の算出です。実際の取得分に基づき、各相続人の納税額を算出します。**利用できる控除や特例があれば、この段階で差し引きましょう**。

相続税の計算は、相続人が複数人いる場合や遺産を正確に把握していない場合は難しくなります。ミスをしないように慎重に進めましょう。

3つの段階に分けて計算する

相続税の計算は大きく3つの段階に分けることができます。難しいのが第1段階の課税遺産額の算出。どのようなものが遺産に含まれるか、しっかり理解しておく必要があります。

第1段階

課税遺産の総額を計算する

プラスの財産、マイナスの財産双方を入れて財産をリストアップする。ここで、保険金や退職金などの「みなし相続財産」も計算に入れることを忘れずに。なお、仏壇の購入費用などは非課税となる。

↓

第2段階

相続税の総額を算出する

まず遺産総額から基礎控除を差し引く。次に財産を法定相続分で取得したと仮定して、各相続人の相続税額を求める。その合計が相続税の総額となる。

↓

第3段階

各相続人の納税額を算出する

第2段階で求めた総額をもとに各相続人が取得する財産を計算する。そこから、利用できる控除があれば控除額を差し引いて、各々の納税額を算出する。

課税される遺産の総額を計算

一番はじめに課税遺産総額を計算します。相続財産から「3,000万円＋（600万円×法定相続人の数）」の基礎控除を差し引いた額となります。

● 課税遺産総額の計算

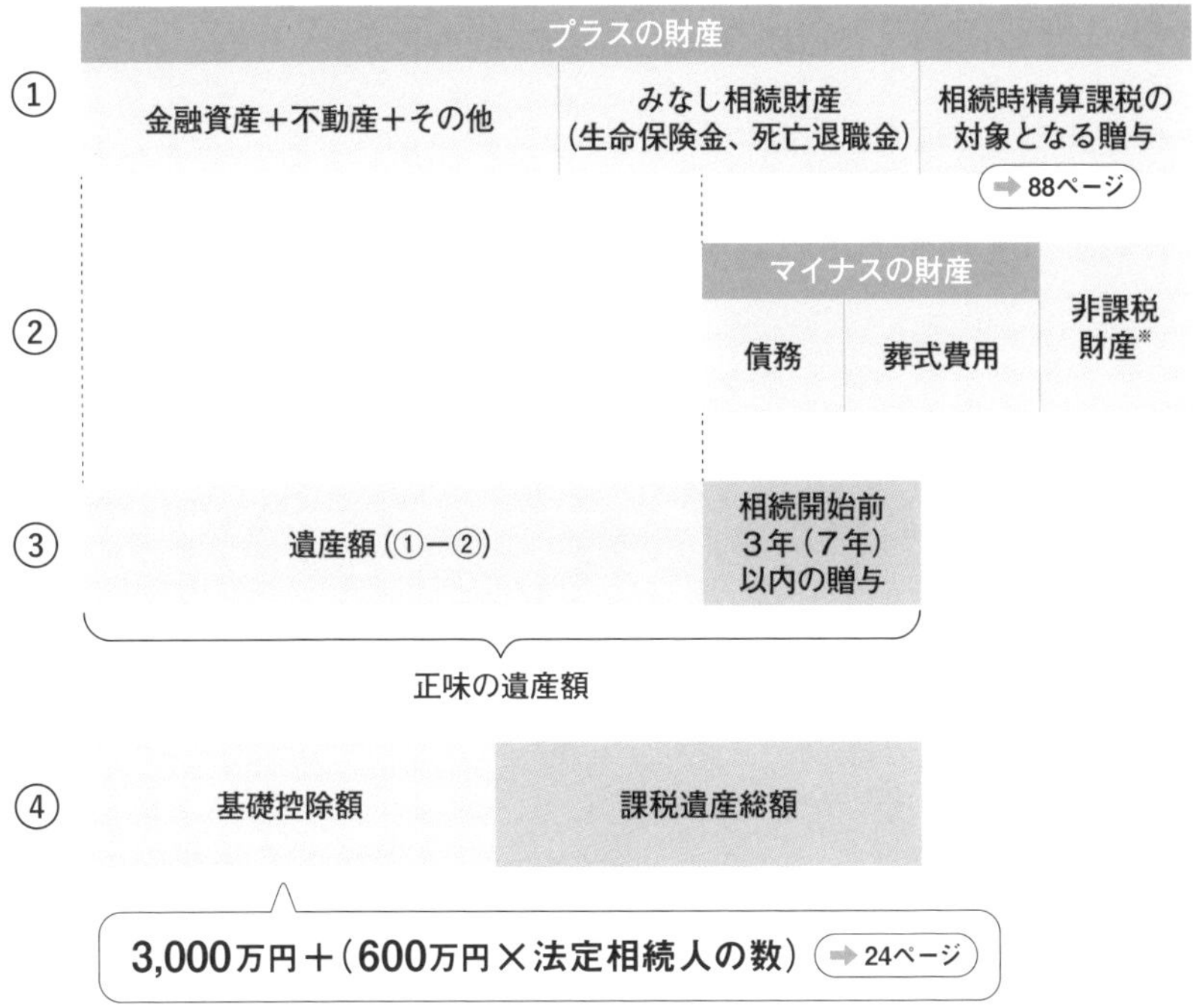

※非課税財産
・墓所、仏壇、祭具費用など
・国や地方公共団体、特定の公益法人に寄付した財産
・生命保険金のうち「500万円×法定相続人の数」まで
・死亡退職金のうち「500万円×法定相続人の数」まで

① 金融資産や不動産などの財産、みなし相続財産、相続時精算課税の対象となる贈与分を合算し、プラスの財産を算出する。

② ①で求めた財産からマイナスの財産（債務、葬式費用）、非課税財産などの非課税分を差し引く。

③ ②で求めた財産に、相続開始前3年（7年）以内の暦年課税に関わる贈与財産を加える。

④ ③から基礎控除額を差し引いたものが課税遺産総額となる。

相続税が全体でいくらになるか計算

相続税の対象となる課税遺産総額がわかったら、それを法定相続分通りに取得したものと仮定して、それぞれ税率をかけて各人の税額を算出します。合算したものが全体の相続税額となります。

例 課税遺産総額1億5,200万円、妻と子ども2人で相続する場合。

① 課税遺産総額に、各相続人の法定相続分をかける

② 相続人ごとに税額を計算する(左ページ参照)

各相続人の税額＝取得価格×税率－控除額

③ 各相続人の税額を合計する

妻	子	子
$\frac{1}{2}$	$\frac{1}{2}\times\frac{1}{2}$	$\frac{1}{2}\times\frac{1}{2}$
7,600万円 × 30%－700万円 ＝ 1,580万円	3,800万円 × 20%－200万円 ＝ 560万円	3,800万円 × 20%－200万円 ＝ 560万円

相続税の合計2,700万円

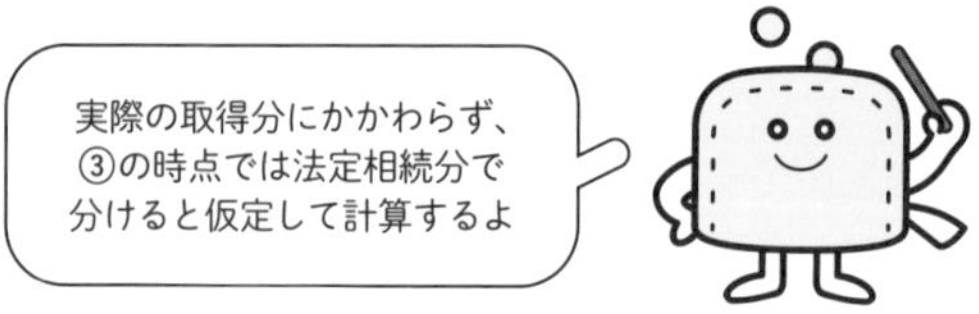

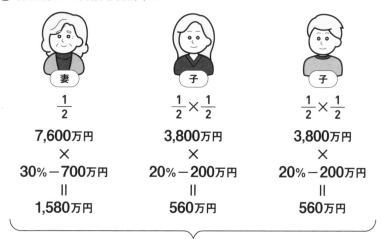

相続人ごとの税額を算出する

全体にかかる相続税が算出できたら、最後に実際の取得分に応じ、相続人ごとの税額を算出します。税額控除がある場合はここで差し引きます。

① 各相続人の実際の相続割合をかける

	妻	子	子
	$\frac{1}{2}$	$\frac{1}{4}$	$\frac{1}{4}$
	2,700万円×1/2	2,700万円×1/4	2,700万円×1/4
	‖	‖	‖
各人の相続税	1,350万円	675万円	675万円

② 各種の税額控除を引いて最終税額を出す

納税額－税額控除＝最終的な納税額

➡174ページ

● 相続税の速算表

法定相続分に応ずる取得金額	税率	控除額
1,000万円以下	10%	—
1,000万円超～3,000万円以下	15%	50万円
3,000万円超～5,000万円以下	20%	200万円
5,000万円超～1億円以下	30%	700万円
1億円超～2億円以下	40%	1,700万円
2億円超～3億円以下	45%	2,700万円
3億円超～6億円以下	50%	4,200万円
6億円超	55%	7,200万円

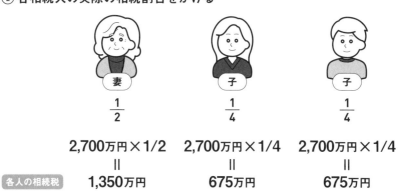

03

税額控除と税額加算

相続税額から一定額を差し引く

当てはまる税額控除があるかチェックする

各相続人が最終的に支払う税額を求める際は、**忘れずに税額控除も差し引きましょう**。税額控除には「暦年課税分の贈与税額控除」「配偶者の税額軽減」のほか、「未成年者控除」「障害者控除」「相次相続控除」「外国税額控除」「相続時精算課税分の贈与税額控除」の7種類あります。

なお、控除だけでなく、加算される場合もあるので注意しましょう。例えば、孫を養子にして相続させるケースでは2割加算となります。このように、**1親等の血族や配偶者以外が相続すると、いずれも2割加算となります**。孫のほか兄弟姉妹、祖父母、財産を遺贈された人なども2割加算の対象となります。

税額控除は併用も可能

税額控除は当てはまるものがあれば、併用することもできます。また税額控除がある場合は、以下の通り順を追って差し引いていきます。

暦年課税分の贈与税額控除

↓

配偶者の税額軽減

↓

未成年者控除

↓

障害者控除

↓

相次相続控除

↓

外国税額控除

↓

相続時精算課税分の贈与税額控除

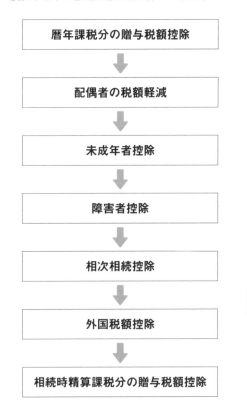

納税済みの贈与税分は控除される

相続開始前3年（7年）以内の贈与財産や、相続時精算課税で課せられた贈与税があれば、その贈与税額に相当する金額を控除します。

● 暦年課税

相続開始前3年（7年）以内の贈与は相続財産に加算される。

贈与税を払っていた場合は、二重に課税されることのないよう、その贈与税額を控除する。

納付すべき相続税額　220万円－33万5,000円＝186万5,000円

● 相続時精算課税

相続時精算課税を利用していた場合は、贈与財産は相続発生時に相続財産に加算される。

贈与税を支払っていた場合は、その分を相続税額から控除する。

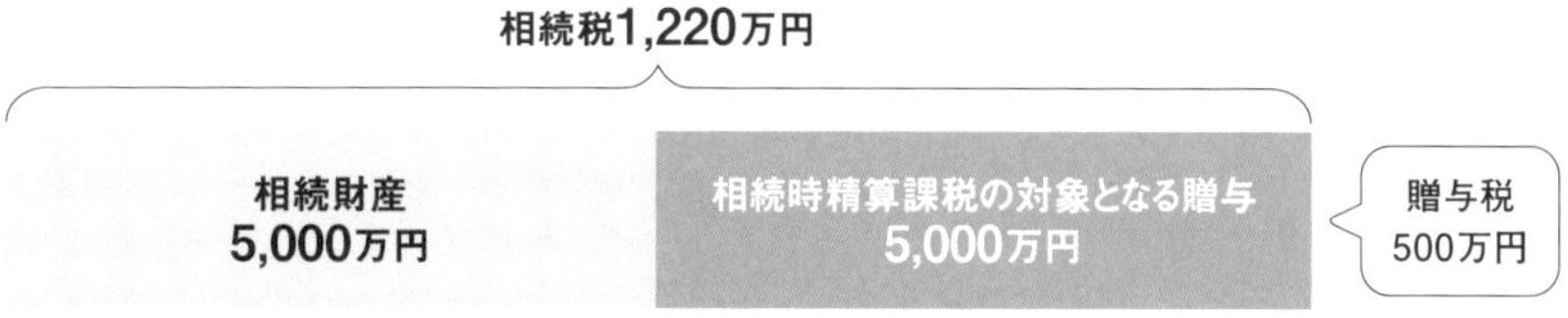

納付すべき相続税額　1,220万円－500万円＝720万円

● 配偶者は1億6,000万円までは無税

被相続人の配偶者は、「配偶者の税額軽減」として、1億6,000万円または法定相続分のどちらか多い金額までの財産について、相続税が免除される。

相続人の事情に応じて税を減額

例えば遺された相続人が未成年者や障害者である場合や、10年以内に相続税を支払っていたなど、税負担が重くなる場合を考慮して各種控除が設けられています。

未成年者控除

相続人の中に未成年者※がいる場合、成年に達するまでの養育費の負担を考慮して、
その未成年者の相続税額から一定の金額を差し引くことができる。

10万円×(満18歳－相続時の年齢)

※民法改定により成人の年齢が20歳から18歳に引き下げられたことから、相続人が亡くなった日に18歳未満であることが条件。

障害者控除

相続人の中に障害者がいる場合、生活保障や療養費、医療費の負担を考慮して、
その相続人の相続税額から一定の金額を差し引くことができる。

一般障害者

知的障害者、精神障害者保健福祉手帳に2級または3級と記載されている人。
身体障害者手帳に3～6級と記載されている人など

10万円×(85歳－相続時の年齢)

特別障害者

重度の知的障害がある人、精神障害者保健福祉手帳に1級と記載されている人。
身体障害者手帳に1級または2級と記載されている人など

20万円×(85歳－相続時の年齢)

相次相続控除

今回の相続が発生する前の10年間に、被相続人が相続税を支払っていた場合、
税負担が重くなってしまうことを考慮し、相続税額から一定の金額を差し引くことができる。

外国税額控除

被相続人の財産が外国にあり、外国で相続税がかかっている場合に、
二重課税となることのないよう、相続税額から一定の金額を差し引くことができる。

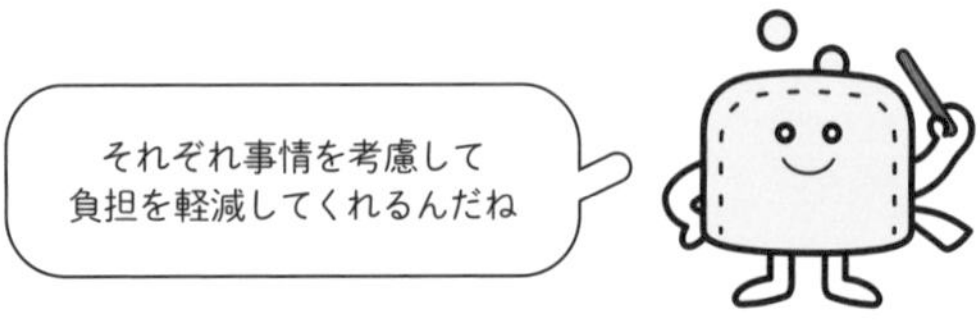
それぞれ事情を考慮して
負担を軽減してくれるんだね

相続税が2割増しになるのは誰？

本来は1親等の血族のみが法定相続人となるにもかかわらず、それ以外が相続した場合、1回分相続税を免れていることになります。そうした不公平を是正するために「2割加算」の制度があります。

● 相続税の2割加算の対象となる人

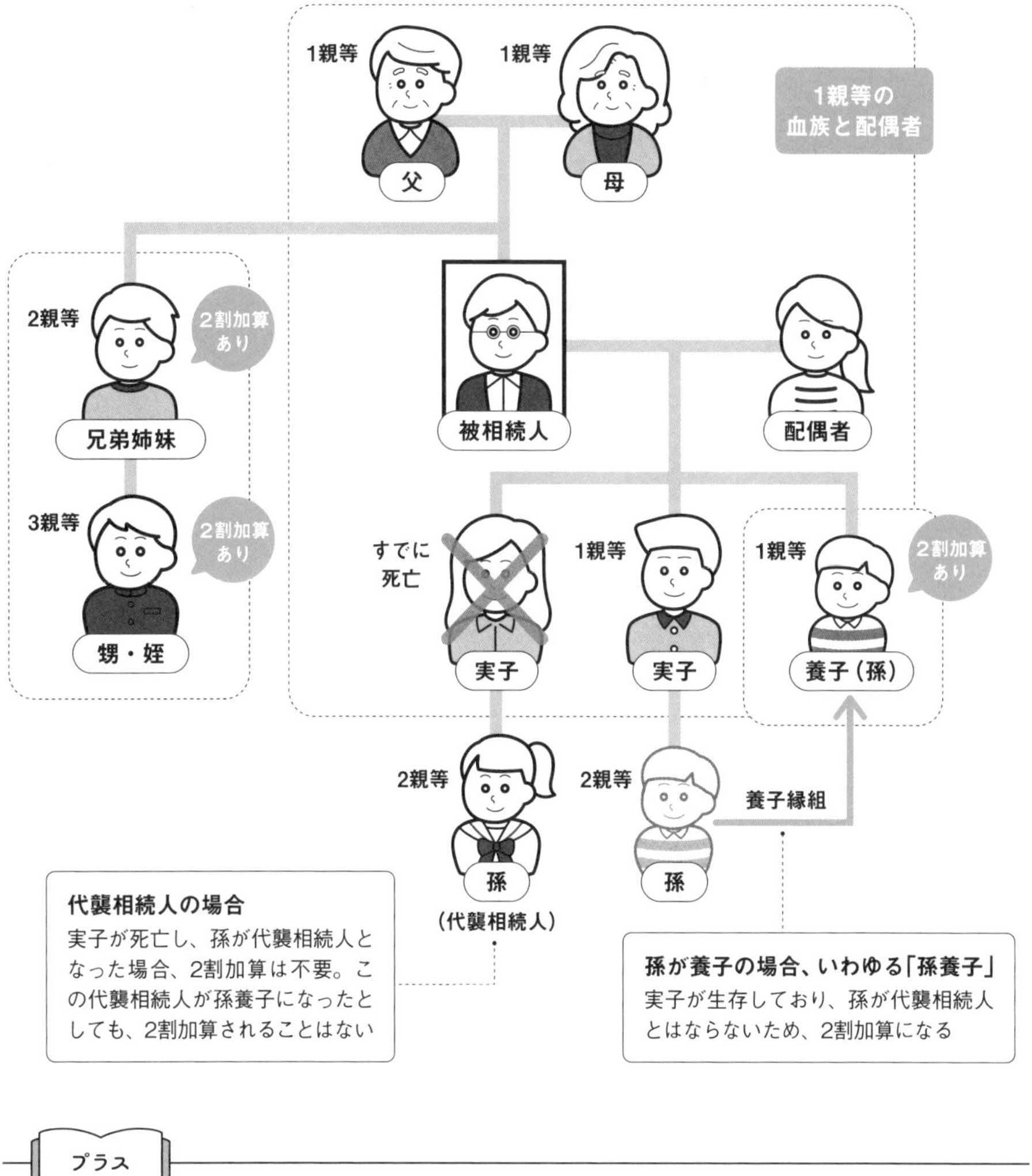

プラス
アルファ

孫を養子にして
遺産を相続させる

相続税には「3,000万円＋（600万円×法定相続人の数）」の基礎控除のほかにも、相続人が増えることで税額が減るしくみが多くあります。そのため、節税対策として孫を養子にするケースも（→P.105）。一方で、上記の2割加算があるほか、税務署から「節税対策のためだけに孫を養子にした」と見なされた場合、追徴課税を課されることもあります。

04

相続に必要な書類

手続きに必要な書類は多岐にわたる

戸籍謄本など収集に時間がかかる書類も

相続税の申告にはさまざまな書類が必要となります。主要な書類は、被相続人の戸籍謄本や改製原戸籍謄本（32ページ）、除籍謄本、住民票の除票、相続人全員の戸籍謄本や住民票、印鑑証明など。その他、**特例を申請する場合の必要書類など、ケースによってさらに増えていきます**。なかには戸籍謄本など、本籍地から取り寄せなければならないものや、銀行預金の残高証明書（128ページ）など、銀行の窓口に足を運ぶ必要がある書類などもあり、**収集に時間がかかります**。

10カ月の期限内に申告・納税が終えられるよう、早め早めに準備していくことが大切です。

必ず提出しなければならない書類

申告の際に必ず提出を求められるのが以下の書類。効率よく取得できるよう、申請窓口ごとにまとめておくとよいでしょう。

● 市区町村役場に申請するもの

- 被相続人の戸籍謄本
- 被相続人の住民票の除票
- 各相続人の戸籍謄本
- 各相続人の住民票
- 各相続人の印鑑証明書

● その他

- 遺言書または遺産分割協議書

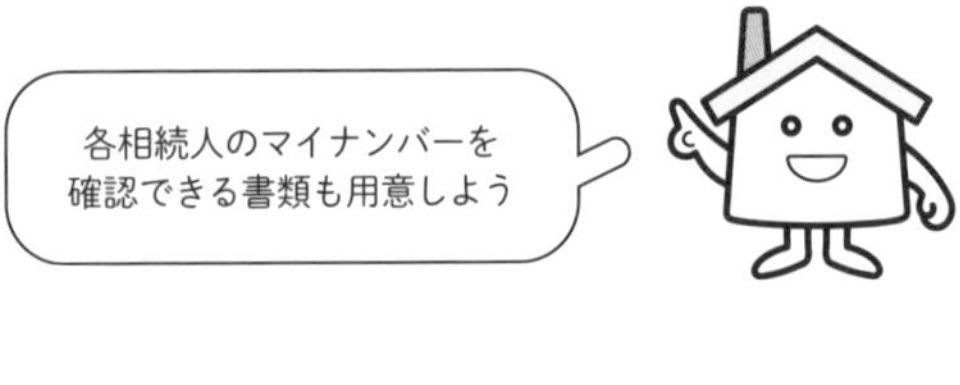
各相続人のマイナンバーを
確認できる書類も用意しよう

財産に応じて必要書類が異なる

預貯金や不動産、有価証券など、財産の種類ごとに、評価額を証明するための書類が必要になります。

	書類名	概要	取得先
現金・預貯金がある場合	預貯金の残高証明書 過去5年分の通帳のコピー （通帳がない場合、預金取引履歴）	現金や預貯金の財産額を証明する	銀行などの金融機関
	既経過利息計算書 （定期預金の場合）	利息額を証明する	銀行などの金融機関
	手元にある現金	メモに書き出す	自宅
不動産がある場合	全部事項証明書（登記簿謄本）	土地・建物それぞれ必要	法務局の各出張所
	名寄帳	所有不動産の確認	各都税事務所・各市区町村役場
	固定資産税評価証明書	土地・建物それぞれ必要	各都税事務所・各市区町村役場
	地積測量図または公図の移し	土地の形状や地積	法務局の各出張所
	住宅地図	周辺建物の状況を把握	インターネット
	実測図・間取り図	土地の形状や地積	自宅
	賃貸契約書	貸家・貸地・借地の場合	自宅
有価証券がある場合	社債、国債等取引残高報告書	有価証券の内容を確認	発行元
	株主総会通知書	配当を受ける権利を証明	自宅、発行元
	顧客口座元帳	直近5年間の取引明細	証券会社
	配当金通知書	株式の詳細が記載されている	自宅、発行元
	直近3期の決算書	非上場株式を評価する	発行元
電話加入権	電話番号と在所場所	メモに書き出す	自宅
ゴルフ会員権等	預託証書または株券のコピー	所有していた場合	自宅
生命保険金等	保険金支払い通知書	保険金額を確認	生命保険会社
	生命保険証書	保険の加入を証明	自宅
	解約返戻金がわかる資料	支払いがなかった保険がある場合	生命保険会社
退職金	支払い通知書	退職金が支払われた場合	勤務先
貸付金	金銭消費貸借契約書及び残高のわかるもののコピー	貸付金がある場合	自宅
書画骨董等	品名・作者名・写真、鑑定書等	財産の評価額を証明	自宅
家財	特記すべきものの明細	メモに書き出す	自宅
その他の財産	未収入金等の通知書など	未払いの給与など	勤務先
借り入れ金	借入残高証明書	住宅ローンなど	金融機関
	金銭消費貸借契約書	金融機関以外の借入先がある場合	借入先
未払い金	請求書・領収書	未払いのお金がある場合や、死後遺族が支払った場合	自宅
未納租税公課	課税通知書	未払いの税金がある場合	自宅
その他債務	明細書		
葬式費用	明細書	諸経費を確認	自宅
	領収書	葬式費用を証明（心付けなど領収書がない場合はメモ）	自宅

05

相続税の申告

申告・納付は10カ月以内に

申告の手引書を参考に順序よく記入していく

相続税の計算が終わったら、申告書を作成します。**まず税務署で用紙を入手**しましょう。

税務署では申告書と一緒に、**申告の方法を詳しく説明する手引書ももらえます。書類の記入には決まった順序がある**ので、この手引書を参考にしながら、手順通りに記入していきます。完成した申告書は必要書類とともに税務署に提出します。この**書類の提出と税の納付期限は10カ月と定められており**、期限に間に合わない場合や未申告の場合はペナルティーが課されます。「ついうっかり」といった言い訳は聞いてもらえないので、期限は必ず守るようにしましょう。

申告書には記入する順番がある

申告書は第1表から第15表まであり、記入する順番が決まっています。わからないことがあれば税務署でも相談に応じています。

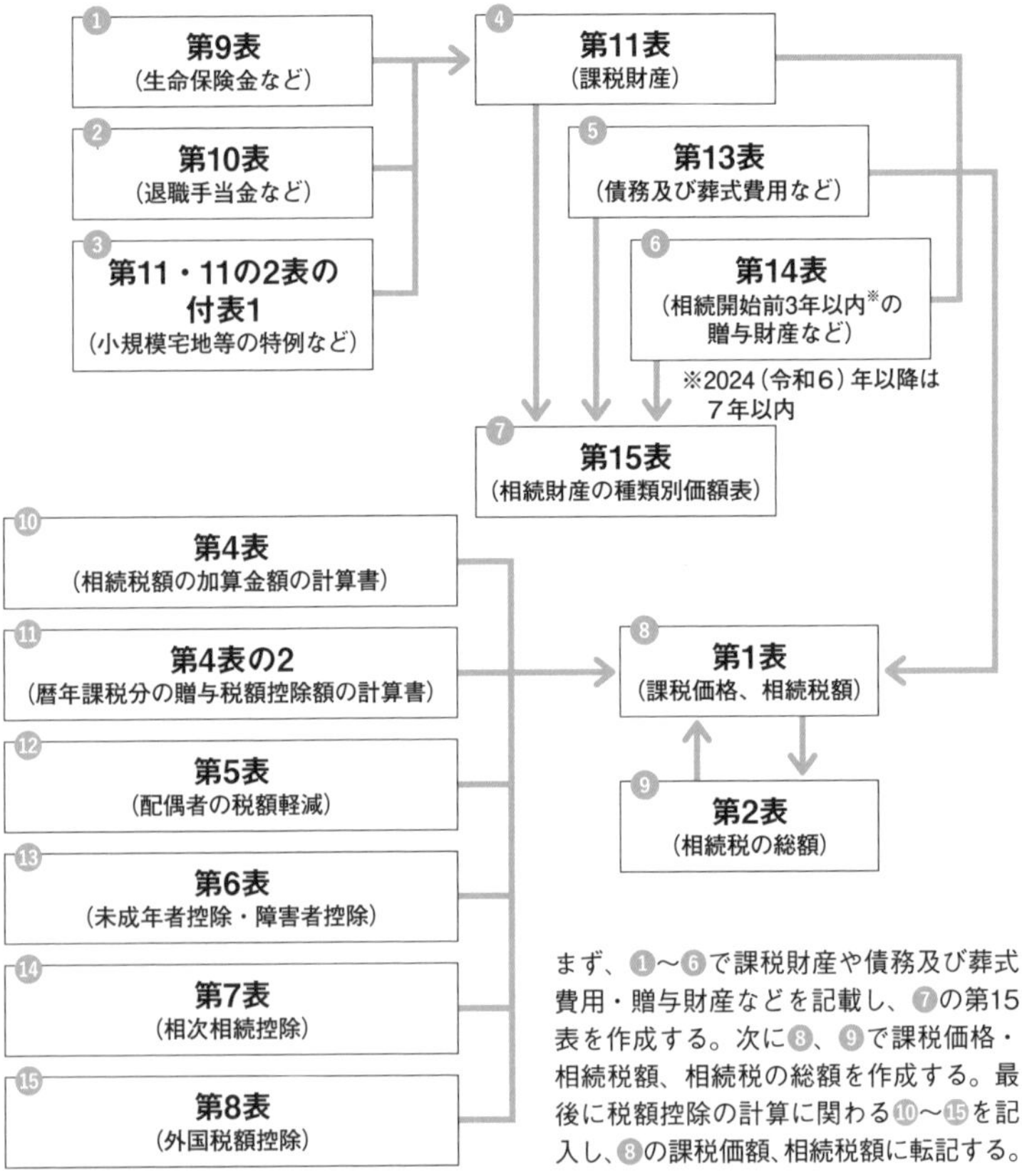

まず、❶〜❻で課税財産や債務及び葬式費用・贈与財産などを記載し、❼の第15表を作成する。次に❽、❾で課税価格・相続税額、相続税の総額を作成する。最後に税額控除の計算に関わる❿〜⓯を記入し、❽の課税価額、相続税額に転記する。

● 第9表（生命保険金などの明細書）の記入例

（記入者）相続人代表　（提出先）税務署　（入手先）税務署

生命保険金は相続財産に含まれる。取得した生命保険金があれば第9表に記入

生命保険金などの明細書

被相続人	山田一郎

第9表（平成21年4月分以降用）

1　相続や遺贈によって取得したものとみなされる保険金など

この表は、相続人やその他の人が被相続人から相続や遺贈によって取得したものとみなされる生命保険金、損害保険契約の死亡保険金及び特定の生命共済金などを受け取った場合に、その受取金額などを記入します。

保険会社等の所在地	保険会社等の名称	受取年月日	受取金額	受取人の氏名
中央区○○3丁目×番	○○生命保険（相）	X・X・X	円 29,629,483	山田二郎
〃	〃	X・X・X	5,000,000	〃
千代田区○○2丁目×番	△△生命保険（相）	X・X・X	10,000,000	〃
千代田区○○4丁目×番	××生命保険（相）	X・X・X	20,000,000	佐藤花子
中央区○○1丁目×番	（株）□□生命保険	X.X.X	10,768,125	〃

（注）1　相続人（相続の放棄をした人を除きます。以下同じです。）が受け取った保険金などのうち一定の金額は非課税となりますので、その人は、次の2の該当欄に非課税となる金額と課税される金額とを記
2　相続人以外の人が受け取った保険金などについては、非課税となる金額はあり
た金額そのままを第11表の「財産の明細」の「価額」の欄に転記します。
3　相続時精算課税適用財産は含まれません。

生命保険金を支払う保険会社の所在地、名称などをすべて記入する

2　課税される金額の計算

この表は、被相続人の死亡によって相続人が生命保険金などを受け取った場合に、記入しま

法定相続人の場合は1人あたり500万円の非課税枠がある

保険金の非課税限度額	（500万円× 〔第2表のⒶの法定相続人の数〕 3人 により計算した金額を右のⒶに記入します。）	Ⓐ 円 15,000,000

保険金などを受け取った相続人の氏名	① 受け取った保険金などの金額	② 非課税金額 （Ⓐ× 各人の①/Ⓑ）	③ 課税金額 （①－②）
山田二郎	円 44,629,483	円 8,878,826	円 35,750,657
佐藤花子	30,768,125	6,121,174	24,646,951
合計	Ⓑ 75,397,608	15,000,000	60,397,608

生命保険金などを受け取った相続人の氏名を記入する。ただし相続放棄をした人や相続権を失った人は除外

表に記載されている計算式を当てはめて計算

（注）1　Ⓑの金額がⒶの金額より少ないときは、各相続人の①欄の金額がそのまま②欄の非課税金額となりますので、③欄の課税金額は0となります。
2　③欄の金額を第11表の「財産の明細」の「価額」欄に転記します。

第11表「財産の明細」の「価額」欄に転記する

第9表（令4.7）

● 第2表（相続税の総額の計算書）の記入例

第2表は第1表および第3表の「相続税の総額」の計算のために使用する

「相続税の総額」のもととなる、各人の税額は下の「相続税の速算表」で計算

第1表の⑦欄に転記する。また、財産を取得した人のうち農業相続人がいる場合は、⑧欄の金額を転記するとともに、⑪欄の金額を第3表の⑦に転記する

法定相続分の合計は必ず1になる

相続税の総額の計算書

被相続人	山田一郎

第2表（平成27年分以降用）

○この表を修正申告書の第2表として使用するときは、㋑欄には修正申告書第1表の㋺欄の⑥Ⓐの金額を記入し、㋭欄には修正申告書第3表の1の㋺欄の⑥Ⓐの金額を記入します。

この表は、第1表及び第3表の「相続税の総額」の計算のために使用します。

なお、被相続人から相続、遺贈や相続時精算課税に係る贈与によって財産を取得した人のうちに農業相続人がいない場合は、この表の㋭欄及び㋬欄並びに⑨欄から⑪欄までは記入する必要がありません。

① 課税価格の合計額		② 遺産に係る基礎控除額	③ 課税遺産総額	
㋑（第1表⑥Ⓐ）	498,600,000円	3,000万円＋（600万円×㋺ 3人（Ⓐの法定相続人の数））＝㋩ 4,800万円	㋥（㋑－㋩）	450,600,000円
㋭（第3表⑥Ⓐ）	,000	㋺の人数及び㋩の金額を第1表Ⓑへ転記します。	㋬（㋭－㋩）	,000

④ 法定相続人（（注）1参照）氏名	被相続人との続柄	⑤ 左の法定相続人に応じた法定相続分	第1表の「相続税の総額⑦」の計算 ⑥ 法定相続分に応ずる取得金額（㋥×⑤）（1,000円未満切捨て）	⑦ 相続税の総額の基となる税額（下の「速算表」で計算します。）	第3表の「相続税の総額⑦」の計算 ⑨ 法定相続分に応ずる取得金額（㋬×⑤）（1,000円未満切捨て）	⑩ 相続税の総額の基となる税額（下の「速算表」で計算します。）
山田幸子	妻	$\frac{1}{2}$	225,300,000円	74,385,000円	,000円	円
山田二郎	長男	$\frac{1}{2}\times\frac{1}{2}=\frac{1}{4}$	112,650,000	28,060,000	,000	
佐藤花子	長女	$\frac{1}{2}\times\frac{1}{2}=\frac{1}{4}$	112,650,000	28,060,000	,000	
			,000		,000	
			,000		,000	
			,000			
			,000			
			,000			
			,000		,000	
法定相続人の数	Ⓐ 3人	合計 1	⑧ 相続税の総額（⑦の合計額）（100円未満切捨て）	130,505,000	⑪ 相続税の総額（⑩の合計額）（100円未満切捨て）	00

（注）1　④欄の記入に当たっては、被相続人に養子がある場合や相続の放棄があった場合には、「相続税の申告のしかた」をご覧ください。

2　⑧欄の金額を第1表⑦欄へ転記します。財産を取得した人のうちに農業相続人がいる場合は、⑧欄の金額を第1表⑦欄へ転記するとともに、⑪欄の金額を第3表⑦欄へ転記します。

相続税の速算表

法定相続分に応ずる取得金額	10,000千円以下	30,000千円以下	50,000千円以下	100,000千円以下	200,000千円以下	300,000千円以下	600,000千円以下	600,000千円超
税率	10%	15%	20%	30%	40%	45%	50%	55%
控除額	－	500千円	2,000千円	7,000千円	17,000千円	27,000千円	42,000千円	72,000千円

この速算表の使用方法は、次のとおりです。

⑥欄の金額×税率－控除額＝⑦欄の税額　　⑨欄の金額×税率－控除額＝⑩欄の税額

例えば、⑥欄の金額30,000千円に対する税額（⑦欄）は、30,000千円×15%－500千円＝4,000千円です。

○連帯納付義務について

相続税の納税については、各相続人等が相続、遺贈や相続時精算課税に係る贈与により受けた利益の価額を限度として、お互いに連帯して納付しなければならない義務があります。

第2表（令4.7）　　（資4－20－3－A4統一）

● 第1表（相続税の申告書）の記入例

被相続人、相続人の氏名、フリガナ、生年月日を記入
相続開始の日における職業・役職
マイナンバーを記入
相続開始日の年齢を記入
相続税の申告書（続）に、共同して申告書を提出する相続人の情報を記入
相続税の申告書
第1表（平成31年1月分以降用）
(続)
第1表（続）（平成31年1月分以降用）
各人の実際の納付（還付）税額
赤字になる場合は、税額の左端に△をつける
⑫～⑰の税額控除については番号順に税額控除から差し引いていき、税額がゼロまたは赤字になった場合は、それ以上の税額控除を計算することなく、⑲の税額はゼロになる
按分の割合は合計1になる。小数点以下2位未満に端数があるときは、端数を調整して記入してもよい

06

相続税の納付

現金での一括納付が原則

期限を延ばす場合でも10カ月以内に申請する

相続税は原則、10カ月以内に**金融機関や所轄税務署に現金で納付**します。相続税の額が決まったら、期限までにそのお金を準備しておかねばなりません。しかし相続財産が不動産などで、すぐに現金を用意するのが難しい場合もあります。その場合はどうしたらよいのでしょうか。

期限を延ばし、分割で収めるのが「延納」です。延ばせる期間は最高で5～20年間ですが、担保が必要なほか、**利子税が課される**こともあります。10カ月の納付期限内に、申請書・担保関係書類を提出します。お金の代わりに物で税金を払う「物納」という制度もあります。

※物納には厳しい要件がある

期限を過ぎると延滞税がかかる

相続税の納付期限は相続開始の翌日から10カ月以内と定められており、期限までに支払えないと延滞税が発生します。申告内容を修正した場合や、税務調査が入ったことなどによる延滞の場合も課税されます。

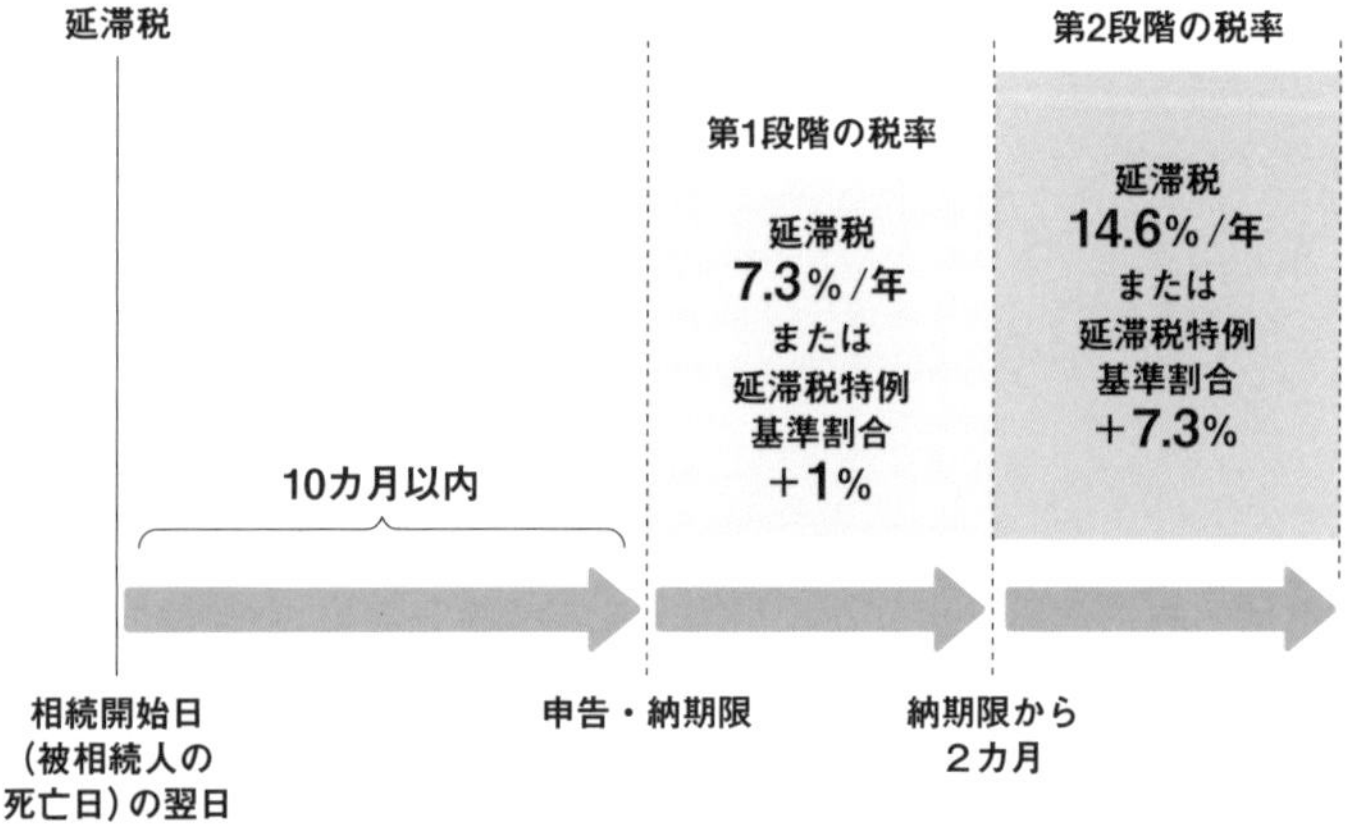

延滞税特例基準割合は「銀行の新規の短期貸出約定平均金利」という指標に連動して変動。相続税の延滞税の税率も毎年変動する。

一括納付が無理な場合は別の方法も

金銭での一括納付ができない場合の手段として設けられている制度が「延納」「物納」です。それぞれ利用条件があり、それを満たさなければ申請が却下されてしまいます。

現金で一括で納めることができる

- Yes → **現金一括納付**
- No → **分割すれば現金で納められる**
  - Yes → **延納**
  - No → **物納**

延納

担保を提供し、期限を延ばして分割で支払う。

① 相続税の金額が10万円を超える

② 生活費以外に手元にお金がなく、金銭による納付が困難

などの要件を満たす場合、申告期限までに延納申請書を提出すれば認められる。財産内容に応じた利子税がかかる。

物納

相続税を不動産や株式といった相続財産の現物で支払う。

① 延納しても金銭で納付することが困難

② 物納する財産が物納適格財産である

などの要件を満たす場合、申告期限までに物納申請書と関係書類を提出する。

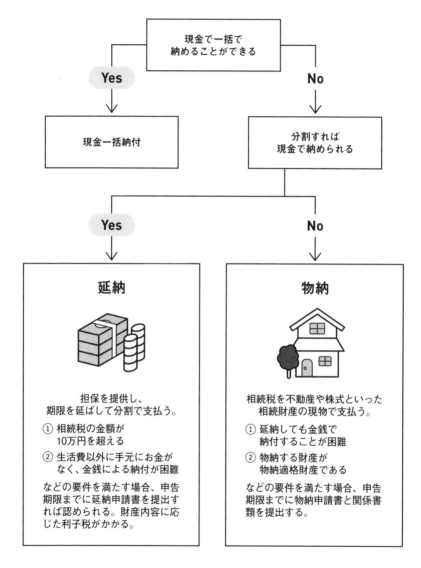

07

申告書の訂正

申告書の提出後に訂正できる？

間違いに気づいたら早めに申告を

相続税では、**申告書の提出後、申告期限を過ぎてから修正する**必要が生じることがあります。例えば財産評価や税額計算に間違いがあった、申告後に新たに財産や相続人が見つかり計算をやり直すことになった場合などです。申告した**相続税額が少なかった場合と、多かった場合で手続きが異なる**ので注意が必要です。

税額不足の場合は「修正申告」、多い場合は「更正の請求」を行います。**修正申告では原則、延滞税や過少申告加算税がかかります**が、税務署から指摘を受ける前に自分で気づいて訂正した場合は免除されます。間違いに気づいたら、早めに修正申告を行いましょう。

納税額が足りない場合は「修正申告」

申告した税額が本来支払うべき税額より少なかった場合は「修正申告」の手続きを行います。税務調査が入って発覚した場合は延滞税などのペナルティーが課されるため要注意です。

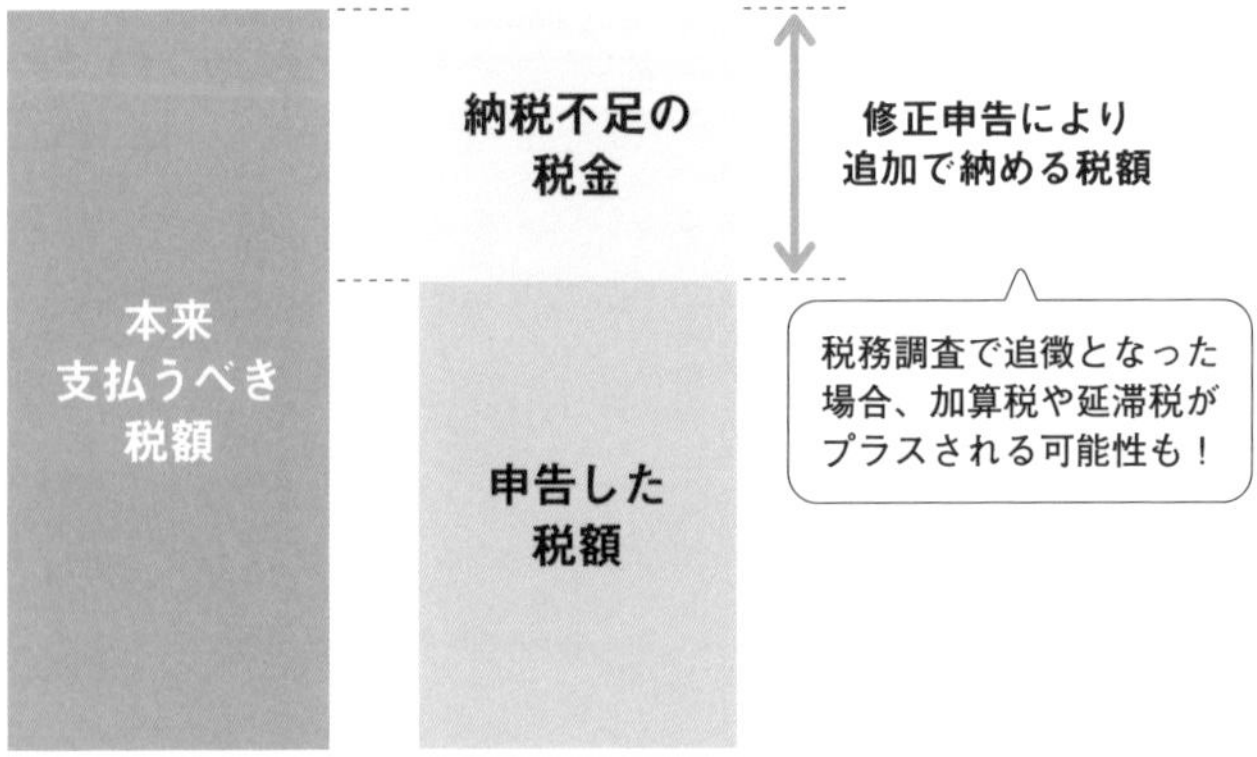

修正申告の方法

修正申告書に修正前と修正後の金額を記入し、必要書類を添付して税務署に提出する。

修正申告の期限

申告・納税期限（相続開始の翌日から10カ月以内）の翌日から5年以内

● 修正申告書の様式

記入者 相続人の代表（相続税の申告書を提出した人）

提出先 所轄税務署

入手先 税務署、または国税庁のホームページからダウンロード

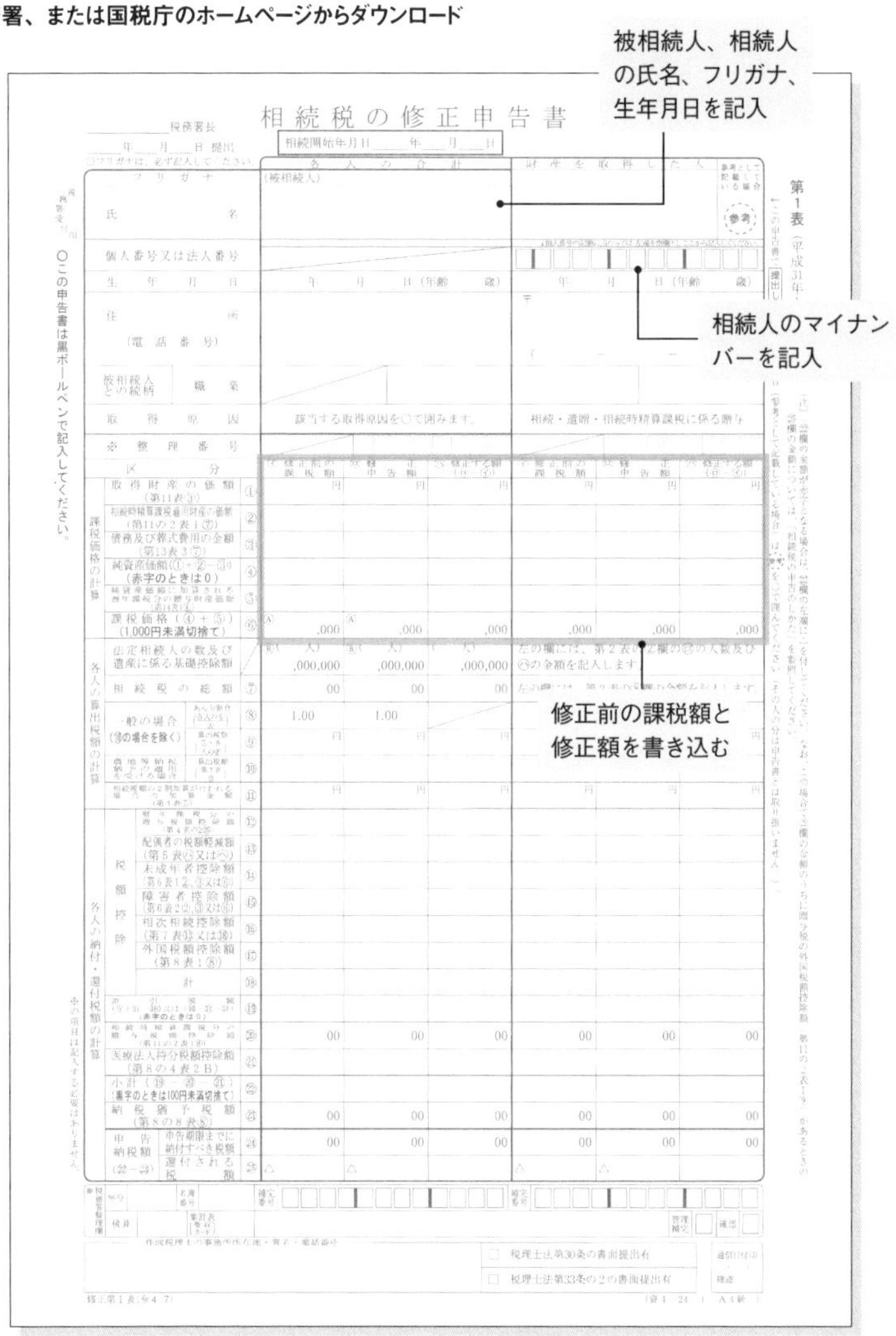
相続税の修正申告書
被相続人、相続人の氏名、フリガナ、生年月日を記入
相続人のマイナンバーを記入
修正前の課税額と修正額を書き込む

必要書類

- 修正申告書
- 修正申告用の「相続財産の種類別価額表」
- 相続税納付書
- 本人確認書類（マイナンバーカード、免許証、パスポート）
- その他、配偶者の税額軽減の計算書（付表）
- 小規模宅地等についての課税価格の計算明細など（配偶者の税額軽減や小規模宅地等の特例を適用する場合）

納税額が多い場合は「更正の請求」

申告した納税額が支払うべき税額より多かった場合は、「更正の請求」を行い、納めすぎた分を還付してもらいます。なお、自分から申し出なければ返してもらえません。

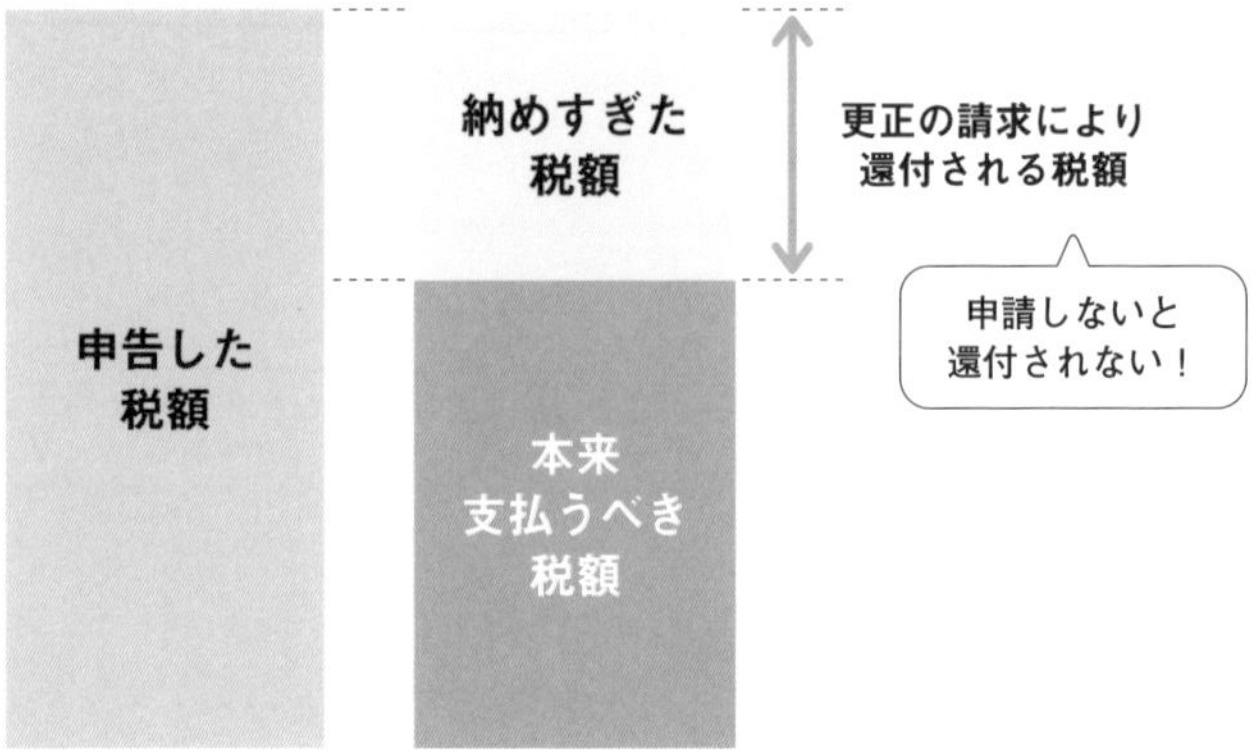

更正の請求手続きの方法

還付を受ける相続人ごとに「更正の請求書」を作成して税務署に提出する。

請求の期限

計算ミスや財産評価の間違いで手続きする場合は、相続税の申告・納税期限から5年以内。財産が未分割だったなど特別な事情があった場合は、分割が決まった日から4カ月以内（未分割のための延長申請は3年間※まで認められる）

※遺産分割が3年を過ぎてもまとまらない場合には、「遺産が未分割であることについてやむを得ない事由がある旨の承認申請書」を提出することで、さらに延長が認められる

還付までのスケジュール

更正の請求書を提出後、1～3カ月ほど税務署での審査。「相続税の更正通知書」が届いてから還付金が振り込まれる。

必要書類

- 相続税の更正の請求書
- 修正申告書
- 当初申告に係る課税価格、税額等および更正の請求による課税価格、税額等付表1～4
- 請求が必要となった理由がわかる書類（遺産分割協議書、裁判などの判決書、遺言書）
- 本人確認書類（マイナンバーカード、免許証、パスポート）

● 更正の請求書の様式

記入者 相続人の代表（相続税の申告書を提出した人）

提出先 所轄税務署

入手先 税務署、または国税庁のホームページからダウンロード

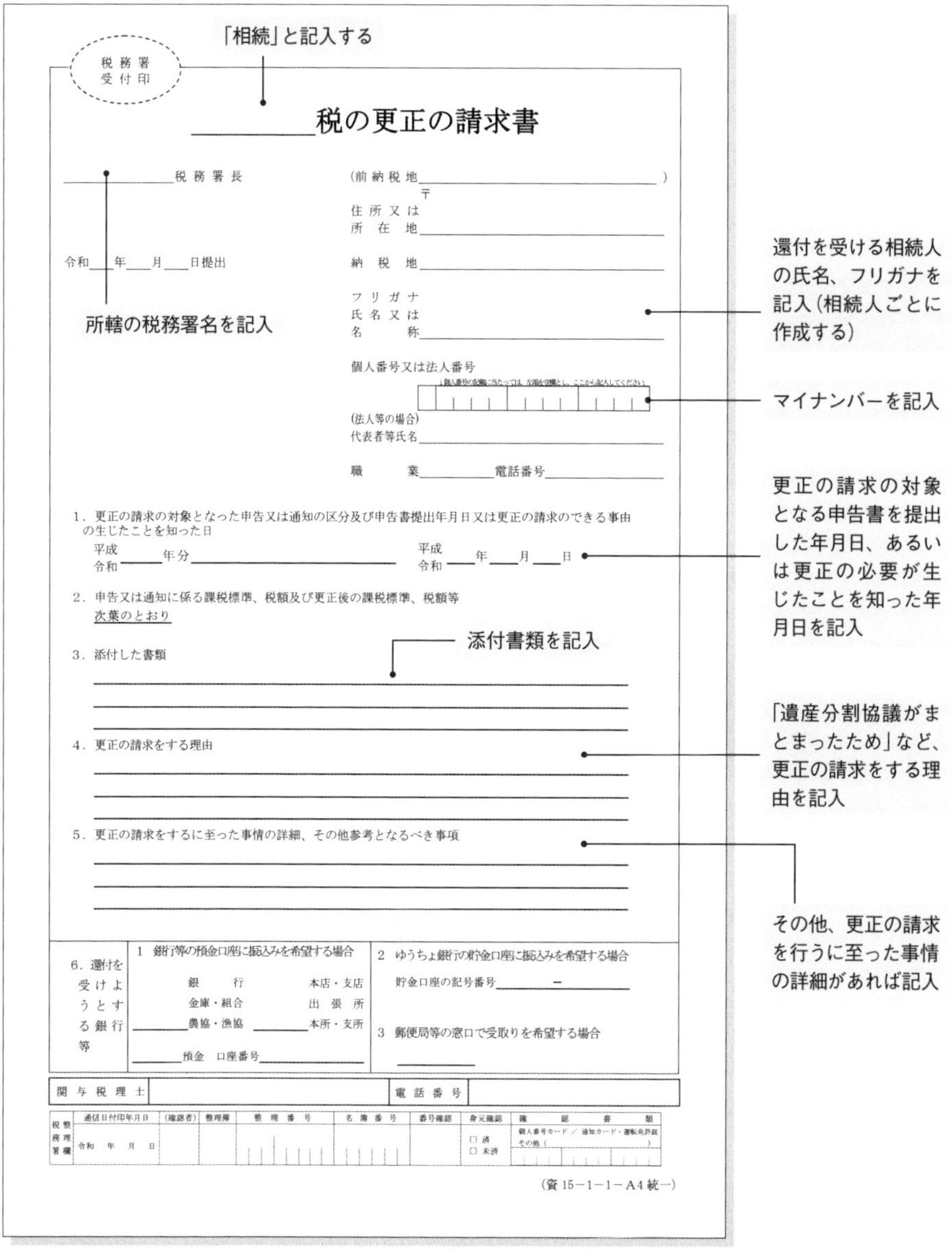
「相続」と記入する
所轄の税務署名を記入
還付を受ける相続人の氏名、フリガナを記入（相続人ごとに作成する）
マイナンバーを記入
更正の請求の対象となる申告書を提出した年月日、あるいは更正の必要が生じたことを知った年月日を記入
添付書類を記入
「遺産分割協議がまとまったため」など、更正の請求をする理由を記入
その他、更正の請求を行うに至った事情の詳細があれば記入

税務署受付印

＿＿＿＿税の更正の請求書

＿＿＿＿税務署長

令和＿＿年＿＿月＿＿日提出

（前納税地＿＿＿＿＿＿＿＿＿＿）

〒
住所又は所在地＿＿＿＿＿＿＿＿

納税地＿＿＿＿＿＿＿＿

フリガナ
氏名又は名称＿＿＿＿＿＿＿＿

個人番号又は法人番号
↓個人番号の記載に当たっては、左端を空欄とし、ここから記入してください。

（法人等の場合）
代表者等氏名＿＿＿＿＿＿＿＿

職業＿＿＿＿＿電話番号＿＿＿＿＿

1．更正の請求の対象となった申告又は通知の区分及び申告書提出年月日又は更正の請求のできる事由の生じたことを知った日
平成／令和＿＿年分＿＿＿＿＿＿＿＿　平成／令和＿＿年＿＿月＿＿日

2．申告又は通知に係る課税標準、税額及び更正後の課税標準、税額等
次葉のとおり

3．添付した書類

4．更正の請求をする理由

5．更正の請求をするに至った事情の詳細、その他参考となるべき事項

6．還付を受けようとする銀行等
1 銀行等の預金口座に振込みを希望する場合
＿＿＿＿銀行／金庫・組合／農協・漁協　＿＿＿＿本店・支店／出張所／本所・支所
＿＿＿＿預金　口座番号＿＿＿＿＿＿＿＿
2 ゆうちょ銀行の貯金口座に振込みを希望する場合
貯金口座の記号番号＿＿＿＿－＿＿＿＿
3 郵便局等の窓口で受取りを希望する場合
＿＿＿＿＿＿

関与税理士		電話番号	

税務署整理欄	通信日付印年月日	(確認者)	整理簿	整理番号	名簿番号	番号確認	身元確認	確認書類
	令和　年　月　日						□ 済 □ 未済	個人番号カード ／ 通知カード・運転免許証 その他（　　　）

（資15－1－1－A4統一）

08

税務調査

申告漏れが見つかると罰則がある

税務調査が入る割合は全体の2割

申告書に申告漏れや計算ミスがないか、税務署が調査を行うことを「税務調査」といいます。**実施される割合は、申告した件数の約20%に上り**、その8割以上が申告漏れによる追徴課税を支払っているという調査結果もあります。

税務調査の目的は、計算ミスなど申告の不備や不正が起こるのを防ぎ、**納税における公平性を守ること**です。過少申告していればそれに応じた課税があり、**意図的に税金額をごまかしていると判断された場合は重いペナルティーが課されます**。こうした事態を避けるためにも、申告書類は何度も確認して、正しい申告を心がけましょう。

8割以上が追徴税を納めている

税務調査が入った場合に申告漏れが発覚する割合は高く、8割以上に上ります。申告漏れがわかると、本来の税金にプラスして追徴課税を支払わなければなりません。

● 申告漏れの件数

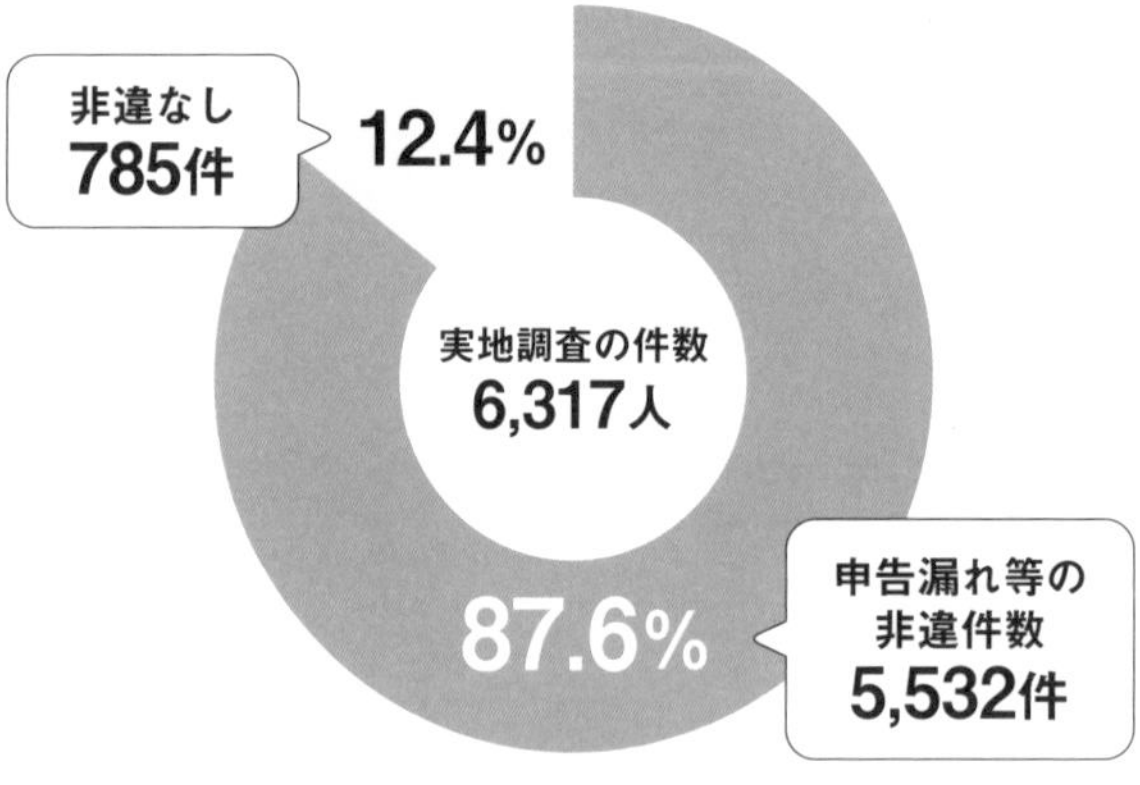

87.6%で追徴課税

出典：国税庁「令和3事務年度における相続税の調査等の状況」

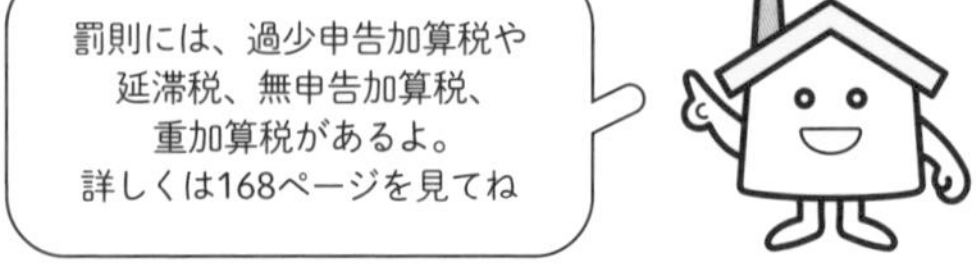

税務署はさまざまな財産情報を調査

税務署は計算ミスなどの不備をチェックするシステムを導入しているほか、個人の資産もある程度把握しており、申告内容とのちがいを比べ怪しい場合に税務調査を行います。

● KSKシステム

全国の国税局や税務署を結び、納税者の申告に関する情報を一元的に管理しているのが「KOKUZEI SOUGOU KANRI（国税総合管理）」＝KSKシステム。相続税の申告においては、過去の所得税や固定資産税などのデータから被相続人の収入や資産と申告税額を比較し、税務調査の可否判断を行っている。

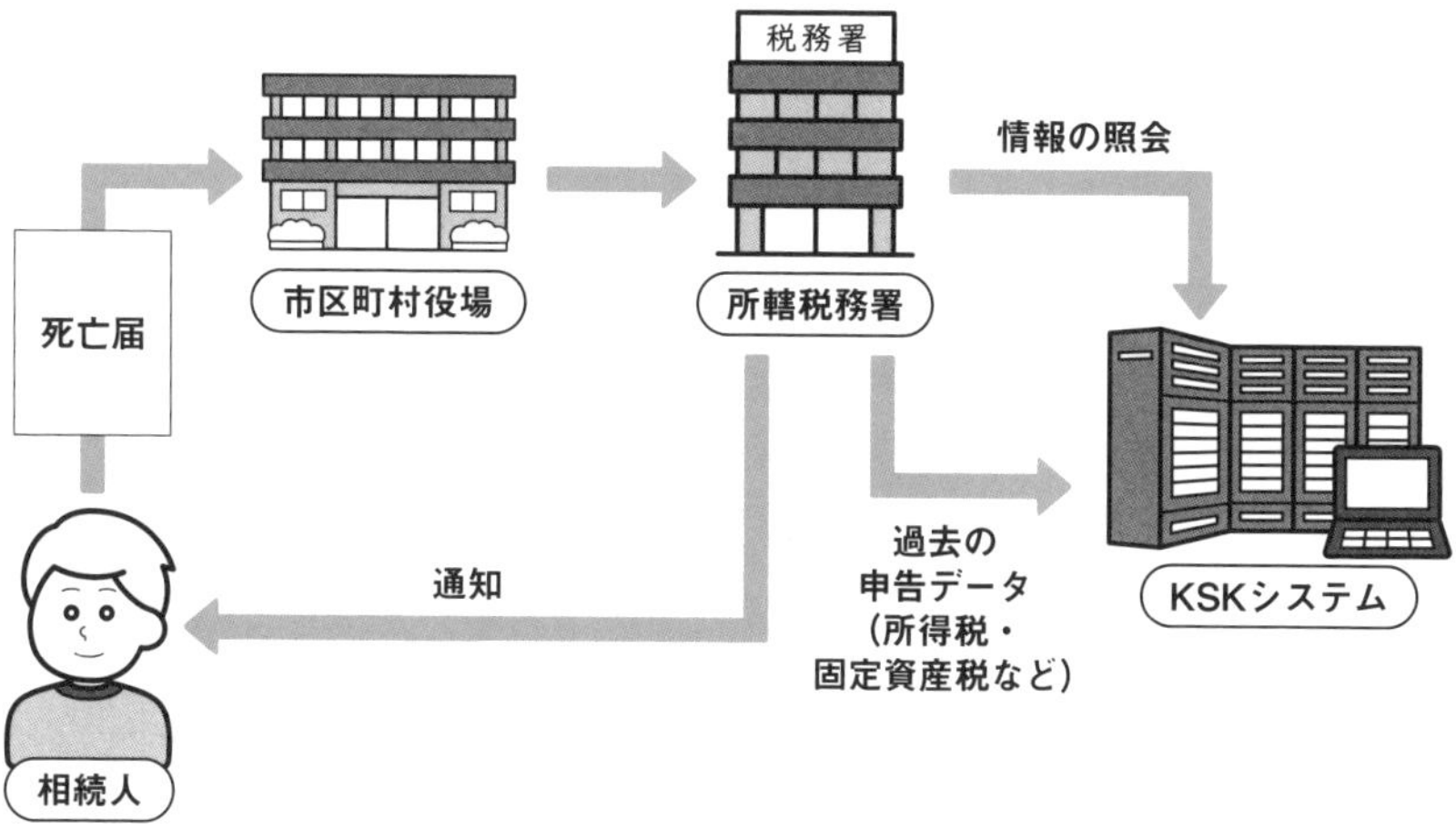

税務調査が入りやすいケースがある

税務調査の対象は無作為に選ばれているわけではありません。税務署の基準をもとに、相続税を追加で多く徴収できると予測される人を見極めています。以下のようなケースは注意が必要です。

- 申告書に不備がある
- 納税額が高い（2億円以上）
- 多くの金融資産（2億円以上）を相続した
- 被相続人の社会的地位が高い
- 海外資産が多い
- 税理士などに依頼せず、自分で相続税を申告した
- 財産があり、納税義務が生じると予測されるが申告していない
- 被相続人の家族名義での預金や証券口座が多い
- 暦年贈与の時期・金額が一定など
- 多額の借入金があるのに、それに見合う不動産や事業設備がない

事例で学ぶ 相続のお悩みQ&A

Q 遺産を遺贈されたが、手続きが複雑で何をしたらよいかわからない

会社を共同で経営していた方が亡くなり、血のつながりのない私に土地を含めた全財産が譲られるとの自筆証書遺言がありました。遺言書にはさらに、隠し子を認知するとも記載されていました。実のお子さんからも相続人としての権利を申し立てられています。問題が山積なので、どこから手を付けてよいか途方に暮れています。

（50歳・男性・会社経営）

A

このケースではまず、法務局等で遺言書が法的に効力をもったものなのかを確認する必要があるでしょう。本人が書く自筆証書遺言は不備が起きやすく、その場合無効になってしまうからです。さらに今回は隠し子の認知や不動産の遺贈が含まれているので、「遺言執行者」を立てる必要があります。遺言執行者とは、遺言通りに滞りなく財産分割を行う役割の人のこと（→P.126）。すべてのケースにおいて必要なわけではありませんが、今回の場合のように、遺言書において隠し子の認知があったときや、不動産が相続人以外に遺贈される際には必須となります。こうした場合の認知届などの手続きや不動産登記は遺言執行者が行うよう法律で定められているからです。遺言執行者には、未成年者と、現在破産状態にある人以外であれば、どんな人でもなることができます。遺言で指名のない場合は相続人が家庭裁判所へ選任の申し立てをし、遺言執行者を決めます。費用は発生しますが、弁護士などの専門家に任せることも。あなたの場合は法定相続人からの遺留分侵害額請求も受けているので、精神的な負担を避けるためにも、専門家に依頼するのがよいのではないでしょうか。遺留分とは法定相続人に最低限保障される遺産取得分のことで、子どもなら法定相続分の2分の1の取り分を請求できます（→P.40）。不動産部門なども有した総合的な事務所であれば、遺言書の確認から遺言執行者の手続き、不動産を売却して遺留分を支払う資金を捻出するまで、一貫してサポートしてもらえるでしょう。

Chapter 6

相続の専門家を探す

相続について誰に相談するかは、状況によって異なります。
専門家の種類と役割、選び方のポイントや
おおよその費用などを見ていきましょう。

01

専門家の種類と役割
相続について誰に相談すればいいの？

専門家の手を借りると負担が減りミスも防げる

相続に関わる手続きは多岐にわたります。そのうえ、期限が決まっているため、一般の人が仕事や日常生活を続けながら手をつけていくには負担が大きいのも事実です。期限内に必要な手続きをスムーズに進めるには、専門家の手を借りるのも選択肢の一つです。

相続に関わる専門家には**相続人の権利を保護する弁護士**、**土地の登記をはじめとする申請事務に詳しい司法書士**、**相続税ほかの税務を代行する税理士**、**各種手続き書類を作成する行政書士**などがいます。どの項目をどの専門家に相談すればよいか知るためには、それぞれが扱う分野について見てみましょう。

状況別に専門家を選ぶ

それぞれの専門家ができること、得意なことを把握して適切に活用しましょう。相続関係の一連の作業は広い分野にわたり、1人の専門家では完結しません。複数の専門家の手を借りることも想定しておきましょう。

● 最初に相談するとよい専門家

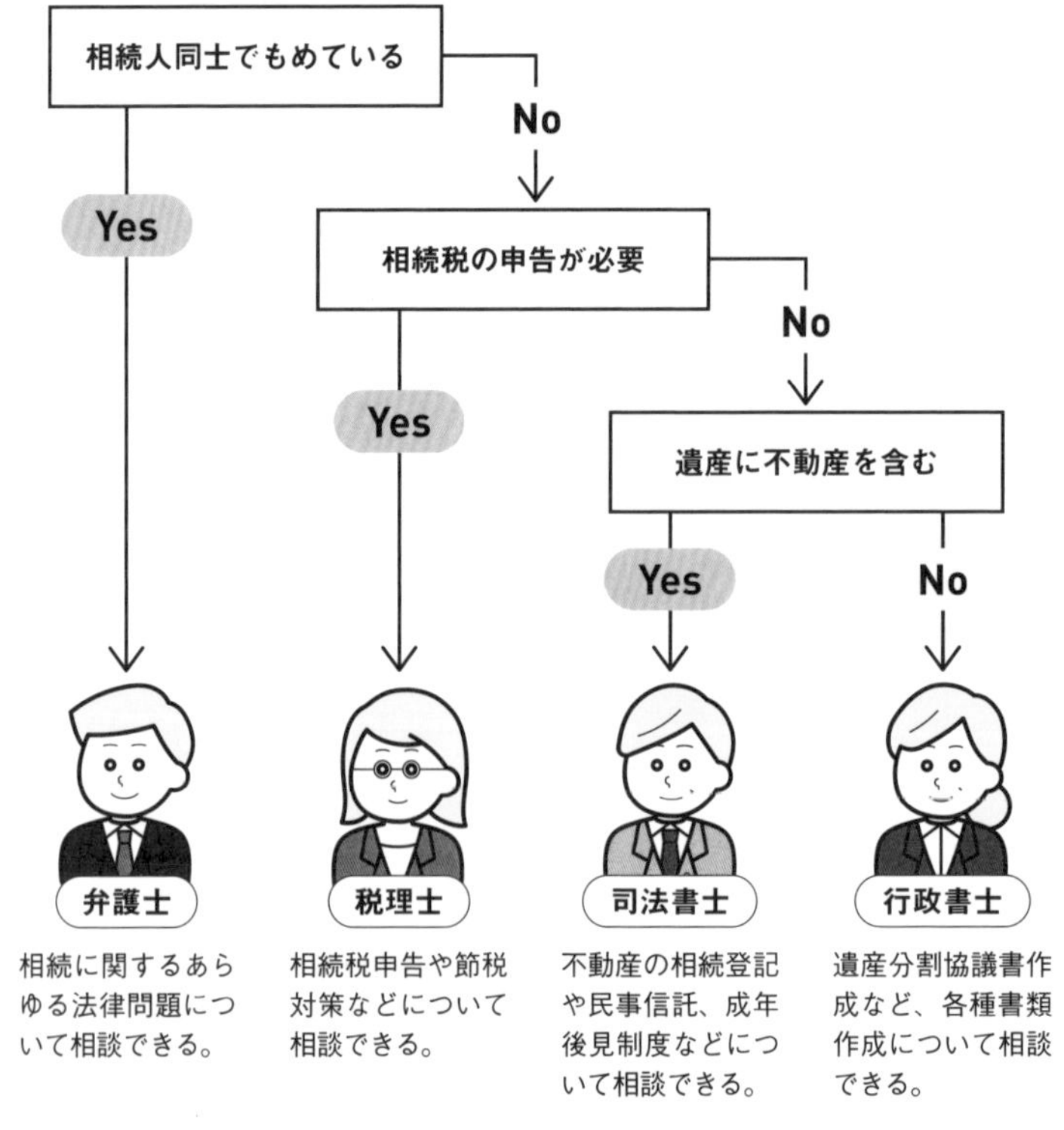
相続人同士でもめている
No
Yes
相続税の申告が必要
No
Yes
遺産に不動産を含む
Yes
No
弁護士
税理士
司法書士
行政書士
相続に関するあらゆる法律問題について相談できる。
相続税申告や節税対策などについて相談できる。
不動産の相続登記や民事信託、成年後見制度などについて相談できる。
遺産分割協議書作成など、各種書類作成について相談できる。

● 各専門家が対応できる業務

業務内容	弁護士	司法書士	税理士	行政書士
法定相続人調査（戸籍謄本等の収集）	○	○	○	○
相続財産調査（残高証明等の収集）	○	○	○	○
相続放棄の申し立て	○	△*3	×	×
遺言検認の申し立て	○	△*3	×	×
遺産分割協議書の作成	○	△*4	△*4	△*4
相続税の申告	△*1	×	○	×
不動産の名義変更（相続登記）	△*2	○	×	×
預貯金の解約払戻し	○	○	△	○
有価証券の名義変更	○	○	△	○
自動車の名義変更	○	○	×	○
相続人間の紛争解決	○	×	×	×

*1 税理士に任せるケースが多い
*2 司法書士に任せるケースが多い
*3 代理申請はできない
*4 事案によって異なる。遺産分割協議書での代理交渉や、その交渉をまとめた遺産分割協議書の作成は、弁護士のみ可能

プラス アルファ

弁護士への依頼は慎重に

弁護士の職務は、依頼人の利益を最大化することです。1人の弁護士が利害関係のある両者の代理人になることは禁じられているのです（双方代理の禁止）。そのため、公平な立場でトラブルを解決してほしいと依頼しても、弁護士は依頼人がもっとも得をするように動くので、ほかの相続人との関係が悪くなったり、相手方も弁護士をつけて対抗したりという事態を招く可能性もあります。弁護士を依頼する場合は慎重に考える必要があると覚えておきましょう。

弁護士は法律手続き全般に対応できる

弁護士は法律手続き全般に対応できますが、その分費用は高額になる傾向があります。しかし、相続人同士がもめてしまった時などは弁護士以外の専門家では対応できません。トラブルが起こった、あるいは起こりそうな時は弁護士に相談するのがよいでしょう。

弁護士にできること

- 相続人調査
- 遺産分割協議の代理・調停や審判の代理
- 相続放棄や限定承認
- 遺言書作成
- 使い込まれた預貯金の取り戻し請求など

弁護士にできないこと

- 相続税の相談や申告
  ➡税理士の仕事であり、弁護士の管轄外
- 自動車の名義変更➡行政書士のみ可能
- 不動産の相続登記は弁護士にもできるが通常は司法書士に任せることが多い。

ややこしくて一筋縄ではいかない
事案こそが弁護士の出番だよ。
逆にもめるような事態を招かないために
弁護士の助言を仰ぐことは有効だよ

相続税に関する相談は税理士へ

税理士は税務の専門家で、相続税申告の代行や税務調査に関する相談を受けています。

税理士にできること

- 税務相談
- 相続人調査、相続財産調査
- 相続税申告、準確定申告
- 税務調査への対応
- 相続税の修正申告・還付請求（更正の請求）

税理士にできないこと

- 不動産の相続登記
- 自動車の名義変更
- 遺産分割や遺留分などの紛争解決
- 相続放棄や限定承認
- 相続税が発生しない場合の遺産分割協議書作成

相続税が発生しない
（遺産額が基礎控除を下回っている）場合は
税理士への依頼は不要だよ！

司法書士は民事信託も得意

司法書士は法律事務の専門家として各種手続き業務を行いますが、特に不動産登記を得意とします。また、本人に判断能力があるうちに財産管理を親族などに委託する「民事信託」の手続きも行うことができます。

司法書士にできること

- 不動産の相続登記
- 相続人調査、相続財産調査
- 遺産に不動産が含まれている場合の遺産分割協議書の作成
- 相続放棄の書類作成
- 預貯金の解約払い戻し
- 証券会社の名義変更
- 遺言書の作成支援
- 民事信託
- 成年後見

司法書士にできないこと

- 遺産分割や遺留分侵害額請求、遺言書の無効確認などのもめごとの解決
- 相続税に関する相談や申告
- 許認可引き継ぎ
- 自動車の名義変更

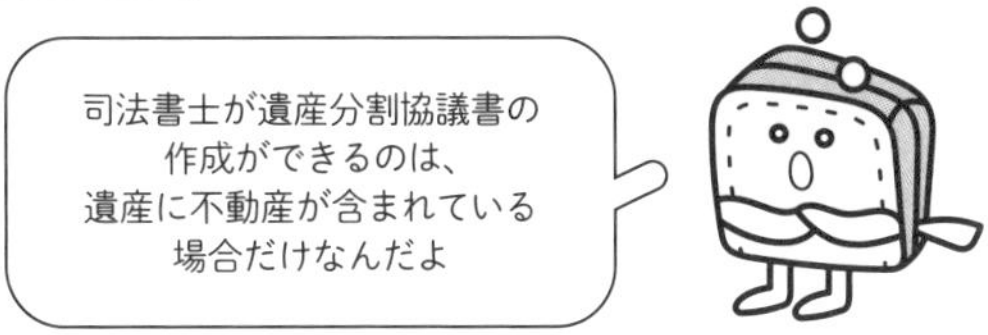
司法書士が遺産分割協議書の
作成ができるのは、
遺産に不動産が含まれている
場合だけなんだよ

行政書士は自動車の名義変更ができる

行政書士は行政手続きで提出する書類を作成するプロ。もめごとがなく、不動産の相続がない場合は活用するとスムーズに手続きできます。

行政書士にできること

- 相続人調査、相続財産調査
- 遺産分割協議書作成
- 遺言書作成
- 預貯金の解約払い戻し
- 自動車の名義変更
- 許認可引き継ぎ

行政書士にできないこと

- 不動産の相続登記
- 相続放棄や限定承認
- 遺産分割や遺留分などの紛争解決
- 相続税の相談や申告

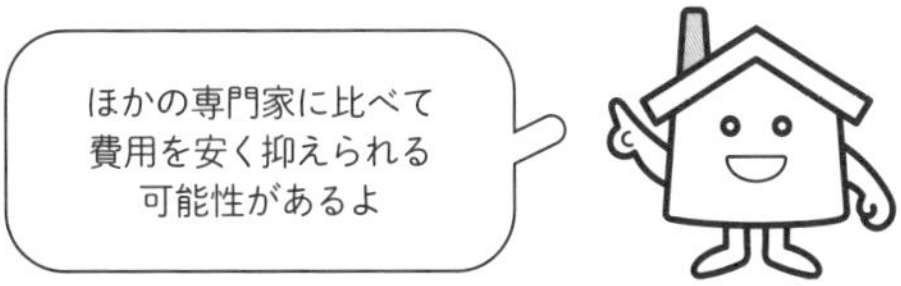
ほかの専門家に比べて
費用を安く抑えられる
可能性があるよ

02

専門家選びのポイント①

専門家に相談するメリット・デメリットは？

安心と負担軽減
費用との天秤で判断

専門家は専門知識と数々の事案をこなしてきた経験に基づいて、**手早く適切に必要な手続きを遂行**してくれます。また、一般人では取りこぼしそうな点も専門家なら確実に押さえてくれるでしょう。そうしたメリットは計り知れません。

一方で、**相当な費用がかかる**というデメリットもあります。ほとんどの相続財産が専門家への手数料で消えてしまったのでは、バランスがとれません。また、それぞれの専門家にできる業務とできない業務があるため、どのポイントで誰に相談すればよいのか、さらに費用についてもある程度の目安を把握しておきたいものです。

手間は省けるが費用がかかる

すべての手続きで専門家のアドバイスが必要というわけではありません。自分でできることとそうでないことを分けて考えましょう。

メリット

- 手間が省ける
- 時間が短縮できる
- 手続きのミスを防げる
- 素人には難しい点をサポートしてもらえる

デメリット

- 費用がかかる
- 専門家によってはできる業務が限られている
- 相続人同士の関係悪化を招く場合もある

自分の相続の場合は
何が必要か？
慎重に考えよう！

おおよその費用を把握して判断

一般に紛争解決を担当する弁護士は事務的な手続きだけでなく、依頼者の気持ちを汲み取って調整するという高度なスキルを要求されるため費用も高くなります。各専門家に依頼した場合の費用の目安を知っておきましょう。

弁護士	**遺産分割に関する争いについて依頼した場合** 着手金（手続き開始時に払うお金） ・交渉・調停・審判：各30万円～ 事務手数料 ・交渉：2万円 ・調停・審判：各3万5,000円（印紙代含まず） 報酬金（事案が決着したときに払うお金） 得られた経済的利益が ・300万円以下：20% ・300万円～3,000万円：10%＋30万円 ・3,000万円～3億円：6%＋150万円 ・3億円以上：4%＋750万円
司法書士	**不動産の相続登記を依頼した場合** 報酬額：9万8,000円～
税理士	**相続税申告の代行を依頼した場合** ・遺産総額4,000万円まで：13万円 ・遺産総額5,000万円まで：23万円 ・遺産総額6,000万円まで：28万円 ・遺産総額7,000万円まで：33万円 ・遺産総額8,000万円まで：38万円 ・遺産総額9,000万円まで：43万円 ・遺産総額1億円まで：48万円 ・遺産総額1億5,000万円まで：63万円 ・遺産総額2億円まで：78万円 ・遺産総額3億円まで：110万円 ・遺産総額3億円以上：別途見積り 税務調査事前対策や土地評価、共同相続人などは別途追加料金
行政書士	・相続人調査・戸籍取り寄せ：1万8,000円～ ・銀行口座、株式その他の金融資産の名義変更：各3万円（銀行1支店または証券会社1社ごと） ・自動車の名義変更：3万5,000円（1台ごと）

＊ベンチャーサポートグループ（弁護士法人、司法書士法人、税理士法人、行政書士法人）の料金体系より。金額は税抜き

03

専門家選びのポイント②

相続に強い専門家の見分け方

相続が得意か経験と実績を見る

依頼する専門家を選ぶ際は、**相続分野に豊富な経験と実績があるか**がポイントになります。例えば、弁護士といっても得意分野はさまざま。相続に力を入れているかに着目しましょう。webサイトに**取り扱い件数や、詳しい実績**が掲載されているならそれも参考になります。

また、**依頼を決める前に必ず担当者との面談をおすすめします**。ただでさえデリケートな部分にふれる相続という一大事。コミュニケーションをとりやすい人を選びたいものです。ほかの専門家の支援が必要になった時も、ほかの**士業と連携のある事務所**なら必要に応じて紹介してもらえるので安心でしょう。

ネットワークと実績を確認

相続は手続きの種類に応じて相談する専門家が異なることも多いですが、相続人1人で全部探すのは負担が大きいものです。1人の専門家から連携するほかの専門家につなげられると負担が軽減できるうえに安心です。

①ほかの専門家とのネットワークがある

紛争解決を弁護士に依頼し、無事話がまとまったら、土地の登記で司法書士、自動車の名義変更で行政書士、相続税申告で税理士といったように、ほかの専門家の助けが必要となる場合があります。ほかの専門家とのネットワークのある事務所を選ぶとメリットが大きいです。

②相続全般に対する幅広い知識と経験がある

相続は一件一件事情がちがい、一筋縄でいかないことが多いものです。法律に基づいてさまざまな相続の事案を解決してきた実績を持ち、幅広い知識のある専門家なら安心して任せられます。

専門家がSNSなどで
発信している情報も
参考になるよ

ケースによって最適な相談先は異なる

抱えている問題によって相談すべき相手先はちがってきます。ケース別に適切な相談先を見てみましょう。

ケース1

相続人同士でもめる可能性が高い

遺産が預貯金と不動産など、どれだけあるか全貌を把握できていない。相続人はきょうだい3人だが、長年連絡を取っていないほど仲が悪いので分割協議でもめる可能性が高い。

➡ 相続に実績のある弁護士に相談するのが○

遺産分割協議での代理交渉や、その交渉内容をまとめた遺産分割協議書を作成できるのは弁護士だけ。話がこじれそうなときには依頼人の利益を尊重しつつ、相手方との交渉をスムーズにできる経験豊富な弁護士を選びましょう。

ケース2

相続税をできるだけ節税したい

相続税の申告・納付が必要となりそうだが、不動産の評価額をなるべく抑えて節税したい。

➡ 相続税に詳しい税理士に相談するのが○

税金の申告を代行できるのは税理士だけ。不動産は評価額が課税の対象となるが、評価には専門知識が必要なうえ、さまざまな条件を適用すれば評価額を下げることもできます。経験豊富な税理士の手を借りると相続税の節税対策にもなります。

ケース3

不動産の名義変更をしたい

相続した不動産の名義を被相続人から相続人に変更したいが、方法がわからない。

➡ 相続登記に詳しい司法書士に相談するのが○

司法書士は不動産登記の専門家。弁護士も対応できますが、多くの場合、司法書士に依頼します。司法書士のほうが弁護士より手数料が安い傾向にあります。

プラスアルファ

専門家選びのワンストップ窓口もある

専門家でも日常的に相続の事案を扱っていない場合もあります。相続事案に経験豊富な専門家を探すのが難しい場合は、ワンストップで相談を受け付ける窓口を利用する方法もあります。具体的には、地域の行政書士や司法書士などが運営する「相続センター」、口座保有者向けの信託銀行の相談窓口、相続診断士・相続アドバイザー・ファイナンシャルプランナー（FP）などの資格保有者が挙げられます。これらの窓口が適切な専門家に橋渡ししてくれます。

【索引】

英字

あ行

か行

さ行

た行

な行

は行

●監修者

古尾谷裕昭（ふるおや　ひろあき）

ベンチャーサポート相続税理士法人代表税理士。明治学院大学卒業後、都内３カ所の税理士事務所勤務を経て2006年に税理士資格取得、税理士事務所開業。2012年にベンチャーサポート税理士法人と合併。2016年に相続専門部署開設、2017年にベンチャーサポート相続税理士法人設立。相続税申告を年間1,800件以上行う相続税理士法人へと成長させる。10万人超のチャンネル登録者数のYouTube『相続専門税理士チャンネル』を運営。著書に『令和５年度版 プロが教える！失敗しない相続・贈与のすべて』(コスミック出版)などがある。

STAFF

イラスト／ハザマチヒロ

本文デザイン・DTP／加藤美保子

装丁／俵社

執筆協力／圓岡志麻　吉村亜紀

編集・DTP協力／株式会社エディポック

編集／朝日新聞出版　生活・文化編集部（上原千穂）

生前《せいぜん》と死後《しご》の手続きがきちんとわかる

今《いま》さら聞《き》けない

相《そう》続《ぞく》・贈《ぞう》与《よ》の超《ちょう》基《き》本《ほん》

2023年９月30日　第１刷発行

2023年12月20日　第２刷発行

監　修　　古尾谷裕昭

発行者　　片桐圭子

発行所　　朝日新聞出版

〒104-8011

東京都中央区築地5-3-2

（お問い合わせ）infojitsuyo@asahi.com

印刷所　　図書印刷株式会社

ISBN 978-4-02-334131-9

定価はカバーに表示してあります。

落丁・乱丁の場合は弊社業務部（電話03-5540-7800）へご連絡ください。

送料弊社負担にてお取り替えいたします。

別冊

書き込み式

エンディングノート
練習ドリル

CONTENTS

書き込み式エンディングノート
練習ドリルの使い方

もしものときに家族が困らないように、元気なうちから自身の財産について整理しておくとよいでしょう。このノートは、主に家族がさまざまな事務手続きを行うに当たって必要な情報に特化してまとめた簡易版です。ご自身の目的に合わせて、家族へのメッセージや医療や介護についての希望、親しい友人・知人の連絡先などを書き足してもよいでしょう。まずはわかる範囲で記入していきましょう。次のポイントを押さえて、ぜひ活用してみてください。

Point1

保管場所は慎重に決める

大切な財産の情報や個人情報を記載したら、保管場所は慎重に決めてください。第三者に勝手に見られない場所で、かつ、もしものときに見つけてもらいやすい場所を選んでおきましょう。

Point2

暗証番号やログインID、パスワードの取り扱いに注意

キャッシュカードやクレジットカードの暗証番号、ログインID、パスワードなどは、万が一第三者に知られた場合悪用されてしまう恐れがあります。記載を避けるか、練習ドリルとは別にまとめておくとよいでしょう。記載する場合は、鍵のかかる引き出しや金庫など安全な場所に保管しましょう。

Point3

法的な拘束力はないので注意

この練習ドリルにどの財産を誰に遺すかという財産の分け方を記載しておくことはできますが、法的な効力はありません。財産の配分について明確な意思がある場合は、遺言書の作成を検討しましょう。

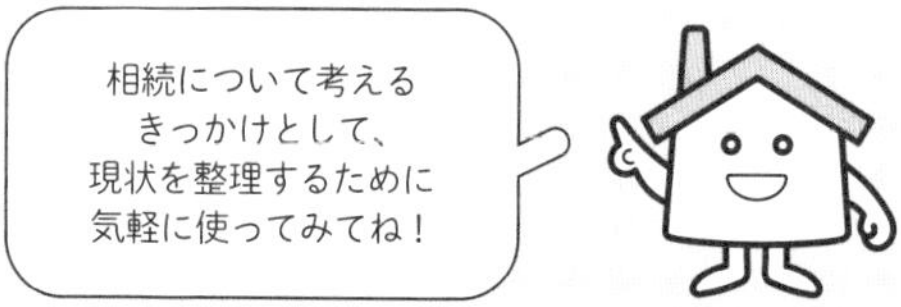
相続について考える
きっかけとして、
現状を整理するために
気軽に使ってみてね！

あなたの基本情報

生年月日や本籍地などの基本情報を記入しましょう。
記入日を忘れずに書き、変更があった場合は忘れずに書き直しましょう。

記入日	年　月　日

ふりがな		生年月日	年　月　日
氏名			
住所	〒		
本籍地		電話/FAX	
携帯電話		メールアドレス	
勤務先	会社名		
	住所　〒 電話（　　）　－		

● 引っ越し等の記録

	住所	備考※住んだ時期など
出生地		
住所１		
住所２		
住所３		

● 身分証明書類

身分証明書類	記号・番号	保管場所
健康保険証		
介護保険証		
年金手帳		
マイナンバーカード		
運転免許証		

ふり返ってみよう

一番景色が 美しかったところは？	

家族の基本情報

家族の基本情報を記入しましょう。もしものときに連絡がつくように、
携帯電話の番号や勤務先（または学校）の電話番号は最新のものにしておきましょう。

記入日　　年　月　日

ふりがな		続柄		生年月日	年　月　日
氏名					
住所	〒				
電話/FAX		携帯電話			
メールアドレス					
勤務先/学校名		電話			

記入日　　年　月　日

ふりがな		続柄		生年月日	年　月　日
氏名					
住所	〒				
電話/FAX		携帯電話			
メールアドレス					
勤務先/学校名		電話			

記入日　　年　月　日

ふりがな		続柄		生年月日	年　月　日
氏名					
住所	〒				
電話/FAX		携帯電話			
メールアドレス					
勤務先/学校名		電話			

ふり返ってみよう

行った中で 一番遠かったところは?	

預貯金

預貯金などの金融機関名や口座番号を記入しましょう。
金融機関の名前が変わっている場合もあるので注意しましょう。

記入例

		記入日	XXXX年 XX月 XX日
金融機関名	○○銀行	支店	△△支店
預貯金等の種類	普通	口座番号	0000000
名義人	山田太郎		
備考（ログインID、パスワードなどのメモ）	公共料金の引き落とし口座　毎月28日 □web通帳		

		記入日	年　月　日
金融機関名		支店	
預貯金等の種類		口座番号	
名義人			
備考（ログインID、パスワードなどのメモ）	□web通帳		

		記入日	年　月　日
金融機関名		支店	
預貯金等の種類		口座番号	
名義人			
備考（ログインID、パスワードなどのメモ）	□web通帳		

		記入日	年　月　日
金融機関名		支店	
預貯金等の種類		口座番号	
名義人			
備考 （ログインID、パスワードなどのメモ）	□web通帳		

		記入日	年　月　日
金融機関名		支店	
預貯金等の種類		口座番号	
名義人			
備考 （ログインID、パスワードなどのメモ）	□web通帳		

		記入日	年　月　日
金融機関名		支店	
預貯金等の種類		口座番号	
名義人			
備考 （ログインID、パスワードなどのメモ）	□web通帳		

ふり返ってみよう

一番 おいしかったものは？	

保険・年金

生命保険や共済・火災保険、自動車保険に加えて、
公的年金や私的年金についても記入しましょう。

● 保険

記入例

			記入日	XXXX 年　XX 月　XX 日	
保険会社	○○生命	保険の種類	生命保険	証券番号	0000000
契約者	山田 太郎	被保険者	山田 太郎	受取人	山田 花子
担当者	田中　一郎		連絡先	XX-XXXX-XXXX	
備考	死亡時 2,000 万円				

			記入日	年　月　日	
保険会社		保険の種類		証券番号	
契約者		被保険者		受取人	
担当者			連絡先		
備考					

			記入日	年　月　日	
保険会社		保険の種類		証券番号	
契約者		被保険者		受取人	
担当者			連絡先		
備考					

● 保険

記入日	年	月	日

保険会社		保険の種類		証券番号	
契約者		被保険者		受取人	
担当者			連絡先		
備考					

● 公的年金

記入日	年	月	日

年金の種類	（※国民年金、厚生年金、共済年金、その他）	基礎年金番号	
備考			

記入日	年	月	日

年金の種類	（※国民年金、厚生年金、共済年金、その他）	基礎年金番号	
備考			

● 企業年金・個人年金 （※iDeCoの場合、証券会社名、ログインID、パスワード、基礎年金番号などを記入する）

名称（基金名、保険会社）	種類・証券番号	連絡先／担当者	備考

ふり返ってみよう

一番 うれしかったことは？	

証券

株式や国債、投資信託について取扱機関や口座番号などを記入しましょう。
ネット取り引きを利用している場合は、ログイン情報についても記載しましょう。

記入例

		記入日	XXXX 年　XX 月　XX 日
取扱機関名	○○証券	支店	△△支店
商品の種類	(※株式、国債、社債、投資信託など) 株式	口座番号	0000000
名義人	山田太郎		
備考 (ログインID、パスワードなどのメモ)	ID：○○○○、パスワード：XXXXXXX ☐web通帳		

		記入日	年　月　日
取扱機関名		支店	
商品の種類	(※株式、国債、社債、投資信託など)	口座番号	
名義人			
備考 (ログインID、パスワードなどのメモ)	☐web通帳		

		記入日	年　月　日
取扱機関名		支店	
商品の種類	(※株式、国債、社債、投資信託など)	口座番号	
名義人			
備考 (ログインID、パスワードなどのメモ)	☐web通帳		

ふり返ってみよう

お気に入りの本は?	

		記入日	年　月　日
取扱機関名		支店	
商品の種類	（※株式、国債、社債、投資信託など）	口座番号	
名義人			
備考 （ログインID、 パスワード などのメモ）	□web通帳		

		記入日	年　月　日
取扱機関名		支店	
商品の種類	（※株式、国債、社債、投資信託など）	口座番号	
名義人			
備考 （ログインID、 パスワード などのメモ）	□web通帳		

		記入日	年　月　日
取扱機関名		支店	
商品の種類	（※株式、国債、社債、投資信託など）	口座番号	
名義人			
備考 （ログインID、 パスワード などのメモ）	□web通帳		

ふり返ってみよう

好きな映画・ドラマは?	

不動産

自宅の建物と土地、農地、別荘や資産運用のために貸している
土地・建物などについて記入しましょう。

記入例

記入日　XXXX 年　XX 月　XX 日

不動産の種類	（※土地、建物、農地、山林、その他） 自宅の土地	
所在地	○○県○○市○○町X丁目X番	
名義人と持ち分	山田　太郎	（持ち分）2分の1
	山田　花子	（持ち分）2分の1
		（持ち分）
備考	借入金ありXXXX年。リフォーム済み	

記入日　年　月　日

不動産の種類	（※土地、建物、農地、山林、その他）	
所在地		
名義人と持ち分		（持ち分）
		（持ち分）
		（持ち分）
備考		

記入日　年　月　日

不動産の種類	（※土地、建物、農地、山林、その他）	
所在地		
名義人と持ち分		（持ち分）
		（持ち分）
		（持ち分）
備考		

ふり返ってみよう

よく聴いた音楽は?	

借入金・ローンなどの債務

住宅ローンや借入金など債務について家族にわかるように記入しましょう。
借金の連帯保証人になっている場合も忘れずに記載してください。

● 借入金・ローン

		記入日	年　月　日
借入先		連絡先・担当者	
借入額	(※返済済みの金額も記入)	借入日	年　月　日
		完済予定日	年　月　日
返済額	(※月々またはボーナス時の返済額など)	担保の有無	無・有（　　）
借入目的		備考	

		記入日	年　月　日
借入先		連絡先・担当者	
借入額		借入日	年　月　日
		完済予定日	年　月　日
返済額	(※月々またはボーナス時の返済額など)	担保の有無	無・有（　　）
借入目的		備考	

● クレジットカード

		記入日	年　月　日
カード会社		連絡先・担当者	
カード番号		決済口座	
備考		引落日	年　月　日

● 連帯保証債務

		記入日	年　月　日
債権者		連絡先・担当者	
主債務者		連絡先・担当者	
保証した額		保証日	年　月　日

ふり返ってみよう

影響を受けたものは?	

デジタル情報

パソコンや携帯電話を使用している場合は、暗証番号またはパスワードをまとめておきます。

サブスクやショッピングサイトなど、オンライン上で利用している有料サービスのログイン情報も記入しましょう。

● 携帯電話・パソコンのログイン情報

記入日　　　年　　月　　日

	暗証番号	パスワード
携帯電話		
パソコン		

● メール、SNSなどのアカウント情報

記入日　　　年　　月　　日

サービス名	(※Facebook、LINE、Twitterなど)	メールアドレス/ユーザー名	
ID		パスワード	
サービス名	(※Facebook、LINE、Twitterなど)	メールアドレス/ユーザー名	
ID		パスワード	

● サブスクリプション、ネットショップなどの契約情報

記入日　　　年　　月　　日

サービス名		メールアドレス	
ID		パスワード	
webアカウント		暗証番号 (※スマホアプリなど)	
備考			
サービス名		メールアドレス	
ID		パスワード	
webアカウント		暗証番号 (※スマホアプリなど)	
備考			

ふり返ってみよう

お世話になった人は?	

その他の資産

宝石や貴金属、自動車、絵画、骨董品、会員権など、資産価値のあるものについて記入しましょう。

貸金庫など自宅以外の場所に保管している場合は、連絡先も記載します。

		記入日	年　月　日
財産の種類	(記入例) 指輪	保管場所	○○銀行貸金庫
		連絡先	XX-XXXX-XXXX
購入日	XXXX年　X月　X日	購入額	○○○○円
財産の種類		保管場所	
		連絡先	
購入日	年　月　日	購入額	円
財産の種類		保管場所	
		連絡先	
購入日	年　月　日	購入額	円
財産の種類		保管場所	
		連絡先	
購入日	年　月　日	購入額	円

遺言書の保管場所

遺言書はもしもの時に家族が見つけやすく、かつ第三者の目につきにくい場所を選んで保管します。

相続について相談している専門家がいれば、連絡先も記入しておきましょう。

		記入日	年　月　日
遺言書の種類	□自筆証書遺言 □公正証書遺言 □秘密証書遺言	保管場所 (※貸金庫などの場合は連絡先を記入)	
作成日	年　月　日		
備考			

連絡してほしい人

大切な友人や知人など、もしもの時に知らせてほしい人の連絡先を記入しましょう。
連絡する家族が困らないように相手との関係性を書いておくとよいでしょう。

		記入日	年　月　日
ふりがな		関係	
氏名			
住所	〒		
電話/FAX		携帯電話	

		記入日	年　月　日
ふりがな		関係	
氏名			
住所	〒		
電話/FAX		携帯電話	

相続サポートセンター

ベンチャーサポート税理士法人内の相続税を専門とするスタッフから発足した相続サポートセンター。相続業務に特化した税理士・司法書士・行政書士・社会保険労務士（グループ事務所弁護士）が在籍しているため、相続に関するあらゆる疑問や相談への対応が可能。相続登記、遺言書作成、書類収集の手続きなど、煩雑な相続の業務を一任できます。

相続の専門家による無料相談も実施しております。お気軽にご相談ください。

無料面談・電話相談（TEL）0120-000-403

相続の超基本
https://sozoku-kihon.jp/

相続サポートセンター
https://vs-group.jp/sozokuzei/supportcenter/

YouTube【公式】
相続専門税理士チャンネル
運営 相続サポートセンター
https://www.youtube.com/@souzoku

ライフサポート倶楽部
https://sozoku-kihon.jp/membership-registration/

『生前と死後の手続きがきちんとわかる　今さら聞けない相続の超基本』別冊付録